JN119533

学びを育む
高校教育実践

教科・総合・自主活動

和井田　祐司

三恵社

はじめに

筆者は2012年に自由の森学園（埼玉県飯能市）にて教職に入職し、2015年から現在に至るまで、大阪暁光高校教諭として教育現場で過ごしてきた。

この特色ある2つの職場で生徒や同僚と過ごし、学び、教師として成長できたことは、この上なく幸甚であった。第1に、自主教材の作成や、目の前の生徒の状況を意識した授業づくりの機会に恵まれた。両学園とも授業づくりにおける教員の裁量を認めてくれるため、意欲的に教材研究・開発に取り組んだ。第2に応答性のある教育環境で過ごすことができた。両学園とも生徒は本音を語ってくれる。授業改善や教育活動の方向性を見出すにあたり、生徒たちが寄せてくれる声が大きなエネルギーになった。応答性は教師−生徒間だけではない。生徒同士での対話に力点を置いた教育活動も、この2つの学園にて大いに学んだ。教師−生徒、生徒−生徒の応答性がもたらす教育・形成効果を目の当たりにし、筆者は高校生の可能性を実感した。大阪暁光高校では、新コースの設立・運営や、地域との連携等、数多くの得難い機会にも恵まれた。

本書は主として、そうした出会いを通じて生み出された教育実践記録を整理したものである。本書タイトルには「学びを育む」とある。「学び」の語は学校現場等で日常的に用いられているが、まずは自覚的な意味を付与したい。佐藤学は、学びを3つの次元の対話的実践と定義する。佐藤『教育の方法』より引用する[1)]。

> 私は、学びを三つの次元の対話的実践として定義しています。第一の次元は、対象世界（題材・教育内容）との対話的実践です。この実践は認知的文化的実践です。第二の次元は、教師や仲間との対話的実践です。学習者は決して単独で学んでいるわけではありません。教師や仲間とのコミュニケーションをとおして学んでいます。この実践は対人的社会的実践です。第三の次元は自分自身との対話的実践です。学習者は題材や教師や教室の仲間と対話するだけでなく、自分自身とも対話し自らのアイデンティティを形成しながら学びを遂行しています。この実践は自己内的実存的実践です。このように学びは、対象世界（題材・教育内容）との対話（認知的文化的実践）、他者との対話（対人的社会的実践）、自分自身との対話（自己内的実存的実践）の三つの対話を総合した実践です。すなわち、学びは「世界づくり」と「仲間づくり」と「自分づくり」を三位一体で追究する対話的実践です。

筆者が想定する「学び」のイメージは、この佐藤の定義が該当する。授業は、出会いと対話の場でもある。教材・教育内容との対話。教師－生徒、生徒－生徒の対話。そして学習活動を通じた自身との対話は、自らの在り方・生き方を揺さぶりながら、学習者の発達を促すものでもある。こうした出会いや対話の機会をつくり出す役割が教職者には求められている。

筆者自身の教職経験の多くが高校現場であったこともあり、本書が対象とするのは高校教育である。高校生は青年期を生きる存在である。自立が大きなキーワードとなる生徒たちにとって、その土台としての自律（自己選択・自己決定・自己調整等）もまた重要な課題になる。青年は子どもであると同時に、社会に生きる存在でもある。だからこそ、実存性に迫る問いや、実社会と接する学習、そして葛藤も含めて思考・表現し、仲間と読みあう・語り合う対話的な学びが重要なのである。そうした学びの実現は、特定の教科のみならず、より総合的に追究されるものでもある。教科教育、総合的な探究の時間、特別活動、課外活動の諸領域において、重層的な対話を基軸とした豊かな学びを作り出す努力が教師には求められる。また、青年期の学習課題を意識した際に、作品化を伴う表現とその共有や、自律的な学習展開への志向も、追究が望まれる。

本書の副題は、「教科・総合・自主活動」とした。この３つは、日本教職員組合（日教組）の委託を受けて設置された中央教育制度検討委員会（座長・梅根悟）が 1976 年に発表した「教育課程改革試案」[2]を意識したものである。「教科」教育の豊かな展開に加えて、生活や体験の観点から統合される「総合学習」、そして自治的諸能力を育む教科外活動としての「自治的諸活動」の３領域の提起は、後の教育課程の変遷をみるに、先駆性を有するものであった。特に、自治的能力の育成は、今日においても強調したい側面である。豊かな学びの実現のためには、学級が安全基地になっているのが重要である。自らの「ホーム」ルームをつくる自治的実践は、市民性の育成としても大きな意味をもつ。

加えて高校教育には、学校の枠を越えて自律的に学ぶ、「自主活動」の伝統もある[3]。その前提には自治的能力の育成も見て取れることから、本書では高校教育の特質を捉え、自治的諸活動を含む形で「自主活動」の語を用いることとした。

本書の構成についても、若干触れておきたい。

第１部「社会系諸科目の実践から」は、地歴・公民科における諸実践である。

地歴･公民科ではなく社会系としているのは､総合社会科の理念への共感がある。地歴・公民科の諸科目の授業は、生徒の生活実感や実存性と結びつきながら、生き生きと学べる時間であってほしいと願う。そうした思い・願いから、あえて社会系の語を冠した。同時に、各実践がどの科目で行われた（実践し得る）かを明示するために、頁の上部に科目名も提示している。

第２部「高校総合学習とカリキュラムマネジメント」は、総合的な探究の時間における諸実践を所収した。大阪暁光高校では教育探究コースを設置しており、筆者は同コースの設立過程に立ち会い､開設後は実践の中心を担ってきた｡同コースでは総合的な探究の時間を含む「教育・人間探究の時間」を設置しており、主として同時間における実践の展開を叙述・検討している。

第３部「自治的諸活動・自主活動の諸実践」では、特別活動における実践および平和ゼミナール活動に関連する論考と実践を所収した。特別活動においては、自治的能力を育むため民主的手続きを徹底したロングホームルームの運営や、文化祭テーマ学習と総合的な探究の時間をクロスさせて展開した探究活動の実践を所収している。平和ゼミナールは学校の枠を越えた高校生の自主的な平和学習である。その実践史の整理・検討および、筆者が顧問をつとめる大阪暁光高校平和ゼミナール部の活動、そして同部を母胎として実行委員会形式で実施した被爆画学生絵画展の実践を所収している。

生徒の学びの様子がより伝わるように、生徒の記述や活動写真[4)]も適宜紹介しつつ、上記諸実践を叙述、検討していく。

1) 佐藤学『教育の方法』左右社、1999 年、98 - 99 頁

2) 日本教職員組合編『教育課程改革試案』一ツ橋書房、1976 年

3) 森田俊男は代表的な自主活動として、高校生徒会の交流・連合、高校部落研運動、高校生平和ゼミナール等を挙げている。日高教高校教育研究会、森田俊男・小島昌夫・浦野東洋一『高校生の自主活動と学校参加』旬報社、1998 年、5 頁

4) 活動写真について、特に断りがない場合は、学校長の許可を得たうえで大阪暁光高校のホームページより引用している。それ以外の写真については、撮影者を明記し、映っている生徒等の肖像権については、権利者の許可を得たものを用いている。

目　次

第１部　社会系諸科目の実践から

第２部　高校総合学習とカリキュラムマネジメント

第３部　自主活動・自治的諸活動における諸実践

第１部　社会系諸科目の実践から

小学生の頃から社会の時間が好きだった。かといって、記憶に焼き付いている社会の授業を問われると、答えに詰まる。佐藤学は、東大生に高校までの授業の思い出を聞くと、多くの学生が答えられない事実を例示する [1)]。筆者自身もある程度納得せざるを得ない。理科の実験で顕微鏡を覗き、葉緑体や気泡が見えたときのような感動を、社会の授業で体験したことはない。中学生の頃に夜を徹して彫刻をつくった美術課題のような没頭を社会の授業で感じたこともない。筆者の「社会」への愛着は、父が社会科教諭であったことに加えて、学童保育で読みふけった『はだしのゲン』や、『マンガ日本の歴史』（大月書店）、毎年夏に訪れた「平和のための埼玉の戦争展」[2)]等に拠っていたのかもしれない。

決して、実社会の動向に鈍感な少年ではなかったはずである。中学３年生の秋、9.11 があった。約１か月後には米軍によるアフガニスタン攻撃があり、中学生ながらに焦燥感にかられた。そうした同時代の出来事の影響から、高校生になると「平和のための埼玉の戦争展」のボランティアや、高校生平和ゼミナール活動 [3)] に参加するようになった。2003 年にイラク戦争が勃発すると、「イラク戦争反対！3.21 高校生平和大集会」の実行委員会に参加し、集会当時は司会としてマイクを握っていた（その姿はテレビ朝日「報道ステーション」に映っていたようだ）。このように平和の問題を中心に実社会への関心が高いにもかかわらず、－いや、だからこそか－高校の地歴・公民科の授業に高揚感を持てなかった。中等社会科で内容や授業展開を覚えている授業は、残念ながらない。

遅ればせながら筆者が「忘れられない社会の授業」に出会ったのは、大学院生になってからだった。修士論文で平和教育実践史研究に取り組むにあたり、教科教育を含む平和教育・戦争学習の実践記録の収集を続けた。『歴史地理教育』（歴史教育者協議会）、『民主主義教育』（全国民主主義教育研究会）、『教育』（教育科学研究会）の各誌に関しては、すべての平和教育実践報告を読み込んだ。そして、圧倒された。社会状況や子どもの生活世界に対して教師が問題意識をもち、教科内容とも切り結びながら生み出される諸実践は、あまりにもダイナミックでドラマチックであった。指導教員である梅野正信先生は高校社会科教諭の経験を有し、教育史研究も専門にされており、梅野ゼミでの日々と教育実践記録から得る刺激は筆者の中で相互作用をもちながら、後の社会科教諭としての芯を形成した。小学校・中学校・高校の教員免許を取得しつつ研究に取り組んだ上越教育大学での日々は、かけがえのない時間であった。

修士課程最終年、新潟県と大阪府の教員採用試験（いずれも中学社会）で不合格だった筆者は、翌 2012 年より自由の森学園で非常勤講師を務めた。結果的にこの環境が社会科教師としての筆者を育ててくれた。自由の森学園は、受験競争が激烈だった 1980 年代に、「競争原理を越える」学びを志向した教師たちによりつくられたユニークな学園である。校則も制服もない代わりに、授業にかける熱量は他校にないものがあった。自主編成・自主教材の授業づくりが展開されており、生徒は学びがいのある面白い授業に慣れている。生徒が教師の授業を評価する枠組みもある。この刺激的な職場で、何よりも授業が大切なのだ、と生徒たちから教えてもらった。授業づくりの楽しさと奥深さを実感した 3 年間であった。

2015 年に専任教諭として大阪暁光高校に着任し、以降、筆者なりに創意工夫を凝らして授業づくりに勤しんできた。専任教諭となり、生徒や地域の実情に向き合う状況が安定したことが、「いま・ここ」に依拠した授業づくりの職能を拓いた。本書に所収した筆者の教育実践はすべて、大阪暁光高校着任後のものである。

長々と自分史を綴ったのは、筆者の実践傾向がこうした自身の歩みとの関連性をもつからである。実社会に関心をもつ青少年だった筆者であるが、教科書という主たる教材を用いて学習内容を淡々と伝える知識伝達型の授業には心が躍らなかった。しかし平和教育を中心に、生徒の現実や実社会の動向に根ざした教育実践の奥深さと面白さを知り、教職入職後は自主編成・自主教材による教育の自由を認めてくれる学園やそこで学ぶ生徒たちから育ててもらったのである。

第 1 部では、筆者が開発・実践した社会系諸科目の授業をいくつか取り上げる。

第 1 章～第 6 章は、歴史教育の実践である。

第 1 章および第 2 章は、中世日本に関する授業であり、いずれも「移行期」に着目した教材開発の事例である。

第 1 章「絵図資料と人物に注目した中世日本史の授業」は、中世初期の時代状況を念仏札および『一遍上人絵伝』を用いて考える。絵図資料の活用と、人物に着目した授業開発の一例である。

第２章「中世から近世へ」は、「濫妨狼藉」をキーワードに、中世末期の様相を描く授業である。政治状況が混迷する中、領民を食わせるための政治手段として戦国大名の「戦」を把握すると、雑兵による濫妨狼藉の意味が見えてくる。中世を終わらせるためには、濫妨狼藉なくして「食える」社会創造が必要になる。

第３章および第４章は、生徒間に蔓延しがちな同調圧力を意識においた、ファシズムに関する授業である。

第３章「あなたに『赤紙』が届いたら…」では、三國連太郎と母の実話をもとに民衆の戦争責任を考える。戦争に人々を動員するシステムとして、戦時下日本では同調圧力が活用された。息子の徴兵忌避を知った母の葛藤と行動を通じて、銃後における個人の立場の重層性を考える。

第４章「『悪』と向き合う‐アイヒマン裁判考」は、アイヒマン裁判を題材に、ファシズムやジェノサイドの発生・加速要因を追究する。「命令に従っただけだ」というアイヒマンの弁明に対して、アーレントの指摘を補助線としつつ、生徒が思考を深め、自身の考えを論作文で表明する授業である。

第５章～第６章は現代における巨大な虐殺・暴力に着目する。

第５章「ジェノサイドを越えて」は、ルワンダ・ジェノサイドを題材としている。この授業は総合的な探究の時間を活用して行ったが、実施クラスは「『悪』と向き合う」と同一であり、ナチズムおよび天皇制ファシズムの授業(第３・４章)の同一線上に位置づく。証言からジェノサイドの概要を把握したうえで、本実践では平和回復過程に注目する。ガチャチャ裁判を教材として用いるとともに、ルワンダで義足提供を続ける「ムリンディ/ジャパン・ワンラブ・プロジェクト」のお二人を招いてのゲスト授業も実施した。

第６章「ウクライナ侵攻に向き合う」は、ロシアによるウクライナ侵攻を受けて、2022 年６月に実践した授業の記録である。生徒の意見表明を起点として学習内容を設定した。戦争報道による人権感覚の鈍磨や価値相対主義に抗うための国際法学習を展開した。現在進行中の紛争を授業化したという点で、時代性をもった記録として所収している。

第７章～第 10 章は、公民科教育の実践である。

第７章「看護師と学ぶ　医療と自己決定権」は、看護科担任時代の実践である。看護科教諭と相談し、現代社会と基礎看護の合科実践を行った。エホバの証人輸血拒否裁判を題材に、医療における自己決定権の尊重を確認するが、実際の医療現場ではしばしば、「自己決定権の尊重」そのものをめぐる葛藤が生じる。蜂谷看護教諭の実体験をもとにその事例を授業化した。また同実践がその後、経年的に展開されていく過程も描いている。

第 8 章「過労死と職場環境」は、過労死という究極の労働災害に焦点を当てつつ、労働について生徒と考える実践である。新科目「公共」の開始に向けた授業開発と、生徒がおかれた生活環境への懸念が実践開発の主たる動機であるが、むしろ生徒の記述から筆者自身が働き方の内省を迫られた点においても印象に残る。

第 9 章「小論文で深める安全保障論」では、自衛隊の戦後史や、米軍基地問題、日米安保条約の内容理解、暴力装置としての軍隊、といった各側面を検討したのち、特徴的な諸外国の安全保障モデルも参照し、これからの日本の安全保障の在り方を生徒が考える。ショック・ドクトリン的巨大軍拡を前に、「安全保障」そのものの与件を問う授業実践でもある。

第 10 章「極寒の暁光町を救え」は、人口減少時代における地域おこしの在り方を生徒と探究する。内発的発展と外来型開発の実践事例を検討したうえで、北海道上川町をモデルとした架空の街「暁光町」の町おこし案をワークショップ形式で考える。一連の学習後、学校所在地・河内長野の町おこし案を出し合う。なお本実践は、第 2 部第 1・2 章の地域学習との接点を有する。

いずれも対話的実践であり、生徒の学習履歴や問題意識を視野に入れつつ主題を設定・構成した授業の記録でもある。

1) 佐藤学『教育の方法』左右社、2010 年、9-10 頁。授業の内容を具体的に憶えているのは 2〜3 割であるという。憶えている授業の特色は、「何かを調べたり発表したり、友達の異なる意見を交流したり、何かを深く探究した経験」であり、「これらの経験を一時間でも想起できれば、幸せな学校生活を享受した学生と言ってよい」と記している。ただし、佐藤は忘却される授業を無意味だと断じるのでは決してない。「本人の気づいていないところで何らかの機能をはたしてきたことは明らか」であると指摘している。

2) 毎夏、浦和にて実施している市民による戦争展。

3) 高校生の自主活動としての平和学習。詳しくは、第 3 部第 4-5 章参照。

第１章　絵図資料と人物に注目した中世日本史の授業

１．教材としての『一遍上人絵伝』

「中世は教えにくい」と聞く。なるほど、権力構造が複雑で説明は簡単ではない。日本史における中世は平安時代末期からはじまり、戦国時代をも丸ごと含む。

本章では中世の初期を扱った授業実践を紹介する。具体的には、平安時代末期～鎌倉時代の初期を、一遍という人物に焦点を当てながら描く授業である。

下に示している『一遍上人絵伝』「備前福岡の市」の場面は生徒を惹きつける「ネタ」である。市が描かれているので売られている商品やその流通路に注目し経済的な視点で学ぶのも面白い。当時の社会・経済状況を含む構造的な理解につながる教材であり、中学や高校の授業でもしばしば用いられている。

（『一遍上人絵伝』（模本）より「備前福岡の市」東京国立博物館蔵）

しかし多くの場合、授業では「備前福岡の市」のみを扱いがちである。『一遍上人絵伝』は一遍の生涯を描いた壮大な絵巻物であり、「備前福岡の市」の前後もドラマチックである。一遍が布教活動で吉備津宮の神主の息子の嫁を出家させ、それを知った神主の息子は従者と共に一遍を追う。一遍に追いついた緊迫した状況が「備前福岡の市」である。小松茂美による図版解説を抜粋する[1)]。

> 町の辻で、一遍は、今日も熱心に念仏を勧めるのであった。市には、掘立ての長屋五棟がある。魚や鳥・米・布・履物・壺など、さまざまな品物を売っている。大まないたの上で鯉の料理をする男。筵を路上に広げて、枡で米を量る男。布の品定めをする被衣姿の女。あなた、これをぜひとも買ってくだされ、と亭主にせがむ市女笠の女。髭面の男の手には、銭束がしっかりと握られている。
> ところが、こうした平和な市の中に、降って湧いた事件が持ちあがった。馬から下りると、ばらばらと吉備津宮の神主の子息主従は、一遍の前に立ちはだかった。会えば、恨みのひと言、怒りの罵倒も浴びせんものと、心をはずませていたのに。
> 男が、腰の大太刀に手をかけたとたんに、一遍のほうが先に口を開いた。あ、そなたは、吉備津宮の神主どののご子息とな……。あとは、蛇ににらまれた蛙も同然。主従は、ただ、眼を白黒させるばかりであった。
> しばらく、沈黙の時が流れた。やがて、観念した夫は、上人さま、私が、私が悪うござった。妻同様、私も発心いたしました。どうか、私に戒をお授けくだされ。剃髪して入道いたしまする。というと、即座に、かれは折烏帽子を脱ぎ、腰の大小を大地の上に投げ出してしまった。
> 急場を聞いて、市から檜桶を借りて、水が運ばれた。懐中から剃刀を取り出すと、一遍は、夫の頭に剃刀を当て始めた。では、われわれも、と従者の二人も腹巻鎧を脱ぎ、太刀を腰から解くありさま—。
> 陸のできごとをなにも知らぬ風情の川舟が、静かに川を下っていく。

このように、場面の前後の展開も含めて、非常に面白い。

五味文彦は「ここに福岡の市という市が描かれている点にも注意したい。それまでの布教の対象は、武士の館が中心であったが、それが市に来る人々に勧めるように変わってきているからである(…中略…)宿や市などがこの時期に生まれ、にぎわっていったことを絵は物語っている」[2)]と指摘する。

それでは市という空間にはどのような特色があるのか。網野善彦によれば、市は「神々の世界、あるいは冥界との境であり、共同体を越えた境界領域」であり、「無縁」の場であった。無縁の場ゆえに市はアジール(平和領域)としての機能も担っていた。網野の著書、『無縁・公界・楽』には、以下の記述がある[3)]。

市では、殺傷はもちろん、喧嘩口論、押買押売、さらに債権による取立ても固く禁じられていた。債務や罪を負った人も、下人も、市の場では追及をまぬがれることができた。そして万一、なにか事件がおこった場合でも、それはその場のみで処理され、市の外には持ち出さない慣習であった。平和と自治は市の原理だったのである。

一遍が念仏札による救済活動を展開した背景には、社会の荒廃がある。10年間続いた源平内乱や、ききんの頻発[4)]の中で、救いを求める人々の心性があった。この点と関連付けながら一遍の宗教活動を追究することで、中世初期のイメージをつかむきっかけになる。そうした観点に立った際に、備前福岡の市・念仏札・踊り念仏・その前提としての飢餓（『餓鬼草紙』等）は、関連をもつ教材となる。

２．授業の展開

この授業は、源平合戦の時代の後に行った。冒頭、念仏札を使用する。この念仏札は、学び舎教科書『ともに学ぶ人間の歴史』に掲載されているものである[5)]。厚紙に印刷して、準備しておく。

(1)「念仏札」との出会い

授業開始早々、「突然ですが、みなさんに質問があります。あなたは、『死後の世界』を信じますか」と問いかけた。

筆者「死後の世界を信じる人、手を挙げてみてください。……それでは、信じないという人も手を挙げてみてください」

挙手した生徒になぜそう思うかを尋ね、発言を促す。

ある生徒は「信じない。死んだら、何もなくなると思う」という。別の生徒は「信じる。人は死んで、生まれ変わると聞いたことがある。前世の記憶をもっている人の話も聞いたことがある」と語る。

意見交流後、一人一人に念仏札（右・実物大）を渡していった。

筆者「死後に極楽浄土へ行けるお札です。極楽浄土は仏教世界でいう、とても美しくて安らかな死後の世界です。ほしいですか」

「欲しい！もう１枚ちょうだい！」と乗り気な生徒。「えー……はい」と戸惑いつつ受け取るの生徒。「はいどうぞ。これをもっていれば極楽へ行けるからね」と渡していく筆者。「いらない」と断られても、「まあ、そういわず。筆箱にでも入れておくといい」と受け取りを促す。教室は困惑をともないつつも盛り上がる。

念仏札配布後、「お札にはどのように書いてありますか」と問いかける。「南無阿弥陀仏」の文字を読み取らせてから、「そう、南無阿弥陀仏。これがあれば阿弥陀仏が救ってくれます。念仏札といいます。今から約 730 年前、いま僕がやったのと同じようなことをした人がいます」と語り、具体的な学習活動に入っていく。

(2)時代状況と救いへの渇望

筆者「前回、源氏と平氏の、内乱の時代について学びました。その後に『鎌倉時代』と呼ばれる時代に入っていきます。当時活躍した人物が、念仏札を人々に渡した一遍です。資料 1 を読みましょう」

資料 1 ：当時の社会の状況 6)

5 年におよんだ源平の内乱では、多くの命が失われました。同じ一族が、敵味方に分かれて戦い、負けた側では、幼い子どもまでが殺されることもありました。戦乱のなか、西日本では大ききんが広がり、多くの人たちが餓死しました。

筆者「当時の、京都のききんを描いたといわれる絵です。『餓鬼草紙』といいます。気づいたことや、変だなと思うところはありますか」

(『餓鬼草紙』(写)「伺便餓鬼」国立国会図書館蔵)

生徒「ガリガリに痩せているけど、おなかだけ出ている人がいる」

生徒「栄養失調の人だと思う。そういう写真を見たことがある」

生徒「裸の人がいる」「排便を狙っている」

筆者「この絵は前世の行いが悪くて餓鬼になった人たちを描いていますが、時代の状況を考えるならば、モデルとなった栄養失調の人たちがたくさんいたと考えるのが自然です。ききんの際の京都の町の様子を描いたともいわれています」

この『餓鬼草紙』の提示は、資料１の描写を強調するためのものである。「伺便餓鬼」の場面には、荒れた家屋と食糞という究極的状況が描かれている。

筆者「こうした時代状況において、念仏札を配る人物が現れた。人々は念仏札を喜んだと思いますか。喜ばなかったと思いますか」

生徒「世の中が苦しいから、死後安らかな世界に行けるのは魅力的だったはず。喜んだと思う」「すがれるものにはなんにでもすがりたいんじゃないかな」

筆者「なるほどそうかもしれない。当時救いを得るには厳しい修行に耐えて悟りを開くか、寺院への莫大な寄付を使う必要があると考えられていた。『念仏札を受け取れば・念仏を唱えれば、極楽浄土へ行ける』というのは、魅力的だったのでしょう。それでは念仏札を配った、一遍という人の様子を見てみましょう」

ここで、「備前福岡の市」に注目させる。授業プリントには一遍と神主の息子に吹き出しをつけ、コメントを書き入れられるようにしておく。

筆者「Ａが、念仏札を配った一遍です。どんな場面だろう」

＜Q1＞場面を想像し、吹き出しにセリフを書き込もう

記入時間をとり、机間指導を行う。その後、生徒が考えたセリフを交流する。

筆者「では、ＡとＢにどんなセリフが入りましたか？　紹介してください」

生徒「Ａは、刀を指差して『それ、なんぼ』。Ｂは、『売りもんちゃうわ！』」

生徒「Ｂが先で、『坊主、叩き斬るぞ！』。Ａは『南無阿弥陀仏！』」

生徒「Ｂが、『キェー』とか言っている。Ａは、『それ以上動くと命がないぞ！』」

筆者「そもそも、なぜこのような状況になっているのか。実はこれは絵巻物の一場面で、その前の動きも全部書かれています。順番に見てみましょう」

黒板掲示用に、一遍聖絵の紙板書を用意しておき、備前福岡の市に至る経過を見ていく。神主の息子の嫁が出家する場面では、「だから近くの人は泣いているのか」と反応する生徒もいる。そして備前福岡の市の場面までたどりつく。

(一遍を追う神主の息子と従者)　(神主の息子の嫁の出家)

筆者「一遍はこのあと、どうなったのでしょう」

生徒「神主の息子に殺された！」「男たちをやっつけた！」

筆者「どちらの意見も出ていますね。では、つぎの場面です」

男たちが出家した場面である。

備前福岡の市の場面で一遍は「あなたは、神主の息子か」と言ったと紹介し、「心の中で南無阿弥陀仏と唱えたのかもしれない」とコメントした。一遍のカリスマ性や、救いを求める人々が多数いた点をおさえたい。こうした人々も包み込み、教団は成長していく。

(3)おどり念仏の秘密

筆者「一遍たちが念仏を唱えている場面です。気が付くことはありますか」

（『一遍上人絵伝』国立国会図書館蔵）

生徒「たくさんの人が見物にきている」「高い場所にいる」「太鼓みたいなものを叩いている」

筆者「みなさんがいうように、とてもにぎわっています。舞台上で行っているのが、おどり念仏です。資料２を読みましょう」

資料２：念仏札とおどり念仏[7)]

時宗を開いた一遍は、13 世紀の後半、九州から東北地方まで、16 年間にわたって旅し、出会った人たちに念仏札を配りました。「南無阿弥陀仏と唱えて、阿弥陀仏にひたすらすがりましょう。阿弥陀仏はすべての人を救い、極楽浄土へ導いてくださいます」と、念仏をすすめました。一遍と弟子たちは、町に入ると、鐘や太鼓を打ち鳴らし、念仏を唱えながらおどります。

筆者「鐘や太鼓を打ち鳴らす、おどりながら念仏をとなえる。今の念仏のイメージとは、だいぶ違います。『天狗草子』には、『念仏する時は、頭をふり、肩をゆりて、おどる事野馬のごとし、さはがしき事山猿にことならず…』という記述もあるそうです。ところで、考えてみたいのだけれど…」

＜Q2＞なぜ、一遍は「おどり念仏」という方法をとったのだろう

生徒「目立って、人を集めやすいから」
生徒「盛り上がって楽しいほうが、苦しいことを忘れられるからだと思う」
生徒「一緒に参加したいと思えるし、おどっていると元気になれそう」
生徒「楽しそうだし、念仏札をもらったり南無阿弥陀仏と唱えたりするだけでいい。一遍は、当時の人たちの気持ちにおどり念仏はあっていると考えたと思う」
筆者「苦しい時代状況だからこそ、『楽しさ』も求められていたかもしれないね」

(4)一遍の宗教活動を問う

筆者「一遍の教団は拡大し、各地に道場が開かれていきます。ところが、一遍自身は死に際して、自らが書いた内容を全て燃やしてしまいました」
生徒「え、なんで燃やしたの」
筆者「それはわからない。ただし、考えてみるに値する出来事です。この時間のまとめもかねて、次の３つの問いに対してあなたの考えを書きましょう」

＜Q3＞ ①一遍はなぜおどり念仏をはじめたのか
②なぜ人々は一遍の周りに集まったのか
③なぜ一遍は自らの書物を燃やしてしまったのか

一遍が自らの教えを記した書物を焼却した事実に、生徒は衝撃を受ける。同時に、そこには何かしらの意味があるはずだと考える。③の問いには明確な答えがない。だからこそ推論する楽しさがある。授業の終わりには、こうしたオープンエンドの問いを大切にしたい。以下は生徒が記述した仮説の一部である。

①一遍は、なぜおどり念仏をはじめたのだろう？
- 一体感があって、盛り上がれるから
- 目立って、人を集めやすい。教団を大きくしていくときに有効だった
- 自分たちが来ているとアピールしやすい
- 楽しければ、苦況を忘れられるから、当時の人々の気持ちに合っていた

②なぜ人々は一遍の周りに集まったのだろう？
- 楽しそうだから、一緒に参加したくなった
- 南無阿弥陀仏と唱えるだけで救われる、という主張が魅力的だった
- 貧しい人でも、唱えるだけで良いというのが良かった

③なぜ一遍は自らの書物を燃やしてしまったのだろう？
- 一遍は『おどり念仏』という、新しいかたちをつくった。その時代に合わせて、自分たちで考えて新しいかたちをつくれ、というメッセージ
- 自分が書いた言葉に弟子たちが縛られるのを嫌った
- 勝手に解釈されたり、一部分だけ好きなように使われたりするのを恐れた

３．本授業の特徴と今後の発展課題

本授業は学び舎教科書（中学歴史）『ともに学ぶ人間の歴史』に刺激を受けて作成したものである。同教科書は現場教師たちが中心となって出版社を立ち上げつくりあげた、まさに現場実践から生成された教科書である。中学生向けであるため記述が簡潔であり、図版等の資料も活用しやすい。その中で特に筆者の目を引いたものが、念仏札であった。実物大で掲載されている念仏札には「往生決定六十万人」とあり、すべての人々が阿弥陀如来により救われてほしいという一遍の願いを感じた。

本章冒頭、「中世の授業はやりにくい」という声を紹介した。しかし制度論に執着するのではなく、時代を象徴する人物や事象に注目するのであれば、その限りではないと筆者は考える。むしろ中世という混乱の時代だからこそ、個人が放つ光は大きく映り、結果的に時代のダイナミズムも見えてくる。

なお、本時は一遍の行動から時代状況を観るという構成にしたため主題から外

しているが、市のもつ特異性に注目しても面白い。「備前福岡の市」後の、神主の息子が出家する場面に改めて注目したい。前掲した、『一遍上人絵伝』の図版解説文を再掲する。

しばらく、沈黙の時が流れた。やがて、観念した夫は、上人さま、私が、私が悪うござった。妻同様、私も発心いたしました。どうか、私に戒をお授けくだされ。剃髪して入道いたしまする。というと、即座に、かれは折烏帽子を脱ぎ、腰の大小を大地の上に投げ出してしまった。

神主の息子の「私が悪うござった」は何を指すのか。さまざまな仮説が立つが、そのひとつとして、市との関連性が考えられる。市にアジール性があるのであれば、そこには救いを渇望する人々が多数集まっている可能性がある。その市で布教する一遍の前に現れた神主の息子と従者の場面の一部を拡大する。右側の従者（囲み部分）を見ると、一遍の反対側に弓を構えていた跡があると気づく。

なぜ従者は弓を構えているのか。中世の市では、市の外の世界の出来事を市（＝無縁の場）に持ち込み、口論や殺傷沙汰を起こすのはタブーであった（17頁の網野引用文参照）。それを承知で神主の息子は市に乗り込んだ。とすれば従者の弓は、

直後に彼らを排除しにくる市の住民に向けられているのかもしれないし、その状況を平和的に治め出家させた一遍の凄みはさらに引き立つ。

上記の内容に注目するならば、以下を主発問とする授業も考えられる。

- なぜ一遍は市場で布教したのか
  どんな人を救いたかったのか
- 消された従者の弓矢は、どのような人たちに向けられていたのか
  なぜそうする必要があったのか？
- 「私が悪うござった」と神主の息子。どのような悪いことをしたのか

絵巻の一場面に注目しても、このように多彩な授業開発や展開がある。

いずれにせよ、ポイントを絞った教材選択が授業づくりの鍵になる。

1）小松茂美編『日本絵巻大成 別巻 一遍上人絵伝』中央公論社、1978年、99-100頁

2）五味文彦『全集 日本の歴史(5) 新視点中世史躍動する中世』小学館、2008年、189頁

3）網野善彦『無縁・公界・楽 - 日本中世の自由と平和 - (増補)』平凡社、1996年、354頁

4）安井俊夫他32名『ともに学ぶ人間の歴史』（2015年文部科学省検定済教科書）学び舎、2015年、71頁には「気候変動と大飢饉」のトピックがあり、「13世紀から15世紀には、しだいに気温が下がり、異常気象による大ききんが何回もおきている。地球全体の気温の低下のため、海水面が1m近く下がっていたという記録もある」の記述がある。

5）同書66頁

6）同上

7）同書66-67頁より抜粋・作成

第２章　中世から近世へ
濫妨狼藉をキーワードとした中世日本史の授業開発

１.「移行期」に着目した授業開発

第１章の授業は中世初期の時代状況を描いており、源平争乱後の社会変動という移行期に、一遍という人物に注目しつつ迫るものであった。一遍の思想は阿弥陀如来による他力本願に救いを求めるものであったが、他方で現世を生き抜くための自力救済も中世全般を通したキーワードになっていく。とりわけ、応仁の乱時の足軽（雑兵）の登場は、兵農の接合としての意味をもつ。

本章では戦国時代（織豊政権の時代も含むものとする）という中世末期から、徳川の平和の成立による近世初期までの移行期に注目した授業を紹介する。戦国時代は群雄割拠の時代であり、生徒は戦国武将の戦記物をイメージする。しかし、それは中央政権が機能せず、各地の勢力が自力救済をはかったことを示すものである。筆者は藤木久志の一連の研究を参考に、濫妨狼藉を時代把握のキーワードとしてきた。濫妨狼藉の内容および背景にある状況を理解し、濫妨狼藉がなくとも人々が「食える」社会をつくりあげるまでの流れを授業で描き、中世と近世の特徴を生徒が大観できるようにしていく展開が、単元開発上の視点となる。

上記の問題関心をもとに設定したのが「中世から近世へ」の単元である。以下は、単元表内の太字にしている授業に触れつつ、おおまかな展開を叙述する。

単元「中世から近世へ」　各時の授業タイトルと主な学習の内容

タイトル	主な学習の内容
謎の兵の正体は…？	応仁の乱・足軽の登場・幕府の権威の失墜
義の武将はなぜ戦う？	**謙信の出兵パターンの考察・濫妨狼藉概念の把握**
ザビエルの野望	宣教師から見た堺や日本・来日の背景・交流が与えた影響
南無阿弥陀仏の旗	信長の登場と政策・一向宗との戦い・石山戦争
秀吉の平和を問う	**秀吉の登場と政策・朝鮮出兵・「秀吉の平和」とは何か**
戦国のゲルニカ	**家康の天下統一・大坂夏の陣・濫妨エネルギーの転換**
家光をさがせ！	**江戸図屏風の観察・朝鮮通信使への注目**
論作文の作成	**論題「中世から近世へ−濫妨狼藉をキーワードに」**

2．中世から近世へ　藤木久志『雑兵たちの戦場』を土台とした授業開発例

(1)「義の武将」はなぜ戦う？

前時のテーマは応仁の乱であり、そこでは雑兵[1)]の登場に重点を置く。

本時の導入では戦国時代の到来を告げ、知っている戦国大名を問う。続いて、「ではなぜ、戦国大名（武将）たちは戦をする必要があったのだろうか」と問いかける。生徒にとってこの問いは盲点になっているのだ。

典型事例として、越後の上杉謙信の事例を紹介する。「義の武将」として人気のある人物だが、史料からは別の側面が見えてくる。

上杉謙信の関東遠征履歴[2)]を示す（資料1)。生徒は、ほぼ毎年関東遠征を行っていることに気づく。遠征する季節を問うと、多くのパターンが11月～12月に遠征を開始し、3月～5月に越後に戻っているとも気づく。遠征先の上杉軍の行動を藤木は次のように紹介している[3)]。

資料1：上杉謙信軍の関東遠征

① 1560年 8月-61年 6月
② 1561年 11月-62年 3月
③ 1562年 11月-63年 6月
④ 1563年 12月-64年 4月
⑤ 1564年 11月-64年 12月
⑥ 1565年 11月-66年 3月
⑦ 1566年 12月-67年 5月
⑧ 1569年 11月-70年 4月
⑨ 1570年 9月-70年 11月
⑩ 1571年 11月-72年 4月
⑪ 1574年 11月-74年 5月
⑫ 1574年 9月-74年 12月

> 小田氏治の常陸小田城（茨城県つくば市）が、越後の長尾景虎（上杉謙信）に攻められて落城すると、城下はたちまち人を売り買いする市場に一変し、景虎の御意（指図）で、春の二月から三月にかけて、二十～三十文ほどの売値で、人の売り買いが行われていた、という。東国はその前の年から深刻なききんに襲われていた。
> ……城攻めはまず城下を押し破って、人や馬を根こそぎ奪い取り、ついで本城を攻め落として、籠城する軍兵は皆殺しにする、という二段構えで戦われていた。

遠征先では略奪と人身売買が行われていることがわかる。上杉謙信の軍勢と商人が結託し、生け捕りと人身売買が行われていたようである。では、冬に遠征し、春に帰郷する恒例のパターンにどのような意味があるのか。こうした問いかけのうえで、謙信の根拠地であった現在の新潟県上越市の冬の光景をみせる。上越地域は日本有数の豪雪地である。雁木の町並みが有名な高田は家屋の高さまで雪原に覆われ、「この雪の下に高田あり」の高札が立てられたと伝わる。春に越後に戻

るのは田植えのためである。だとすれば参加した軍勢は、農民を含む雑兵たちであろう。藤木の次の文章[4]が、この状況を説明している。

> 農閑期になると、謙信は豪雪を天然のバリケードにし……越後の人々を率いて雪の国境を越えた。収穫を終えたばかりの雪もない関東では、仮に補給が絶えても何とか食いつなぎ、乱取りもそこそこの稼ぎになった。戦いに勝てば、戦場の乱取りは思いのままだった。こうして、短いときは正月まで、長いときは越後の雪が消えるまで関東で食いつなぎ、なにがしかの乱取りの稼ぎを手に国へ帰る。……越後人にとっても英雄謙信は、ただの純朴な正義漢や無鉄砲な暴れ大名どころか、雪国の冬を生き抜こうと、他国に戦争という大ベンチャー・ビジネスを企画・実行した救い主、ということになるだろう。しかし襲われた戦場の村々はいつも地獄を見た。
> ……凶作と飢饉のあいついだ戦国の世、懸命に耕しても食えない人々は傭兵になって戦場へ行った。戦場にいって、わずかな食物や家財や男女を奪い、そのささやかな稼ぎでなんとか冬を生き抜こう。そんな雑兵たちにとって、飢えに見舞われる冬〜夏への時期の戦場は、たった一つのせつない稼ぎ場であった。戦場で繰り広げられた濫妨狼藉、つまり略奪・暴行というのは、「食うための戦争」でもあった。

ここで濫妨狼藉の語が登場する。なお、謙信の戦では川中島の合戦が有名だが、北信濃出兵の時期をみると主に秋であり、苅田（収穫前の稲を収奪する）や放火が行われている。人身を含む略奪・放火・苅田等の「狼藉」をまとめて、濫妨狼藉と呼ぶことを説明し、これをキーワードに歴史事象を考えていくことを伝えた。

(2)濫妨エネルギーと朝鮮出兵

織田信長の登場を経て、豊臣秀吉の時代に至る。秀吉は惣無事令により、国内の戦場を封鎖した。刀狩令による兵農分離も行った。しかし、根本的な「食うための」政策が軌道に乗っているわけではない。つまり、濫妨狼藉エネルギーは国内に潜在している。秀吉による朝鮮出兵は、この状況も捉えながら把握したい。

授業では、国内の戦場がすべて閉鎖された後に、秀吉により朝鮮侵略への大動員が発令されたことを説明する。藤木は「日本の平和（ポジ）と朝鮮の戦争（ネガ）は疑いもなく表と裏の関係にあった。秀吉の平和、日本の平和は、戦場のエネルギーを強引に朝鮮の戦場に放出することで、ようやく保証され安定した」[5]と指摘する。このことも紹介したうえで、朝鮮侵略の概略を説明する。「耳塚」の写真を示し、秀吉の軍勢は朝鮮人の耳や鼻をそぎ取り、塩漬けにして日本に送ったことも伝える。続いて朝鮮出兵時の現地での記録[6]を提示した(資料2)。

資料2：朝鮮における濫妨狼籍

A　老僧がみた光景
カクセイ・テルマ・タルミが縄につながれて引き回されている。これは日本軍にとらえられ、その後人買い商人に買い集められた人々で、まるで猿のようにつながれ、牛馬を引かされ、荷を負わされ、責め立てられる姿はあまりに痛々しく、思わず目を背けた。

B　島津軍の武士・大嶋忠泰による家族への手紙
こんど、家来の角衛門が日本へ帰るので、テルマとカクセイをお土産に届けさせた。無事についただろうか。そのうちコカクセイ一人は娘にやってほしい。私も戦場で11歳の子どもを手に入れて召し使っているが、ひどい病気もちで困っている。いずれ娘にもテルマを一人、手に入れて送ろう。また、重座衛門尉殿にも下女にできそうな子を一人、手に入れて、次のお土産にしよう。

「カクセイ・コカクセイ・テルマ・タルミとはなんだろう」と問う。Aでは、人買い商人に買い立てられる様子から、生徒は「カクセイ・テルマ・タルミ」が現地の人であると気づく。Bでは、テルマやカクセイが「お土産」として日本に送られていることがわかる。「コカクセイ」というのは、「小さなカクセイ、子カクセイでは」と予想する生徒もいた。藤木は「タルミはサルミとも書き、ハングルで人を意味するサラムの訛り」であり、また「カクセイ・コカクセイ・テルマは、人取りした朝鮮の女性たちを細かく区分する言葉であったのかもしれない」と整理している[7]。いずれにせよ、濫妨狼藉が記録されている。

秀吉の朝鮮出兵は「焼き物戦争」とも呼ばれる。伊万里焼や有田焼等、国内の陶磁器技術は、この時に拉致されてきた朝鮮人に依るところが大きい。朝鮮出兵は濫妨エネルギーの国外放出としても位置づけられるのである。

(3)大坂城下町における濫妨狼藉

豊臣家が滅亡した大坂夏の陣では、落城後、大坂市街地で略奪・乱取り・偽首等の濫妨狼藉が横行した。その様子は、大坂夏の陣図屏風にも描かれている。同屏風絵は「戦国のゲルニカ」[8]とも称される。大坂落城は、雑兵たちにとってみれば、国内の戦場が封鎖されて以来、久しぶりの本格的な稼ぎ場の出現であった。

(4)徳川政府の諸政策-濫妨狼藉エネルギーの転換-

中世を終わらせるためには、濫妨狼藉の根絶が必要である。濫妨狼藉が「懸命に耕しても食えない人々」にとっての「食うための戦争」であったとすれば、その根絶のためには、各国領民を“食わせる”政策が求められる。濫妨エネルギーの吸収先として藤木は、先に挙げた朝鮮出兵や、秀吉による上方の開発（聚楽第・淀城・伏見城・大坂城の築城等）、佐渡金山の発見によるゴールドラッシュ等を例示する。また、徳川政府の命令による大規模普請を示し、そうした巨大公共事業が戦場を閉鎖し平和を保ち続けるための意味をもっていたことを示唆している [9)]。

ここまで引用してきた『雑兵たちの戦場』では明記されていないものの、同様の発想から江戸の町の造営・拡大も、平和を保つための大規模普請としての性格を有する出来事と理解できる。

(5)中世の終焉と近世の開花

以上が、藤木の研究を参考にしつつ描く、「濫妨狼藉の中世史」の一端である。

ただし、これで中世末期～近世初期の特徴を描ききった、とはならない。授業で扱った２つの点を提示したい。

①濫妨狼藉を生じさせないための新田開発・ため池築造

濫妨エネルギーの土木事業への注入があったとしても、根本的解決のためには、徳川の平和の下での食糧増産が必要になる。実際に新田開発が奨励されていくが、そのためにも用水の確保が要る。新田に先立って開発されたのがため池と用水路である。濫妨狼藉からの脱却の願いとともに、近世初期に築造されたため池に注目することで、生徒は学習内容をより身近に感じるだろう(第２部第３章と関連)。

②「家光を探せ」–江戸図屏風の観察から朝鮮通信使へ

濫妨狼藉エネルギーを普請（巨大公共事業）に注入することで、平和の維持と同時に江戸の町も拡大していく。その学習と連続性をもちながら朝鮮通信使の学習につなげるアクティビティーとして、江戸図屏風を用いたグループワークを実施した。題して、「家光を探せ」である。

江戸図屏風は徳川家光の事績を描く意図で制作された。水本邦彦によれば、家光（すべて傘等で顔が隠されている）は 13 場面に登場しているという [10)]。拡大して作成した江戸図屏風を配布し、時間制限を設けて、次の課題に取り組む。

①家光を探せ！　顔を傘で隠した家光は何人いるでしょう
②Special-One を探せ！　絵図から面白い場面を発見しよう
③外国人をさがせ！　実は外国人が何人も…どこにいるでしょう

（江戸図屛風を見つめる生徒たち　筆者撮影）

絵図を見つめると、町並みも含めて多くの発見がある。③の「外国人」とは、朝鮮通信使のことであり、江戸城に入場する場面が、江戸図屛風の中央に描かれている。この点についてロナルド・トビは次のように評している[11)]。

徳川家光の事績を称賛する屛風の中央に、江戸城に登城する行列が配されているということは、この行列の登城は家光にとって、よほど重要かつ有意義な出来事であるに違いない。……この行列こそ、家光が迎えた外交使節団、朝鮮通信使である。……人数としては少ないながらも、この重要な位置に演出されているのみならず、周囲を囲んだ多くの人々にじっと見つめられていることからも、彼らはこの屛風全体の枢軸をなしていることがわかるであろう。じつは、朝鮮人四七名に見物客一三七名、警護の人々など二五名、計二〇九名がかかわるこの行列は、左隻に描かれたイベントの中で最大規模のものである。……ここで注目すべきは、『江戸図屛風』が家光の事績を賞賛するものならば、家光が将軍に襲職してから屛風が制作されるまでの間に江戸城で行われた、彼にとってもっとも重要な国家行事がここには描かれているはずであり、結論からいえば、それが朝鮮の使節を迎えることであったということである。

濫妨エネルギーの排出という側面をもちつつ展開された、秀吉による朝鮮出兵。これにより日朝の国交は断絶し、多数の朝鮮人が日本に拉致された。中世を終わらせるためには、この遺恨を清算する必要がある。学習に連続性をもたせながら、中世から近世への転換を描く際に、江戸図屛風もまた、魅力的な教材となる。

3．論作文による学びの表現

中世から近世への転換期を濫妨狼藉のキーワードで描き、授業を展開してきた。では、学習のまとめとしてどのような活動が考えられるだろうか。

筆者はしばしば論作文を課し、その論作文を文集にして学級で読みあう活動を設定する。文章表現を通じて、生徒一人ひとりが学習した内容を再構成する。それを読みあうことにより、他者の表現から気付きを得たり、理解をより深めたりする機会になる。本実践において、論作文の形式は自由としている。特定の登場人物に特化して描いても構わないし、学習した内容を網羅的に描くのも可である。テーマは「中世から近世へ－濫妨狼藉をキーワードに」。力作ぞろいであったが、そのなかから２名の作品を紹介する。

サクラは、モノローグ風に情景を描いた。

> 俺は与一という京都に住む雑兵だ。ここの住み心地は最悪だ。なんでも足利義政様が、俺たちが払っている関所の通行料や税を贅沢に使って生活しているらしい。そのせいで俺たち町の人間は日々飢饉とたたかっている。川は食料を求めていた人々の死体であふれているようだった。俺も税や通行量のせいでカネなんてほとんどないから、死も近いかもしれない…。いや、だが近々大きな戦がはじまると聞いたな。なんでも将軍様の跡継ぎ争いに有力者が便乗したらしい…あれ？人が集まっているな。行ってみるか。ん？張り紙か？えっと、何々…「近々、戦をする。足軽求む」。…これだ‼この戦いに乗じて、家に火をつけ宝物なんかを盗んでしまおう‼
>
> ----------
>
> のちにこの戦いは応仁の乱と呼ばれる。この戦いで幕府の力は低下し、戦国大名と名乗るものが名を上げる、約百年続く戦国時代の幕開けになったのだ。
>
> ----------
>
> 私は越後に住む武士の一人だ。私が仕える上杉謙信様は素晴らしい方だ。ここはひどい豪雪地域で、冬場は食料を得るのが難しくなる。だが謙信様は私たち武士や足軽を引き連れ関東に攻め入り、食料をかっぱらって、気が引けるが人さらいして、女・子どもを売り、生活している。これで冬場に飢えることはない。雪が溶ければ帰って田植えをするんだ。こんな案を考え出した謙信様は本当に素晴らしい人だ。

これで飢えないし、子どもを売った金は貯金にもなる。だから仕方がないんだ…。

私は豊臣秀吉だ。近々、朝鮮に戦いをしかけるつもりだ。狙いは国内から戦場を持ち出し、雑兵たちの稼ぎ場を確保し、一揆を防ぐためだ。

我は徳川家康だ。大坂夏の陣では雑兵たちによる濫妨狼藉がひどく目だった。だから我はその力を公共事業として土木工事や江戸の街づくりに充てさせ、人々の稼ぎ場をつくろうと思っている。

スズはあたかも劇のナレーションのように、時代背景とその転換場面を描いた。

農民たちの怒りや苦しみが増える原因となったのは、二毛作が広まり始めてからだろう。重い年貢に減っていくばかりの肥料。とうとう借金は返せないまま、ききんが続くなか、無能な義政の跡継ぎ争いが始まった。

農民たちは追い詰められた。「もうこうしちゃいられない」と、仲間の死体の上を行き、鴨川を渡っていざ京へと走る。

ここから農民は足軽＝雑兵へと変化した。そして、作物を大切に育て、必死に暮らす彼らの手は、放火や略奪を働き、他人の不幸を招くものへと変わってしまったのだ。

やがて彼らは戦に駆け付けたかと思うと、苅田や人身売買などの乱暴狼藉を働くようになる。しかしこれはあくまでも、食えない自分や家族のためを思って、仕方なく行うのだろう。

そんな彼らをうまく使った有力者の一人が、上杉謙信である。越後の雪に閉じ込められては、農民も植えて苦しむだけだからと、雪が降る前に彼らを引き連れて、雪のない戦場で乱取りを働いた後に、田植えに合わせて帰る。やられた側はひとたまりもないが、攻める方からすると、生き残るためには仕方のないことであった。

しかし、時代は流れ、秀吉による天下統一の世になった。国内で戦がなくなる。さて、稼ぎの場がなくなってしまった。

そこで秀吉は朝鮮へと彼らの濫妨狼藉エネルギーを向けさせる。勝手に侵略されては朝鮮としてもやっていられない。だが、やはり雑兵は止まらない。次々に人身売買や拉致が起こり、朝鮮に大きな傷跡を残していった、

秀吉の世が去ると、時代は再び揺れ動く。この時、雑兵たちの最後の戦い「大坂夏の陣」いや、「濫妨狼藉の終点」が始まってしまう。

民が民を殺し、人が人でなくなるような恐ろしい戦いだ。生きるために人を殺める。

だがやがて、戦は終わる。この戦のあとに、さまよう雑兵は、徳川により、町をつくる町人へとかわる。

今ここに、近世の時代が始まる。

４．本実践の特徴と今後の発展課題

本実践の特徴の第１に、単元を貫く視点の設定がある。戦国武将は「なぜ戦う必要があるのか」という意外性のある問いから、濫妨狼藉をキーワードとして提示し、以降くりかえしこの語が授業で浮上する。中世の終焉は民衆からみれば濫妨狼藉なき社会の到来であり、恐怖からの解放であった。

上記と重なるが、特徴の第２に、民衆が登場する歴史学習である。生き抜くために、農民が雑兵として戦に加わるという意外性もあわせて、「名もなき人々」の切実な行動が時代の特徴を構成している点に、生徒は気づく。これは、歴史学習を「暗記と再生」の宿痾から解き放つうえで、必要な回路であろう。時代の必然性を伴う現象理解に踏み込むためには、「歴史上の人物」というごく少数の人間の物語ではなく、名もなき多くの人々の心情や行動にふれる授業展開が不可欠なのである。

発展課題としては、地域史や地域教材との接点を意識したい。本章では、戦国大名が戦を行う理由を理解する典型例として、上杉謙信を扱った。時代の見方・考え方をつかむうえでこの上ない題材であると同時に、雪国の特性に根差した行動であったともいえる。学校所在地近辺の事例をより意識することで、生徒にとってより学習内容が身近になると思われる。なお、本実践の場合は、近世への転換に関連して、学校所在地近隣にある寺ヶ池の学習へと結びついていく。その一端は、第２部第２章第３節を参照されたい。

1) 応仁の乱の授業では、一条兼良『樵談治要』を引きながら「足軽」の登場を提示し、そこで描かれる「足軽」は雑兵と同義であると説明した。安田次郎『全集　日本の歴史（7）走る悪党、蜂起する土民』(小学館、2008 年)316-317 頁の訳文が以下である。「この度はじめて出てきた足軽は、とんでもない悪党である。なぜなら、洛中洛外の諸寺・五山十刹・公家・門跡の滅亡は、彼らの所行であるからだ。敵の立てこもったところはやむをえないとして、そうでない所を打ち破り、あるいは放火して財宝を探すことは、昼強盗といわなければならない。このようなことは前代未聞のことだ」。安田は応仁の乱での「足軽」の活動期間中、京都で土一揆がみられないことから、足軽＝土一揆という可能性を示唆し、「応仁の乱は、視点を将軍家や大名の家督争いから移してみることによって、形を変えた土一揆として理解することができる」(同書、318 頁)と結んでいる。藤木久志は、著書『新版 雑兵たちの戦場 中世の傭兵と奴隷狩り』(朝日選書、2005 年) にて、「①武士に奉公して、悴者とか若党・足軽などとよばれる、主人とともに戦う「侍」」、「②その下で、中間・小者・あらしこなどと呼ばれる、戦場で主人を補けて馬を引き、槍を持つ「下人」」、「③夫・夫丸などと呼ばれる、村々から駆り出されて物を運ぶ「百姓」たち」および「得体のしれない戦場の商人・山賊・海賊たち」も含めて雑兵の範囲に加えている(5-6 頁)。本章における「雑兵」および、生徒の作文における「足軽＝雑兵」は、上記の理解のうえでのものである。

2) 藤木久志『新版 雑兵たちの戦場 中世の傭兵と奴隷狩り』朝日選書、2005 年、97 頁より。

3) 藤木同書、35 頁

4) 藤木同書、99-100 頁、7 頁

5) 藤木同書、58 頁

6) A は藤木同書 64 頁、B は同 62-63 頁より。

7) 藤木同書 65 頁

8) NHK「その時歴史が動いた 戦国のゲルニカ」(2008 年 6 月 25 日放送)がある。書籍では渡辺武『戦国のゲルニカ－「大坂夏の陣図屏風」読み解き』(新日本出版、2015 年) がある。

9) 藤木前掲書、第 4 章「戦場から都市へ－雑兵たちの行方」参照。

10) 水本邦彦『全集 日本の歴史(10) 徳川の国家デザイン』小学館、2008 年、82 頁

11) ロナルド・トビ『全集 日本の歴史 (9)「鎖国」という外交』小学館、2008 年、32-34 頁

【歴史総合・日本史探究】

第３章　もしも「赤紙」が届いたら……

１．現代社会と戦時下日本

歴史の授業において、「子どもが夢中になる深い学び」とはどのようなものだろうか。筆者の実感を３点、挙げてみたい。第１は「理解できた」喜びである。時代の大観や各自の時代像の構築ができたときの生徒の達成感は大きい。第２は学びを通した仲間との交流である。気づきや仮説、感想を交流しあうことで、授業や学校が楽しくなる。第３に[教材・学習内容と現在/わたし］の往還関係である。近代史を通して“現在”を観るときに、生徒は生き生きと歴史学習に向き合う。教室・授業において、これら３要素は相互補完的関係にある。

中でも、近現代史学習で特に発揮される要素は、第３の[教材・学習内容と現在/わたし]の往還関係である。近現代史の学習題材は、現在の日本社会の枠組みの土台としてイメージしやすいものが多い。野口悠紀雄は経済学の観点から、「1940年体制」[1)]を主張し、総力戦体制と戦後体制の連続性を強調した。制度のみならず、国民生活・精神において、戦時下と現在の連続性や、伏流水のように時折顕在化する要素は、しばしばある。実際、市井の人々・ジャーナリスト・研究者等、発信者はさまざまであるが、「近年の世相をみていると、戦時下の空気に近いものを感じる」という警鐘が、多くの戦争経験者から示されている。

この数年間でみても、戦時下の日々が完全に「過去の出来事」とは言えないような印象がある。森友学園問題・学術会議問題・オリンピックの強行開催等々、国政レベルにおいて考えても、丁寧に説明する姿勢の欠如が甚だしい。何よりも不安なのは、そうした状況を追認してしまう人々の心性である。市民の怒りの声は上がるもうねりにならない。国政以外の集団の場でもしばしば同様の光景があると思う。＜自己選択・自己決定・自由意志・討議＞といった要素が軽視されがちで、一人ひとりはそのことに気づくいとまもなく、日々を必死に生きている。

中高生も同調圧力の中で生活しがちである。とにかく「グループ」をつくり、仲間といるのが自己目的化し、ストレスをため込みながら相互監視状態に陥る子どもの姿は、多くの学校で多かれ少なかれ見られる。雨宮処凛は自らの学校生活を「戦場」と評した[2)]。SNS の普及はその状況に拍車をかける。生徒もまた日々の「生き残り」に疲弊し、不条理を脱するエネルギーを失いがちなのだろうか。

上述のような状況に筆者はどこか既視感を持つ。戦時下の銃後の風景である。生き抜くのに必死な人々は、隣組に代表される相互監視体制にどっぷりと浸っていく。よく考えると意味をもたないスローガン・思考停止でも語り続けられる「お決まりのフレーズ」が跋扈する一方、自ら思考する者は苦しみ続けた。興味深いのはそうした人々もやがて状況に適応し、戦争の旗振り役にさえ成り得ることだ。積極的か否かは個人差があろうが、人々は徐々にそうした「宿命」を受け入れ、粛々と従ってしまいがちである。人権感覚や感性が麻痺していくのである。

戦場は多くの人々が想像するほど、勇ましい日々ではない。特に絶望的抗戦期に至っては、兵士の輸送手段にも窮し、必要な物資も陣地に届かず、士気の高まりようもない。けれども国内では華々しく“戦果”が報じられ、状況に疑問を抱く人々も雄弁を前に口をつぐんでいく。ノイマンのいう「沈黙の螺旋」[3)]である。

当時のこうした「空気」や人々の態度・行動の洞察は、現在を見る目の涵養にもつながる。人間の弱さや、葛藤・格闘した人々の可能性を通して、現在を見つめたい。だからこそ戦争学習は重要なのである。特に、戦時下の国民生活や人々の葛藤への注目は、冒頭で述べた要素と関連付けて学びを構成する機会となる。

2．教材研究と先行実践の検討

(1)赤紙レプリカと「受領証」および「受領証に関する心得」への注目

本実践で活用する教材は、鳥塚義和[4)]の教材研究・開発に依る部分が大きい。鳥塚が作成した重要な実物教材に、復刻版召集令状がある。資料集にあるものと異なり、鳥塚の赤紙レプリカには、裏面記載がある。「受領証」の裏面記載「受領證ニ關スル心得」（41 頁にて資料 1 として現代仮名遣いを提示）を読むと、本人不在でも家族が記名捺印をし、「受領」する必要があるのがわかる。では、この「赤紙」が届いたときの光景を想像してみよう。

総力戦体制に突入し、隣組の相互監視の中で生活するとある家に、兵事係（配達員）がやってくる。彼は「おめでとうございます」と「赤紙」を渡す。対応する母が「本人不在です」と言おうにも、兵事係は「受領証に関する心得」を見せながらこう言う。「ご家族でも結構ですので、この受領書に記名・捺印を」。

近隣家庭はその応答に気づく。隣組・町内会には、すでに出征者が多数おり、

「遺骨」（実際は、当人の骨さえ帰ってこない場合も多い）が帰ってきている。

すぐさま、近所から声がかかる。「おめでとうございます。出征はいつですか。お見送りの準備をしなくては……」。この赤紙レプリカによると、1週間程度で応召しなければならないようだ。急ピッチで送り出しの準備が始まる……。

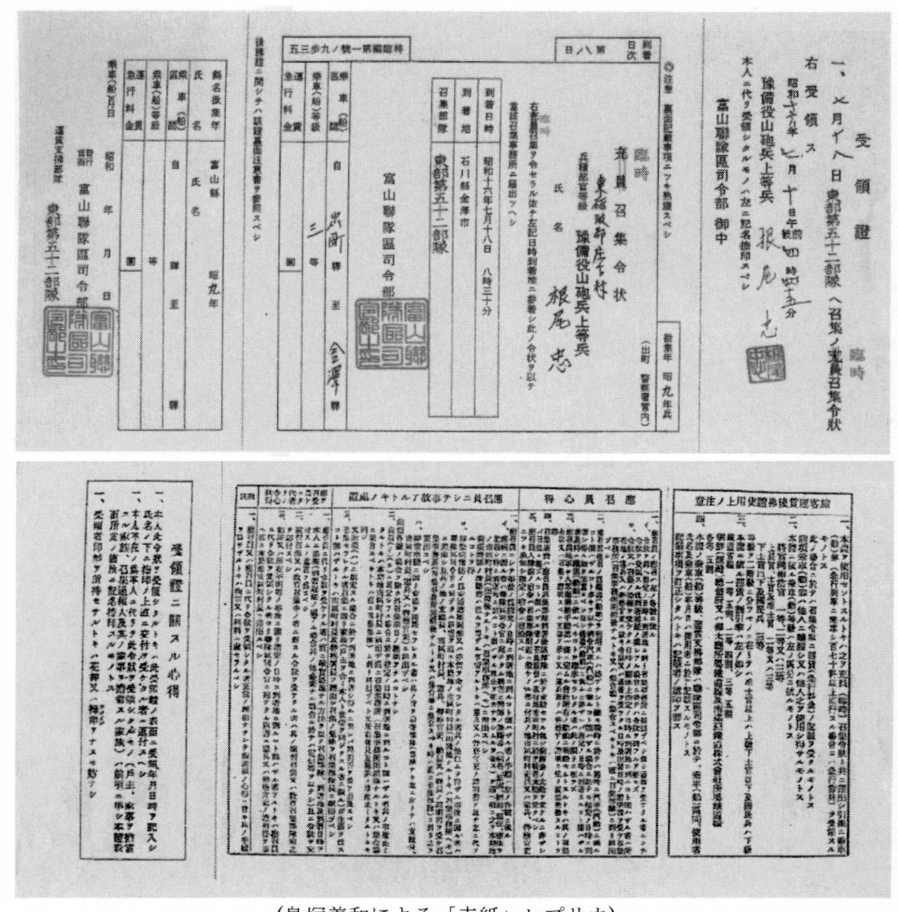
受領證
臨時
一、七月十八日東部第五十二部隊ヘ召集ノ充員召集令状
右受領ス
昭和十六年七月十日午前四時四十五分
豫備役山砲兵上等兵 根尾忠
本人ニ代リ受領シタルモノハ右ニ記名捺印スベシ
富山聯隊區司令部 御中

臨時
充員召集令状
東礪波郡庄下村
兵種官等級 豫備役山砲兵上等兵
氏名 根尾忠
右充員召集ヲ令セラル依テ左記日時到着地ニ参着シ此ノ令状ヲ以テ當該召集事務所ニ届出ヅヘシ
到着日時 昭和十六年七月十八日 八時三十分
到着地 石川縣金澤市
召集部隊 東部第五十二部隊
富山聯隊區司令部

受領證ニ關スル心得

應召員心得

（鳥塚義和による「赤紙」レプリカ）

隣組による相互監視体制と赤紙および「受領証」は、このように関連しながら、徴兵忌避を許さない仕組みになっているのがわかる。

(2)「赤紙」を受け取った本人と家族の葛藤

召集令状の到着を知った青年の心性はどうだろうか。まずは「行くか・行かないか」の葛藤がある。忠君愛国の教育により戦争には「行くもの」と教え込まれている。それでも各人それぞれに思いがあり、葛藤もあろう。「行きたくない」「死にたくない」「殺したくない」と思っていた若者は、確実に存在した。

長野県上田市に戦没画学生慰霊美術館・無言館がある。展示される戦没画学生の絵に勇ましいものは見当たらない。出征直前まで恋人を描いた日高安典は「あと５分、あと 10 分。この絵を描き続けたい」「生きて帰って、この絵の続きを描きたい」と語ったが、彼の願いは叶わなかった[5]。若者には、表立って声には出せないが、大切な家族・恋人と別れたくない、死にたくないという思いもあった。

家族の心性も複雑だ。無言館に蜂谷清の油彩画「祖母・なつ」がある。清は「戦争に行ったら、もうばあやんを描けなくなる」と語り、祖母に絵のモデルを頼んだ。祖母はモデルをつとめながら、目をつぶり、声にならぬ声で語った。「天皇さまに叱られてもいいから、生きて還ってまたばあやんの顔を描いておくれ」[6]。木下恵介『陸軍』（松竹映画、1944 年）は、国策映画として作成されるが、最終場面で母は息子の出征を追い、泣き崩れる。母の本音が表現されている。

(3)三國連太郎の徴兵忌避と母の行動-授業化の視点

出征兵士の家族の葛藤を考える際に印象的な題材の一つが、三國連太郎と母のエピソードである。三國連太郎は母からの手紙で、自身に赤紙が届いたのを知る。彼は徴兵忌避を実行するが、家族の苦境を憂い、お詫びの手紙を出す。母はその情報を憲兵に伝え、彼は逮捕され戦場へ送られる。もともとの出典は、川名亜紀『女たちも戦争を担った』[7]および朝日新聞の記事（「女も戦争を担った？」＜息子を売った母＞1980 年 12 月 8 日）である。

この資料を教材化したのは安達喜彦である。安達は教材化の視点として、「どのようにして民衆が戦争に加担させられていったのかを、具体的な民衆の生活の場で、その心のひだまで追って考える必要がある」、「『戦争と女性』という視点をもつことは、戦争の本質的な認識を深める」、「民衆の『戦争責任』について考えるとともに、真の戦争責任への問いかけがうまれるのではないか。そしてそのことから、われわれが再び加担させられないためにどうすべきであるかを考えさせる」[8]と記す。大切な視点である。ただし加担と説明してしまうよりは、生徒が母の葛藤にふれ、その立場に悩み、考えを深める授業展開を志向したいと筆者は考える。

安達の教材･授業開発に赤紙レプリカを加味して授業を組んだのが鳥塚である。鳥塚は加担者を「被害と加害の重層性」「加害者になるまで追い詰められた被害者」と把握する。筆者もこの把握に納得する。「赤紙」と「息子を売った母」を連携させた授業展開も鳥塚の発案である [9)]。ただし鳥塚が一時間で扱う内容はあまりに豊富である（赤紙の検討･赤紙を受け取ったらどう感じるか、三國連太郎の事例、内務班の生活、戦場での捕虜虐殺指令、戦場で非人道的にふるまう兵士の心理、兵役拒否のため収監・拷問された村本一生、戦場での三國連太郎)。「息子を売った母」は徴兵忌避事例として資料を読ませるとあり、母の葛藤や責任を考える展開ではない。次時に「銃後の母と妻」のテーマ設定があり単元の終わりに「民衆に戦争責任はあるか」の問いがあるが、三國連太郎の母の葛藤は追究していない。

筆者の場合、生徒が焦点を絞って思考・討議するための配慮として、三國連太郎親子の物語を中心に一時間の授業を構成したい。また受領証裏面の「受領証に関する心得」に着目し、本人不在でも受領が求められる点や、隣組の相互監視により受け取った時点で召集が気づかれ、急ピッチに応召準備がなされていく、という点に重点を置いて、当時の空気感をつかませたい。そこに生徒の生活からくる既視感のようなものがあると予感するからであり、冒頭に記した歴史授業で生き生き学ぶ３要素をより引き出す授業展開が志向できると考える。

３．授業の展開

(1)「赤紙」を配る

一人ひとりに召集令状（両面刷り・レプリカ）を配る。生徒数名に兵事係をお願いし、「おめでとうございます」と配ってもらう。配布後、「今配った紙は何でしょう」と問うと、「赤紙」と答える生徒がいる。通称「赤紙」、正式名称を召集令状と言い、召集に応じるのを応召ということを説明する。

(2)あなたに赤紙が届いたら…

召集令状の記載内容を問いかけながら、以下の点を確認する。この「赤紙」を受け取った根尾忠の場合、7 月 10 日に受領後、18 日には金沢の部隊に入隊する。

「乗車区間出町-金沢３等」とある。赤紙の左側の部分が切符になる仕組みだ。

＜Q1＞ もしもあなたに召集令状が届いたら……？	
A:指示通り軍隊へ行く	B:召集令状の受け取りを拒否する
C:受け取ったあと逃げる	D:その他

生徒の反応には、次のようなものがある。

・A。国の命令だから行くしかない
・A。周りも戦場に行っているだろうし、行くしかないかな
・B。嫌だから受け取らない。郵便が来ても居留守を使う
・C。戦争に行っても死にそうだし、山の中とかに逃げる
・C。とりあえず軍隊に行くふりして、途中で電車から脱走する
・D。わざと大けがする。死なない程度の大けが
・D。赤紙を犬に食わせたり燃やしたりして、証拠隠滅する
・D。親に出てもらって、『息子が帰ってきません』とごまかしてもらう

ここで改めて「赤紙」の記載に注目をさせる。

筆者「実は赤紙を受け取って最初にやることが決まっている。それは何だろう」

生徒「……受領証がある！　受領証にサインして、印鑑を押すんだ」

生徒「切り取り線のような線がある。ここを切り取って、渡すのかな」

生徒の気づきを待ち、「受領証」裏面「受領証に関する心得」(資料 1)を読む。

資料１:召集令状「受領に関する心得」(現代仮名遣いに修正－筆者)

本人この令状を受領したときはこの受領証の表面に受領年月日時を記入し氏名の下に捺印の上直ちに交付を受けたるものに返付すべし

本人不在のため本人に代わりてこの令状を受領したるもの（戸主、家事を担当する家族、召集通報人及びその家族を担当する家族）は前項に準じ本証表面所定の箇所に記名捺印するものとす

応召員又は応召員に代わり令状を受領したるもの正当の理由なくして前諸項の心得に背きその手続きをなさざる時は拘留又は科料に処せられるべし

生徒「本人がいなくても受け取るしかないのか！」

生徒「受け取って『受領証』を渡すから、後で『赤紙は来ていません』と言え

ない」「従わないと逮捕されたり罰金を取られたりする」

筆者「そうだね。おそらく、特高警察に捕まって拘留中には拷問かもしれない」

こうした応答に続いて、資料2を読み説明する。

資料2：総力戦下の国民生活 10)

> 中国との戦争が長引くと、村の若者たちは、次々と召集されました。国防婦人会などの女性団体は、出征兵士を見送り、戦地の兵隊への慰問品を送りました。米・砂糖・マッチ・衣類などの生活必需品は、切符制や配給制とされ、家族ごとに決められた数しか手に入らなくなりました。政府は隣組の制度をつくり、回覧板によって指示を伝えました。なべ・かま・ベーゴマなどの鉄製品や、指輪などの貴金属は、国に回収されました。こうした活動に協力的でないと、「非国民」と非難されました。

配給の割り当て・実施も「隣組」を通して行われる。兵士の出征時には町内会で壮行会が開かれる。戦争が長引くにつれて、多くの家に「赤紙」が届くようになり、日常的に壮行会で送り出される光景がある……。YouTubeにアップされている「隣組の歌」を視聴する。壮行会の様子は、マンガ等の絵図資料を示すと生徒がイメージをもつことができる。

（中沢啓治『はだしのゲン(1)』汐文社、1975、p.97）

(3) もしもあなたの息子に「赤紙」が届いたら…

筆者「では、あなた自身ではなく、あなたの息子に「赤紙」が届いたらどうする」

生徒「息子を戦場に送るのは嫌だ。刑罰を受けても、行くなと説得する」

生徒「周りの家の息子も戦争に行っているから、行かないと白い目で見られそう」

生徒「戦争に協力しないと特高警察に拷問されるかも…」

生徒「配給も隣組単位で行われるから、周りから白い目で見られるのは嫌だ」
生徒「でも、それで息子が戦争にいって死ぬのは耐えられないと思う」
意見交流後、「では、ある親子の事例を紹介しよう」と、資料 3-1 を読む。

資料３－１：息子の手紙「ぼくは逃げる　どうしても生きなきゃならんから」[11)]

20 歳だった息子は 1943 年春、徴兵検査を受け、甲種合格となった。その後、大阪にいたが、入隊の通知がきた。知らせを受けてすぐ、大阪から郷里の静岡とは反対の、西へ向かう貨物列車に潜り込んだ。

「戦争に行けば殺されるかもしれない。何とか逃げよう」

はっきりした反戦の意志があったわけではない。ただ、死ぬのは怖かった。そして、こんな紙切れ一枚で戦場へ駆り出されて死なねばならないことが納得できなかった。

徴兵忌避の逃亡 4 日目。無賃乗車で貨車を乗り継ぎ、山口県の小郡まで来たとき、ふと、家族を思った。母親にあてて手紙を書いた。

「ぼくは逃げる。なんとしても生きたい。生きなきゃならんのだから」

親や弟、妹たちに迷惑が掛かることを詫び、九州から朝鮮を経て、中国大陸へと行くことも書き添えた。

ここまで読んだうえで、次の問いに対して考えを書くように指示する。

＜Q2＞あなたがこの母親だったら……どうする？
A：手紙を燃やし無事を祈る　　B：警察に届け出る　　C:その他

生徒の反応は次のようなものである。

- A。息子に逃げ切ってほしいから証拠もなくす
- B。赤紙が届いたのは近所の人も知っていて、壮行会の準備もしている。この手紙をもらって、ごまかし続けるなんて私にはできない
- B。「息子は戦争から逃げたけど家族は精一杯協力した」とアピールする
- C。家族みんなで逃げる。同じように中国大陸に行く！
- C。手紙を燃やしはしないし、警察にも告げない。あなたの息子は逃げた！と言われても、知らないふりをしつづける

こうした意見交流後、資料の続き（資料 3-2）を範読した。

資料３－２：母の行動と親子のその後

数日後、佐賀県の唐津で船の段取りをつけようと走り回っていた。そこで尾行に気づいた。あっけなく捕まり、たちまち連れ戻された。なぜか処罰は受けず、みんなと同じように赤だすきを掛けさせられて、静岡の連隊に入れられた。
中国へ出陣する直前、最後の面会にやってきた母親が、目をそらせ声を詰まらせながら言った。「きついかもしれんが一家が生きていくためだ。涙をのんで、戦争に行ってもらわなきゃいかん」。息子は、この時すべてを悟った。
この息子は、俳優の三國連太郎さんその人である。中国の前線へ一緒に行った部隊の総数は、千数百人。しかし、彼とともに無事に再び祖国の土を踏めたのは、2～30 人にすぎない。戦後、この母と子はずっと一緒にくらした。「あのこと」を話題にすることを避けながら。
三國さんがあの時代、徴兵忌避などということをやってのけたのは、父親、正さんの生き方に影響されたからだという。家代々の職業が棺桶づくり。「差別され続けた体験をもつおやじは、上からの押し付けには純粋に抵抗して生きた人だった」。
今から 3 年前、正さんが 85 歳で亡くなったとき、三國さんは仕事を投げ出してとんで帰った。ところがその 1 年前、母・はんさんが 77 歳で亡くなったときは、仕事先から帰ろうとしなかった。「やはり、何かがぼくの中にこびりついていたのでしょうか」

補足説明として、三國連太郎のプロフィール[12)]を簡単に紹介した。

筆者「母がとった行動はＢだったのです。これについて、どう感じる」

生徒「息子を裏切ったのは正直ひどいと思う」

生徒「『一家が生きていくためだ』とあるから、仕方がなかったのだろうけど…」

戦争に協力しないと「非国民」と言われ、日常生活や、子どもの学校生活でも「非国民」やその家族はいじめられたことを紹介する。

（中沢啓治『はだしのゲン(1)』汐文社、1975年、48頁、50頁）

「あの家だけが戦争に協力しない」と白眼視され、同調圧力のなかでいじめが発生するのである。

関連して、『特高月報』に掲載されている検挙事例（資料4）も紹介する。戦争が早く終わってほしい、と私的な手紙に書いただけで特高警察に逮捕される時代だった。だとすれば、息子の徴兵忌避を見過ごす（＝手助けする）となれば、三國連太郎の母が逮捕される可能性も十分にあるのだ。

資料4：こういうことを言うと特高警察に捕まった[13)]

1937年10月、夫が戦死した福島県の女性（28歳）が知人に宛てた手紙
前略。支那の兵もやはり人間です。あちらにも私と同じ運命、いやそれ以上、悲惨なものがどんなにか多いことを思いますと、自他ともに、もはや一兵も傷つけたくありません。この悪魔のような戦争が、早く終わって下されと願うばかりでございます

「一方、戦争への協力に抵抗した人もいた」として、はだしのゲンの作者・中沢啓治が父親について語っている記事[14)]を紹介した(資料5)。

資料5：中沢啓治さんの記憶

父は家でもはっきり反戦を唱えていた。(…中略…) 町内会長が毎日のように家に来るの。2階のおやじの仕事場に上がっていって、しばらくすると、だだだだだ、と階段を下りてくる。おやじがおいかけて、そのまま路上でけんかしていた。町内会長は、非国民がいると当局に知られると大事になるから来ていたわけ。言論の抹殺ですよ。

筆者「つまり、『抵抗』を続けた市民も存在した。不利益を受けても戦争に協力しない生き方をした人もいたのだ。このこともふまえて次の問いを考えよう」

(4)三國連太郎の母の「立場」を考える

＜Q3＞　三國連太郎の母は、戦争の… 加害者　・　どちらともいえない（どちらともいえる）　・　被害者

考えをノートに書かせてから意見交流の時間をとる。生徒の意見を紹介する。

＜加害者＞

・息子を生み育てたのは母だから。子どもの命を守ることが何より大事だ。そして「一家のため」だと言っているけれど、本当は自分がいじめられるのが怖かったからなのでは、とも思ってしまう。面会に来た母が言葉をつまらせたのは、後ろめたかったから。だから加害者だと思う。

・「一家が生きていくため」と言っているけど、息子も一家の一員だから、この言い分は納得できない。この時代でも、抵抗している人はいたのだから、母も他の方法をとる可能性はあった。息子のために抵抗してほしかった。

・三國連太郎からしたら、家族に申し訳なくて、信じていたお母さんに手紙を書いたのに、警察に出されてしまって。「自分は一家の一員なのに、死んでもお母さんは何も思わないんだな」と思ってショックだったと思う。

＜どちらともいえない（どちらともいえる）＞

・戦争さえ起こらなければ、隣組から監視されることもなかった。監視され、下手に動けない。手紙のことも警察に言わないと生きていけなかった。だから被害者でもある。ただし、三國さんの心にはずっとこの出来事が残っていたから、「加害者」でもある。

・どちらともいえない。三國さんからしたら、「母に裏切られた」「戦場に行きたくないのに行かされる」と悲しかっただろうけど、母は残される家族の生活を考えたのだろうし、警察に知らせたときに「息子を罰さないでくれ」と頼み込んだから罰を受けずに軍隊に入れたのかもしれない。そうだとすれば、息子のためを思って通報したのかも、とも思うから。

・被害者でもあり加害者。理由は、息子からしたら、期待を裏切られ、死ぬかもしれない戦場に行かされることになったのには違いはない。つまり、加害者ということになる。本音を言えば、母からすれば大事な息子を戦地に送るなど、本当に嫌だと思う。けれども、息子を裏切るしか方法がなかったとも言える。背景には、戦争非協力のリスクがあった。もし警察に突き出さなかったら、そのせいでいじめに弟や妹があう。生活がより大変になる。そう考えると被害者でもある。だから母は加害者であり、被害者であると思う。

<被害者>

・そもそも戦争が起こった時点で被害者。母親が目をそらせながら言っているということは、戦争に行ってほしいのは本心ではないと感じる。母親が警察に伝えたから加害者だと思うかもしれないが、それは違うと思っている。その理由は、家族でいる以上、失ってしまいたくないものであることと、国のために戦って死ぬことを本当に望んでいることではないと感じたから。最初のことと重なるけど、戦争を起こした国が悪いから、被害者だと考える。

・こういうような世の中になっているのは、戦争のせいだ。母からすれば、戦争に反対することは、人生が終わるようなもの。そこに自らも子どもも犠牲にして飛び込むとは思えない。母も悩んだはずだ。もしも私だとしても、悩んだ末に警察に知らせると思う。だから、母は悪くないと思う。

・被害者だ。戦争に息子を行かせたいわけじゃない。しかたないから、家族がつらい目にあって生きていけなくなるのは避けなければいけないから、息子に戦場へ行ってほしいだけだ。私は息子も被害者だと思う。行きたくもない、殺し合いに無理やり連れていかれるからだ。戦争ではみんな被害者だ。

・三國連太郎さんも被害者だけど、母も残りの家族を食べさせたり、隣組との付き合い等、戦場ではないところで戦わされていた。国民の同調圧力によって反戦的な人間が冷たい目で見られるようになってしまった。隣組がなければ母は息子を売らなくても済んだ。戦争がなければ隣組もなかった。そして天皇が戦争にゴーサインを出さなければ、すべての悲劇は起こらなかった。

(5)被害・加害・抵抗・加担の視点の提示

次のような説明をして、筆者からのまとめとした。

「この母の事例でみても、実は被害者・加害者両方の要素が含まれているかもしれない。実をいうならば、被害⇔加害だけではなく、抵抗⇔加担という考え方の軸もある。ただし、加担と言っても、そこには被害者の要素もあるのだろう。もちろん、加担にもいろいろな人がいるのだろうけど、ある先生（鳥塚）は、加担を『加害者になるまで追い詰められた被害者』として考えている。総力戦体制下の日本では、個人の立場は重なり合っているのだろう」

最後に授業の感想を書く時間を設定した。生徒の感想は後日、社会科通信で共有した。

４．本実践の特徴と今後の発展課題

本実践の特徴は、周囲の監視や同調圧力の中で、「加害者になるまで追い詰められた被害者」としての母の苦悩を時代状況と合わせて深く考えた点にある。動きのある導入教材として「赤紙」レプリカを配布し、思考実験を重ねながら本題に迫っていく展開をとっている。

加担者へのまなざしは、戦争責任を考えるうえで、非常にセンシティブな問題を含む。本事例の母の苦悩のように、各人の本音と実際にとった行動は往々にして異なる。状況を具体的に知るほど、加担者となる行動を選択した当事者の苦悩が理解できる。しかし、人々の動員がなければ戦争遂行は不可能であったという事実もあり、また少数派ながら加担者に加わらず（積極的・消極的を問わず）抵抗の道を選んだ人物の存在は、行為の代替可能性を示唆するものでもある。為政者の歴史ではなく、市井の人々の生活に息づく選択や葛藤場面の授業展開を通じてこそ、生徒はリアルな歴史像を描きだすことができる。

本実践の課題として、被害・加害・加担・抵抗、の整理を本授業で行うか否かの是非がある。小論で提示した展開は、生徒たちに「納得」は与えるだろう。しかし、「納得」は時に思考停止を助長する。「これは加担の事例」「これは被害」「これは抵抗」とカテゴライズすることに学習の要点を置くのではなく、あくまで筆者が迫らせたいのは、「加害者にならざるを得ないほど追い詰められた被害者」としての加担者の姿である。他方で、自らの地位向上のために、積極的に加担した者もいる。安易なカテゴライズには慎重でありたいと思うがゆえ、授業最後のまとめ部分は、年度により展開を変えながら、試行錯誤が続く。

1) 野口悠紀雄『[新版]1940 年体制 さらば戦時経済』東洋経済新報社、2002 年
2) 雨宮処凛・佐高信『貧困と愛国』毎日新聞社、2008 年、48 頁
3) E.ノエル=ノイマン著、池田謙一・安野智子訳『沈黙の螺旋理論[改訂復刻版]世論形成過程の社会心理学』北大路書房、2013 年
4) 鳥塚義和は千葉県立高校教諭であり、歴史教育者協議会に所属する実践家である。実物教材の開発に長け、本章の赤紙レプリカをはじめとする多彩な教材を開発してきた。
5) 窪島誠一郎著、無言館編『戦没画学生いのちの繪 100 選』コスモ教育出版、2019 年、「58.日高安典」。なお、窪島誠一郎氏との実践に関しては、第 3 部第 6 章にて詳述する。
6) 同書、「12.蜂谷清」
7) 川名紀美『女も戦争を担った』冬樹社、1982 年

8) 安達喜彦『平和教育の学習課題』地歴社、1985 年、87-102 頁。安達は芦屋市立中学教諭・西宮市立高校教諭を経て、和歌山大学教授。平和教育の実践者として多くの実践報告を著し、また平和教育研究者として、学習課題の整理などを行った。

9) 鳥塚義和「民衆の戦争責任を問う・15 年戦争」、安井俊夫・瀬谷正行編『子どもとつくる近現代史　第 1 集』日本書籍、1998 年

10) 安井俊夫他 32 名『ともに学ぶ人間の歴史』(2015 年文部科学省検定済教科書) 学び舎、2015 年、242-243 頁

11) 川名前掲書の要約。資料 3-2 も同様である。

12) 三國連太郎（本名佐藤政雄)。1923 年 1 月、群馬県太田市生まれ。生後 7 か月で、静岡県・伊豆へ移住。20 歳になり召集令状を受け、徴兵忌避を試みるも失敗。中国の戦線に送られる。戦地では仮病を装い一発の銃弾も撃たずに敗戦を迎える。復員後バス整備士等を経て俳優に。『釣りバカ日誌』等で活躍する。2013 年 4 月没。

13) 安井俊夫他 32 名前掲書、243 頁

14)「中国新聞」2012 年 7 月 4 日　「特集記事＜「非国民の子」＞」

*『はだしのゲン』の場面の引用に際しては、著作権継続者である中澤ミサヨ様よりご承諾下さり、本書の執筆を励ましてもいただいた。厚くお礼申し上げたい。

第４章　「悪」と向き合う−アイヒマン裁判考

１．本実践の背景と授業者の問題意識

2013 年、映画『ハンナ・アーレント』[1)]が脚光を浴びた。同年秋、筆者も岩波ホールにて鑑賞した。上映後、ホール前の歩道で円になり感想交流をする大学生と思しき集団を見た。それほどに、アーレントが指摘した「悪の凡庸さ」は、人々の胸に痛烈に響いた。あの熱狂から 10 年。現在の社会状況は、どうであろうか。

昨今の情勢を振り返るならば、残念ながら今なおアーレントの指摘に耳を傾けねばなるまい。第 3 章でも触れたが、不正や不誠実がまかり通る国政を私たちは目の当たりにしてきた。また、そうした状況を追認してしまう人々の心性にも直面してきた。さまざまな集団内にて、自己選択・自己決定・自由意志・討議といった要素が軽視されがちだが、一人ひとりはそれに気づく暇もなく、日々を必死に生きている。生徒もまた、同調圧力の中で生活しがちである。そうした状況だからこそ、近現代史学習における責任論の考察は生徒にとって必要である。

本実践は、ナチス・ドイツの時代を題材とした戦争責任論の授業である。最終的に生徒と向き合いたい点は、ヒトラー以外の人々の戦争責任である。ヒトラーの責任に関しては、論じるまでもなく極めて重大である。国際合意としてヒトラーは極悪人であり、その意識を相対化し軽減する意図は筆者に一切ない。ヒトラーを台頭させ、彼の扇動に迎合し、指示に従った人々の責任に、筆者はより強く光を当てたいのだ。「なぜヒトラーの台頭を許したのか（人々はなぜ、ヒトラーを支持したのか）」という問いは一般的かつ普遍的である。一方、ナチスの残虐性が露わになってもなお、官僚機構はヒトラーに従い、大衆は権力に迎合した。多くの人々は戦後、責任を問われれば「仕方がなかった」と自己免罪をはかる。しかし本当に「仕方がなかった」のか。その部分を問わずして、ファシズムという人間の弱さの帰結から学びを引き出すことはできない。また、そうした人間の弱さに接近する以上、葛藤を伴った学びを経ずして、理解を深めることもできない。

教材化の対象として浮上するのがアイヒマン裁判である。裁判の詳細に関しては記述を割愛するが、ここでは教材化にふさわしい理由を 3 点、述べる。

第 1 にアイヒマンと市井の人々の連続性にある。「仕事・命令でやっただけだ」

という彼の自己弁護は、ナチスに迎合した大衆の主張と重なり合う。実際、アイヒマン裁判は一般国民の戦争責任追及の鏑矢となった。第2に同裁判の特殊性である。1945年時点で存在しないイスラエルが、他国の主権を無視してアイヒマンを連行し、裁く。シオニズム運動への批判が高まる中で強行された「正義の政治ショー」を考察し、批判的思考力を培いたい。また同裁判がナチス幹部の個人的資質に虐殺の要因を見出す意図で行われ、それはナチスに協力した多くのドイツ国民にとっても望ましいストーリーだった点にも迫りたい。第3にアーレントが指摘した、「悪の凡庸さ」や「無思想性」である。これらはアイヒマン裁判を傍聴して紡ぎだされた言葉であり、過去と現在の往還を助けるタームになり得る。

2．生徒たちの学びの履歴

直接的にナチス・ドイツに関する学習に取り組んだ単元内容は以下である。

次	タイトル	授業のおおまかな内容紹介（授業時間）
1	選ばれた独裁者	ヒトラーとナチスの台頭。人々はなぜヒトラーを選んだのか。ナチス台頭の責任はだれが負うべきなのか。(3)
2	アドルフに告ぐ	手塚治虫『アドルフに告ぐ』の一場面も用いた思考実験。菅間正道実践[2)]の部分的追試。(1)
3	ナチスが目指した社会	ナチスによる健康政策とT4作戦、ユダヤ人虐殺等の事例をもとに、ナチスはどのような社会を目指したかを考える。(3)
4	パレスチナ問題入門	シオニズム運動～中東戦争の流れを知る。シオニスト・パレスチナ人・国際社会、それぞれに対する意見を交流する。(3)
5	**「悪」と向き合う-アイヒマン裁判考-**	**年表をもとに、「<どの段階であれば/誰が>虐殺を止められたか」を考える。アイヒマン裁判を知る。アイヒマンにふさわしい刑罰を考える。アーレントの指摘を考察する。(4)**

勤務校の旧課程では、世界史Bは4単位。2021年度、筆者は2時間授業を週2回という形式で設定した。本節でとりあげるのは、表中第5次の授業である。

3．授業の実際（「悪」と向き合う-アイヒマン裁判考）

(1)ナチス時代を大観し考える

年表(資料1)を参考に①ユダヤ人虐殺を止める最終チャンスは、A～Kのどのタイミングだったか、②止められるとしたらどのような人たちか、を問うた。

①に対して多かった回答は、D、F であった。②ではキーパーソンとして「ナチス幹部」「著名なユダヤ人」が多く出された。「(大きな決定・事件に際して) 国民が声を上げる」という意見もあった。

資料１：ナチスによるユダヤ人迫害関連年表

A		
	1919	ヴェルサイユ条約調印
B		
	1923	ミュンヘン一揆　ヒトラー逮捕　獄中で『我が闘争』執筆開始
C		
	1927	『我が闘争』刊行
D		
	1933	1月、ヒトラー政権成立　3月、全権委任法成立
E		
	1935	ニュルンベルク法公布　ユダヤ人を「劣等民族」とし、その市民権を剥奪。ドイツ人とユダヤ人の結婚を禁止　など
F		
	1938	3月、ドイツ、オーストリアを併合　11月、水晶の夜事件
G		
	1939	1月、ヒトラー、「ヨーロッパのユダヤ人の絶滅」を予言 9月、ドイツ、ポーランドに侵攻。第二次世界大戦に ヒトラー、T4作戦を指示
H		
	1940	3月、ヒトラー、アウシュヴィッツ強制収容所建設を指示 5月、収容所の第一陣が輸送される
I		
	1941	ドイツ、ソ連侵攻
J		
	1942	1月、ヴァンゼー会議でユダヤ人問題「最終解決」(大量虐殺) 決定。 夏頃、収容所にてユダヤ人殺害用ガス室稼働。以降大量虐殺常態化
K		
	1945	1月、ソ連軍がアウシュヴィッツ強制収容所を解放　5月、ドイツ降伏。

虐殺を止められる可能性があったタイミング・人々を想像すると同時に、そこで想定した人々は虐殺を止めるための行動をしなかった・ナチスを支持した、という側面に改めて注目を促す意図をもつ問いと意見交流である。

⑵アイヒマンってどんな人？　人柄や言動を予想しよう

ここからがアイヒマン裁判に関する内容である。まずは資料2を読んだ。

資料2：アイヒマン裁判に至る経過

1945年。戦争が終わり、ナチス政権は崩壊した。シオニズム運動を続けるユダヤ人たちは、1948年、ユダヤ人国家「イスラエル」の建国を宣言した。

戦争終結から15年後の1960年。行方不明になっていたナチスの幹部が、イスラエルのスパイ機関（モサド）によって、アルゼンチンで捕まった！　彼は極秘でイスラエルへ移送され、エルサレムで裁判にかけられた。アルゼンチンはこの拉致事件を「主権の侵害であり国際法に反する」と抗議したが、イスラエルはそれに応じず、国際法廷としてではなく、イスラエル国内の法廷として裁判が実施された。被告の名は、元国家保安警察本部ユダヤ人担当課長、アイヒマン。彼はドイツ占領下におけるヨーロッパのユダヤ人移送の中心人物だった。彼の指揮で、絶滅収容所に移送され、殺されたユダヤ人は600万人に上るともいわれる。敗戦時、南ドイツに進駐した米軍によりアイヒマンは捕えられたが、脱走し姿をくらましていた。

彼は絶滅収容所への移送を担当し、効率的にユダヤ人を収容所に送るダイヤを組む等の実務に従事したこと、「アイヒマン裁判」自体が裁判としての枠組みを満たしておらず、本来は国際法廷として行われるべき性質であることを伝えた。続いてアイヒマンの写真（ナチス高官時・裁判時）を示し、次の2点を問うた。

＜Q1＞アイヒマンとはどのような人物かを想像し、各問いに答えてみよう。
①アイヒマンはどのような性格だろう？
②裁判でアイヒマンが語りそうなことは？
＜Q2＞イスラエルは、なぜアイヒマンを国際法廷に送らなかったのだろう？

Q1の意図は、人々がアイヒマンを冷徹で残虐な性向の持ち主だと予想して裁判を迎えたことに由来する。生徒は、①では「真面目そう」「賢く頭の回転が速い、だが非人道的な考えを持っている」等のイメージを挙げた。②では、「私をこんなところに閉じ込めて、誰だかわかっているのか」「ユダヤ人を殺して何が悪い」といった言動を予想する生徒もいたが、「収容所に送っただけで殺したわけじゃない、無罪だ」「指示されたことをしただけだ」と、実際にアイヒマンが語ったような内容を予想する生徒もいた。Q2では、「主導権は自分たちにあると見せるため」「イスラエルはナチス幹部を裁いたぞとみせつけたかった」「殺されたユダヤ人の仇をうつため、イスラエルで裁きたかった」「制裁の名のもとに殺したかった」等の意見が出された。同時期のイスラエル批判への対抗措置としての「アイヒマンショー」という意見はなかったため、この点は後日、紙上交流時に補足説明した。

(3)アイヒマンは有罪？無罪？　有罪だとしたらふさわしい量刑は？

資料３：アイヒマンの証言

- 私はユダヤ人であれ、非ユダヤ人であれ一人も殺していない。そもそも人間というものを殺したことがない
- 私はユダヤ人もしくは非ユダヤ人の殺害を命じたことはない。全然そんなことはしなかったのだ
- 私が追及されても仕方ないのは、ただユダヤ人の絶滅に協力し幇助したことだけである
- 私は自分の義務を行った。命令に従っただけでなく、法律にも従った
- 私は仕事を嫌々やっていた意識は、一切ない

資料４：彼は「反ユダヤ主義者」でも「熱狂的ナチス支持者」でもなかった?!

アイヒマンの身内にはユダヤ人がいたし、ユダヤ人の愛人をもったほどで、根っからの反ユダヤ主義者であったわけではない。ナチス党員になったときも、『我が闘争』も読んだこともなく、党綱領すらもしらなかった。

資料５：アイヒマン・ナチス略年表　アドルフ・アイヒマンの歩み

年	アイヒマン自身	ナチス・ドイツ関連
1932	オーストリア・ナチ党入党 ナチス親衛隊(SS)に入隊	
1933	SS長官直属の保安部に志願。ユダヤ人問題の資料収集等を担当	ヒトラー首相就任　全権委任法成立 ヒトラーの独裁確立
1935	(この頃、ユダヤ人問題の専門家として組織内で認知されるようになる)	ニュルンベルク法 …ユダヤ人の市民権を剥奪等
1938	ウィーンのユダヤ人移住局長就任	水晶の夜事件
1939	プラハのユダヤ人移住局長就任 帝国保安部Ⅳ-D-4課（立退き業務及び帝国ユダヤ人移住局）課長就任	ヒトラー、ヨーロッパのユダヤ人絶滅を予言 ヒトラー、T4作戦を指示
1940		アウシュヴィッツ収容所稼働
1941	SS中佐に昇進	ドイツ・ユダヤ人の大量移送開始
1942	ヨーロッパ系ユダヤ人の絶滅の方針を立てた「ヴァンゼー会議」に出席。絶滅収容所への移送の最高責任者となる。	ヴァンゼー会議開催 同年夏以降、ユダヤ人の絶滅収容所での大量殺人加速
1945	アメリカ軍に拘束されるも捕虜収容所からの脱走に成功。失踪	ユダヤ人強制収容所解放 敗戦　　ニュルンベルク裁判開始
1946		ニュルンベルク裁判終了
1960	アルゼンチンでモサドに拉致される	

資料 3〜資料 5[3]に若干の説明を加えたのち、「あなたが裁判官だとしたら...」と仮定し、アイヒマンの罪の有無や量刑について考え、意見交流した。ネームプレートを用意し、各自の考えを可視化し、発言も適宜板書して視覚化・共有した。

生徒の意見としては、有罪が多かった一方、無罪の意見もあった。代表的な意見の論旨を示すと、以下のようになる。

無罪	有罪
・彼が言う通り、当時の法律や組織の方針に従っただけだ ・当時のドイツではアイヒマンの行動は違法ではなく、むしろ遵法だった ・その時代においては、出世を目指すのは自然なことだ ・アイヒマン自身、命令に従わないのにはリスクがあるのではないか ・どのような罪で裁くべきなのかがよくわからない	・ユダヤ人虐殺に必要不可欠な過程を担ったという事実がある ・アイヒマンは自身の地位確立・昇進のために動いたと思う ・アイヒマンの言い分を認めたら、他の多くの犯罪も追及できなくなる ・幇助しているのも罪である ・虐殺されたユダヤ人遺族の感情に配慮し、有罪とする ・彼自身、＜やる・やらない＞の選択の余地はあったはずだ ・イスラエルでの裁判という趣旨からして、有罪判決を下す

この話し合い中に授業終了の時間になったため、実際の判決（死刑）の紹介は、次時の冒頭に持ち越しとなった。なお、その時にアイヒマンは除命の嘆願書を書き、刑の執行を免れようとしたことも紹介した。

(4)アーレントの洞察を批評する

アーレントの略歴を簡単に紹介し、彼女が分析したアイヒマン像を提示・説明した（資料 6）。また、『イェルサレムのアイヒマン』エピローグ部分に記されたアーレントの考え[3]を読んだ（資料 7）。そのうえで、アーレントの主張「(政治において）服従は支持と同じだ」という考えに対する意見表明・討論を行った。

＜賛成・どちらともいえない・反対＞の立場を共有後、意見交流を行った。賛成（やや賛成）・どちらともいえない、を選ぶ生徒が多く、やや反対の生徒が１名、明確に反対を示す生徒はいなかった。「やや反対」は、「服従の背景に自身・家族の安全がかかっている場合もあり得る」と推論した意見であった。「どちらともいえない」は、「アーレントのいうことはわかるが、当時アイヒマンが昇進のためにも“服従”を選ぶのは自然な行動だ」「支持と同じとまで言い切るのには抵抗がある」等の意見があった。賛成・やや賛成では、「アイヒマンは昇進という動機をもち、積極的に服従した」「地位確保を目的とした服従は、結果的に支持と同じ」「仮に嫌々従っていたとしても、言わないと他者には伝わらず、状況は変わらない」「第三者や被害者から見ればアーレントの言う通りだ」等の発言があった。

資料6：アーレントからみたアイヒマン [4)]

- どこにでもいそうなごく普通の人間であり、「犯罪的な性格」を持っていると言い難い。
- 若い頃からあまり将来の見込みのありそうもない凡人で、自分で道を開くというよりも、何かの組織に入ることを好むタイプ。組織内での自分の昇進には恐ろしく熱心だった。
- アイヒマンという人物のやっかいなところはまさに、実に多くの人々が彼に似ていたし、しかも倒錯してもいずサディストでもなく、恐ろしいほどノーマルだったし、今でもノーマルであるということなのだ。

資料7：判事は次のように被告に呼びかけるべきであった　アーレントの考え [5)]

君は戦争中ユダヤ民族に対して行われた犯罪が有史以来最大の罪であることを認め、その中で君が演じた役割を認めた。しかし君は、自分は決して賤しい動機から行動したのではない、誰かを殺したいという気持ちもなかったし、ユダヤ人を憎んでもいなかった、けれどもこうするよりほかはなかったし、自分に罪があるとは感じていないと言った。われわれはそれを信じることは全く不可能ではないまでも困難であると思う。……君が大量虐殺組織の従順な道具となったのは、ひとえに君の不運のためだったと仮定してみよう。その場合にもなお、君が大量虐殺の政策を実行し、それゆえ積極的に支持したという事実は変わらない。というのは、政治とは子供の遊び場ではないからだ。**政治においては服従と支持は同じものなのだ。**そしてまさに、ユダヤ民族および他のいくつかの国の民族とともにこの地球上に生きることを望まないーあたかも君と君の上官がこの世界に誰が住み誰が住んではならないかを決定する権利をもっているかのようにー政策を君が支持し実行したからこそ、何ぴとからも、すなわち人類に属する何ものからも、君とともにこの地球上に生きたいと願うことは期待し得ないとわれわれは思う。これが、君が絞首されねばならぬ理由、しかもその唯一の理由である。

（太字は筆者による）

意見交流後、「アーレントは、どこにでもいるような人物がその行為の善悪を自ら考えず、与えられた命令や法律を自身で問い直すこともせず、上の立場の人や周囲に言われたことに従っていく、その積み重ねが世の中を動かす大きな悪だと考えた」と説明し、「悪の凡庸さ」の語を紹介した。この主張はナチスを黙認したドイツ国民をも批判の射程に捉えるものであり、アーレントはバッシングを浴びたことも言い添えた[6)]。

(5)生徒の学びを読む

これまでの学習を振り返り、論作文を課した。また、学年末考査にて、「最も印象的な人物」を挙げて評論する論述課題を設定した（関連付けて数名を論じても可）。

これら２つの課題から、生徒の記述・表現をいくつか抜粋し、紹介する。

【A】「悪」とは何者なのだろうか。世界はナチス・ドイツを「悪」と定めて、開き直っているようだ。何をもって悪としたのか。ヒトラーは確かに悪だったかもしれないが、大量虐殺がダメだったのだろうか。それならば、なぜ戦争は許されるのか。私は、アイヒマンのような無思想性の人はたくさんいる気がする。何も考えないことで、指示を出してくれる人が悪事を働こうと働くまいと、「従っただけ」で済ませ、逃れているような人。たしかに“それ”が集まることで、ナチスのような悪は肥大化していくかもしれない。話は初めに戻るが、世界が開き直っているのは、それが「悪」だと定めておけば、自分たちよりそっちに非が行く。無思考人間がいればいるほど、都合がいいのは間違いない(…後略…)
【B】裁判でアイヒマンが言ったことは嘘ではないし、彼が直接人を殺したわけでもない。無罪なのか有罪なのか、アイヒマンの罪はなんなのか。その罪の境界線はいったいどこにあるのかをアイヒマン裁判を通してよく考えるようになった。(…中略…)アイヒマンが死刑なら、ナチスの実際に人をたくさん殺した人たちはどうなったの？　とか、やっぱりそういうのって難しいと思った。

【A】【B】の記述に共通するのは、アイヒマンとそれ以外の人々との連続性に注目している点である。ヒトラーやアイヒマンといったナチス幹部が裁かれるとしたら、「従っただけ」で済ませている人々や、実際に差別や殺害行為にかかわった者たちの責任は……という問いを、アーレントの議論を足掛かりに生徒が自らのものにしているように感じられる。

【C】アイヒマンは悪いことをしたけど、自発的に人を殺そうと思っていなくて、無関心だからこそ仕事の命令で人殺しをしていて、怖いと感じた。無関心って状況とかにもよるけど、少し悪になることもあるんだなと思った。自分で考えることをしない無思想性の人って怖いと思って、自分で考えて行動することは大切だと改めて感じた。
【D】私はアーレントに強く影響され、印象に残っている。彼女の「政治において服従と支持は同じである」という言葉に共感する。服従と支持、それぞれその時に人が持つ感情は異なると思うが、どんな事情があれども、物事として一貫してみたときに、その時の感情は関係なく「したか・していないか」でみると考えるからだ。アーレントは、私の言いたかったことをうまく言葉にして代弁してくれたように思う。この授業以来、“自分の良心に反して従っていても、その行動が同じなら感情は重要視されるものではない”という考えが根付いた。考えの幅を広げてくれたアーレントが、私の印象に残る人物だ。

【C】は「悪の凡庸さ」を表現し、無関心への恐怖や、思考して行動することの重要性の認識を示している。【D】の「アーレントは私の言いたかったことをうまく代弁して言葉にしてくれた」には、先哲との“出会い”の充実感が表現されている。【D】の記述にある「した」には、「善意に従った行動をとらないという行為をした」も含まれると感じられ、アーレントの思想を理解しているように思われる。

授業直後と学年末考査時の記述の比較で面白いのが、【E】の記述である。

【E-1】考えているうちに、何が悪かったのか、何がダメだったのか、わからなくなった。ヒトラーも、カブラの冬が起きてドイツが戦争に負けたりしなければ、あんなことしていなかっただろうし、実際ヒトラーがいたから救われたドイツ人もたくさんいるかもしれない。その人たちからすれば、ヒトラーは正義に見えたかもしれない。アーレントの「政治において、服従と支持は同じ」も、当時の状況を考えると一概に言えない気もしてきた。ユダヤ人の市民権剥奪とかは法律で決められたことだし、従わないと法律違反になる。それこそ悪なのではないか？　悪とは時代や状況、誰を主観として見るかで変わってくる。
【E-2】自分で物事の良し悪しを判断せず、何も考えずにユダヤ人を大量に強制収容所に送り、結果的に多くのユダヤ人を殺害したアイヒマンについて学び、考えないことの怖さを知った。ハンナ・アーレントが言うように、それは悪の凡庸さだと思う。前に習った、南京占領に参加した松村芳治さんは、戦争をしていた当時は何とも思わなかったが、今思えばひどいことをしたと言っていたというのを見て、これもアイヒマンと同じで無思想性だったんじゃないかと思った。ちゃんと考えて、全員が今ひどいことをしようとしていると自覚できれば、ユダヤ人の大量虐殺や戦争も起きなかったのではと思った。

【E-1】では心が揺らぎながら思考しているが、その後の学習を経て【E-2】に至る。生徒は試行錯誤しながら、学びの過程で歴史認識を形成していく。アイヒマン裁判も含め、思考し、時間をかけて綴り深めていくことが重要なのである。

４．本実践の特徴

先日、福島県白河市にあるアウシュヴィッツ平和博物館に立ち寄った。そこで館長を務めた山田正行は、負の側面、正の側面の両面から、アウシュヴィッツという戦争遺産を「生命と平和を守る市民の『砦』」と位置付ける[7]。

> まず、アウシュヴィッツが戦争の残酷な暴力性の極限を示しており、人類はこれを忘れることなく負の遺産として継承して、平和を守り続けなければならない。それがまた、戦争の再発を防ぐための人類的な責務でもある。
> 次に、正の側面について言えば、このアウシュヴィッツでは過酷な極限状況の中で抵抗が繰り返し組織され、さらにアウシュヴィッツを今日まで保存するためには、先人の無数の努力が積み重ねられており、それらはまさに戦争の過去を克服し、平和を建設する努力として極めて貴重だからである。
> (…中略…)さらに、被害の証拠を報復のためではなく、平和のための遺産として保存することは、暴力の連鎖を断絶させるうえで重要である。この点でアウシュヴィッツは、“ノー・モア・ヒロシマ”のために原爆ドームが保存されてきたことや、新中国の指導者が軍国主義者と人民を区別して後者を人道的に処遇したこと（特に“撫順戦犯管理所の奇跡”）と共通している。そして、これは特に、2001 年 9 月 11 日の旅客機を利用した同時多発テロ以降、攻撃に対して報復を主張する論調が広がった状況と比べて重視されなければならない。

アウシュヴィッツという「残酷な暴力性の極限」に象徴される、ナチス・ドイツによるユダヤ人虐殺。これを実現せしめたものの大きな要素が、アイヒマンにみられる「無思想性」であり、「悪の凡庸さ」であった。アイヒマン裁判の授業開発と実践は、この点を生徒とともに考えるものである。アウシュヴィッツ絶滅収容所は、個人の名前をはく奪し番号で呼び、搾取・収奪可能性の有無で生死を一時的に分け、最終的にはその人間のすべてを奪いつくそうとする殺戮工場であった。キーパーソンの一人であるアイヒマンの主張を検討すると、合理的にこの殺戮工場・絶滅収容所を運営するキーワードこそが、「無思想性」だったことが浮かび上がる。アイヒマン裁判の考察は、大虐殺（ホロコースト/ジェノサイド）の構成原理の一端を把握するとともに、こうした悲劇を繰り返さないためのヒントを歴史上から見出す意味をもつ。生徒が時間をかけて心の中に揺らぎを生じさせながら自身の考えを整理していく過程も見て取れた(【E1】～【E2】が一例である)。生徒が思考と思想を鍛えながら、その生徒らしく心に「平和の砦」を築いている過程と考えることも可能である。

一人ひとりの心の中に、「アイヒマン」は存在する。だからこそ自己・他者・社会・歴史事象との対話を通して「無思想性」の増長に抗う、日々の実践が求められる。

1) マルガレーテ・フォン・トロッタ監督、2012 年制作（ドイツ・ルクセンブルク・フランス合作)。日本国内では 2013 年 10 月 26 日に岩波ホールにて公開された。
2) 菅間正道「あなたならどうする? ナチスのユダヤ人迫害問題を考える授業」教育科学研究会『教育』56(1)(2006 年 1 月号)、旬報社
3) 資料 3～5 に関しては、ハンナ・アーレント著・大久保和郎訳『新版　エルサレムのアイヒマン　悪の陳腐さについての報告』みすず書房、2017 年（便宜上、本脚注では【A】とする)、仲正昌樹『悪と全体主義 ハンナ・アーレントから考える』NHK 出版、2018 年、第 4 章「凡庸な悪の正体」(同じく【B】とする）を主に参照している。資料 3 は主に、【A】30・80・189 頁、【B】169 頁に対応する。資料 4 は主に【A】42・46 頁に対応する。資料 5 は主に【A】巻末の「関連年表」および【B】162 頁を参照した。
4) アーレント前掲書、380 頁、仲正前掲書、166 頁参照
5) アーレント前掲書 382-383 頁、384 頁
6) このあたりは、授業化にあたり単純化して示している。アーレントがバッシングを受けた大きな要因として、本文に記した要素に加え、ユダヤ人組織のナチへの協力（収容所へ移送するリストの作成・移送協力等）にも比重を置きながらアイヒマン裁判を論じたことが大きい。しかし、その点を強調すると、授業における主題の焦点化が難しくなり、生徒が思考しづらくなると考え、本実践においてはユダヤ人組織のナチへの協力に関しては、控えめに扱うことにしている。
7) 山田正行『希望への扉－心に刻み伝えるアウシュヴィッツ』グリーンピース出版会、2004 年、19-20 頁

第5章 ジェノサイドを越えて

1. 学校教育におけるジェノサイド学習の不可避性と平和構築過程への着目

自身の実践を振り返ってみると、いくつか継続して取り組んできたテーマがあると気づく。そのひとつにジェノサイドがある。1948年12月に国連総会で採択された「ジェノサイド罪の防止と処罰に関する条約（ジェノサイド条約）」におけるジェノサイドの定義は、以下である。

> 第2条　この条約において、ジェノサイドとは、国民的、民族的、人種的または宗教的な集団の全部または一部を、それ自体として破壊する意図をもって行われる以下のいずれかの行為を指す。
> a)集団の構成員を殺害すること
> b)集団の構成員に重大な身体的または精神的な危害を加えること
> c)集団にその全部または一部の身体的破壊をもたらすよう意図した生活条件を故意に課すこと
> d)集団内の出生を妨げることを意図した措置を課すこと
> e)集団の子どもを他の集団に強制的に移すこと

ユネスコ憲章（前文）には、「戦争は人の心の中で生まれるものであるから、人の心の中に平和の砦を築かなければならない」という有名な表現がある。特定の民族を対象とした大量殺戮は、差別意識の増幅から始まり、加害・加担者（あるいは、被害者も）が徐々に人権感覚を喪失していくうちに決定的なトリガーが引かれ、顕現する。差別－物理的暴力－殺戮の階梯のすべてにおいて、それらへの参加がより残虐な行為者に至る無意識の訓練になる。国際情勢が混迷する現在、心に平和の砦を築く諸実践が求められる。そうした問題意識をもとに、高校3年生を対象に2023年に実践したルワンダ・ジェノサイド学習を紹介する。

1994年のルワンダ・ジェノサイドでは、人口比90%と目されるフツ族が、10%のツチ族を対象に虐殺を行った。それもマチェーテ（鉈）で切り刻む等の残虐な殺戮が組織された。隣人が殺人者に変貌する恐怖は想像を絶する。政府系ラジオ「千の丘の自由ラジオ」は虐殺を嬉々として中継し、扇動した。ルワンダの誰もが状況を知っていた。凄惨なジェノサイドの終了後、ルワンダは復興・平和回復の課題を突き付けられた。差別や恐怖、憎しみの感情を前に、いかに人々が歩もうとしたのか。この点への着目は、生徒とともに考えたいテーマである。

本実践で着目するのは平和構築過程である。マクロな視点ではルワンダ虐殺後のガチャチャ裁判による「赦し」をどう見るか。ミクロな視点では、ルワンダで義足提供や障がい者の自立支援に取り組む、「ムリンディ／ジャパン・ワンラブ・プロジェクト」[1)]（以下、ワンラブプロジェクト）の地道な取り組みから学ぶ。発生したジェノサイドの傷は、あまりにも大きく、深い。しかし現実として、人々にはどこかでその傷を越えていく必要がある。平和構築過程への着目と考察は、「ジェノサイドを越える」ためのケーススタディと位置付けられる。

2. 実践に至る経過及び教材研究

実践の直接のきっかけは、同僚の堀田美重子教諭より、ワンラブプロジェクトのお二人をお招きした授業を設定したいと相談されたことに始まる。同プロジェクトはルワンダ出身のルダシングワ・ガテラさんとパートナーの真美さんが設立した。背景には、ルワンダ大虐殺における地雷等の被害の深刻さがある。マラリアの治療ミスが原因で装具を使用しているガテラさんが日本の義足技術に感動し、この技術をルワンダに広めれば多くの人が救われると考え始めた活動である。

教材研究にあたっては、まずは証言集を読み込んだ。虐殺後の平和構築過程に関しては、ガチャチャ裁判（後述）に注目した。ワンラブプロジェクトの活動は、絵本『希望の義足』[2)]にもなっており、それも導入教材として活用することにした。事前学習・ゲスト授業・感想記入の内容で、計８時間の授業構想を立てた。

単元「ジェノサイドを越えて」

1時間目	絵本『希望の義足』読み聞かせ感想記入　お２人への質問記入
2-3時間目	事前学習①「ルワンダ・ジェノサイドを知る」
4-5時間目	事前学習②「ジェノサイドを超えて-平和構築過程を中心に-」
6-8時間	ゲスト授業（2時間）感想記入（1時間）

授業の枠組みとしては、コース専門科目「教育・人間探究の時間」を活用し、せっかくゲストをお招きするので、事前学習も含めた上記単元は３年生を対象に行い、講演会形式のみの学習も、同日、１年生対象に実施することにした。

３．授業の実際

(1)『希望の義足』読み聞かせと学習予定の提示

絵本『希望の義足』をモニターに映し出し、読み聞かせた。同書は真美さんの視点から描いている。母との死別、社会人になってからケニア留学、そこでのガテラさんとの出会い、ガテラさんや親族に降りかかる災難、ルワンダ訪問、結婚、義足装具士への道、ワンラブプロジェクトの開始、義足での歩行訓練に励む人々、シドニーパラリンピックに出場した若者の姿、等が描かれる。この主人公2名が来校すると告げると、生徒は大喜び。ルワンダ・ジェノサイドの簡易な説明プリントも配布した。最後に絵本の感想とお2人への質問記入の時間をとった。

(2)ルワンダ・ジェノサイドを知る

2時間連続で実施した。1時間目は前時の感想交流から始めた。その後年表も用いつつ、1994年の大虐殺に至る流れとして、以下の①-⑦を大まかに説明した。

①もともとルワンダにツチ・フツ・トワの民族意識はなかったが、支配したベルギーが3民族に分けた。少数派のツチを優遇することで国内がまとまるのを避ける、植民地支配の手段でもあった。1933年には人種IDカードも導入された。

②ベルギーはツチ王を暗殺し、フツ勢力内の反ツチ意識を助長した。

③1959年、多数派のフツ政府が成立し、ツチへの迫害が始まった。迫害を逃れて国外、特にウガンダに逃れたツチたち（2世を含む）が、後に反政府軍「ルワンダ愛国戦線（RPF）」を結成する。

④政治レベルでは民族対立が深刻化するが、他方で人々は、おなじキリスト教信仰や隣人を大切にする文化のなかで、生活を送っていた。

⑤クーデターで政権を奪ったハビャリマナはフツ過激派で、民兵組織インテラハムエを育成する等、ジェノサイドの下地を形成した。

⑥1993年、ヘイトラジオ「千の丘の自由ラジオ」の放送が始まり、ツチ迫害の扇動が行われた。同年、ハビャリマナはRPFとの停戦協定を締結した。

⑦1994年4月、ハビャリマナが暗殺され、機を同じくしてジェノサイドがはじまった。約100日間で殺害された人数は80-100万人にのぼるという。

こうした流れを確認したのち、千の丘の自由ラジオのヘイトスピーチも聞いた。

2時間目は、3名の証言[3)]の輪読と感想交流を行った(資料1)。1人目は、カシウス・ニヨンサバ。避難した教会で虐殺事件に遭遇した少年である。2 人目は、ジャネッテ・アインカミエ。沼地に逃げ込んだものの、目の前で母の手足を切り落とされ、母を見捨てざるを得なかった壮絶な経験をもつ。3 人目はクリスティーネ・ニランサビマナ。父がツチ族の女性。父は目の前で殺される。危険を避けるためにフツの男性とキガリに逃げるが、インテラハムエに強姦され、妊娠する。

資料１：ルワンダ・ジェノサイド被害者の証言（いずれも抜粋・要約）

証言①　カシウス・ニヨンサバ

教師の父、農民の母のもとで育ち、家族で唯一生き残った。あまりにつらい記憶と、頭部の傷により、殺された兄弟姉妹の数は思い出せない。しかし教会での虐殺場面やインテラハムエの凶暴さは脳裏から離れない。

飛行機撃墜事件後、近所のフツがやってきて、地元のツチを殺害し始めたので、ツチは森や教会に逃げた。僕もンタマラからニャマタの姉のもとに逃げた。ニャマタでの虐殺が始まると、教会へと逃げ込んだ。教会に避難するのはルワンダの習慣だった。2 日間は平穏に過ごしたが、その後兵士や地元の警察が教会周辺に来て、「お前たちは皆殺しだ」と叫んだ。昼前にインテラハムエが歌いながら到着した。彼らは手榴弾を投げ、垣を破壊し、教会に突入し、マチェーテや槍で人々を切り倒し始めた。彼らは力の限り叫び、心の底から笑いながら、誰彼となく切り付けていた。人々は抵抗をやめて死を選び始めた。インテラハムエは教会のドアの前で小さな子どもを焼き殺した。身をよじらせながら生きたまま焼かれる子どもたちの姿をみた。肉とガソリンの強烈な臭いがした。姉を見失い途方に暮れた。僕はハンマーで叩かれ倒れた。何とか体をくねらせて道を這い、扉の後ろに数人の少年と一緒に隠れた。インテラハムエが帰って行ったあと、何人かの若者が僕を背負い、連れ出してくれた。

インテラハムエは2 日間の教会での虐殺を終えると、棍棒とマチェーテを持ち、森の中へ追いかけてきた。彼らは犬を先頭に、隠れている逃亡者を探した。僕は捕まりマチェーテで頭を殴られた。頭が凹んだように感じた。

倒れていると一人の女性が巨大な木の下の隠れ家に連れて行き、毎晩暗闇の中で水や食べ物を与えてくれた。頭部の傷は化膿した。女性は薬草の葉を傷口にのせてくれた。彼女はツチで、フツの行政官の妻だった。僕の世話をしたことが発覚した彼女は、後日、夫に刺し殺された。

僕はマラリアにかかり、また衣類もほとんどなく、気力を失った。親しい人は全員殺された。

証言②　ジャネッテ・アインカミエ

私は 7 人の兄弟と 2 人の姉妹の間に生まれた。父と兄たちはジェノサイドが始まってすぐに殺された。母と幼い妹たちはかろうじて沼地に逃げ、1 か月間、パピルスの葉の下に身を潜めて過ごした。日中はインテラハムエの攻撃から逃れるため、蚊や蛇のいる沼の中に隠れ、夜に食料を探してさまよった。見つけた食べ物は何でも食べたためしばしば下痢に襲われた。国中でツチが虐殺されていることと、私たちにも死が近づいていること以外は、何も知らなかった。

ある日インテラハムエがパピルスの葉の下にいる母を発見した。母は「お金を払うからマチェーテのひと振りで殺してくれ」と申し出たが、彼らは母の服をはぎ取り金を奪い、両腕と両足を切り落とした。妹たちは母の隣で一部始終を見た。彼女らも足首や頭部を切り付けられた。私は近くの穴に隠れながら、暴行する音や家族の叫び声を聞いた。彼らが去った後、私は母に水を飲ませたが、瀕死の妹たちの手当ても必要で母と一緒にいられなかった。翌日もまずは自らが隠れなければならなかった。湿地では重傷を負った者を見捨てることが、生き残るために必須だった。母は3日間、激痛に耐え、死んでいった。

ジェノサイドの最後の日、湿地の端から解放者の呼ぶ声がした時も、インテラハムエの罠に違いないと考え、何人かの人はパピルスの下から動かなかった。しかし夕方には私たちはニャマタのサッカー場に集められた。ようやく塩分のあるまともな食べ物を得たものの喜べなかった。私たちの魂は、置き去りにしてきた人々とともにあった。私たちの人生は打ちのめされたままだった。

湿地を出てからヴェネッサ（妹）は母を殺した者たちの目が頭から離れなかった。2年後、彼女は大金をもってコンゴから静かに帰ってきた犯罪者のうちの一人を見つけた。彼は学歴を持つ牧師の長男だった。

虐殺者たちへの心からの憎しみは決して消えず、それが漏れ出したときに再び殺人が始まると危惧している。人間は一瞬にして言い尽くせないほど残忍になり得る動物だ。ジェノサイドはなくならないだろう。ルワンダであれ別の場所であれ、これからもジェノサイドがいつどこで起きるかはわからない。原因になるものはいつもすぐ近くに、そして私たちの中にも根付いている。そしていつそれが爆発するかは、誰にも知りえないのだ。

証言③　クリスティーネ・ニランサビマナ

私は小学5年生だった。残忍な表情の若い男たちが、地元以外からも集まってきた。彼らは突然フツの家に立ち入り、調理鍋の中身をがっついた。

このインテラハムエが教会を襲うと、人々は殺戮現場を見物しようと教会を囲んだ。人が殴られる音やそれをはやし立てる騒ぎ声、襲われる人の恐怖の叫びが聞こえた。仕事を終えると若い民兵たちは司祭の部屋で略奪し、死体からも所持品を奪った。ブルドーザーが遺体をどぶに放り込んだ。

夕食の時刻になると彼らはその場を去ったが、教会の周囲は見張り番に囲まれたままだった。致命傷を負った人たちは死が訪れるのを待つのみだった。

朝9時頃、インテラハムエはまだ息のある人を殴ったり刺したりするために戻ってきた。観衆の多くはツチの死を喜び、「ツチは終わった！我々のためにこのゴキブリどもをつまみ出してくれ！」と叫んだ。非人道的な殺人や放火を見て憤慨した人も多かったはずだと私は思う。しかし異議を唱えるのは危険極まりなかった。インテラハムエはツチと親しいフツもためらいなく殺していた。

2日目の夕方、教会から戻る途中で、数人のインテラハムエが家に立ち寄り、マチェーテで父を切り付けた。母と隣人たちの目の前で。父はツチだった。
　フツの親族や隣人たちが、略奪のためにツチを殺すのは日常茶飯事だった。日が暮れて家に帰ると、彼らは沼地や森での仕事ぶりについて自慢話を交わした。彼らは家の前にいすを並べ、肉調理を待った。ツチを殺したときに一緒に屠殺して持ち帰った牛の肉だ。死者から盗んだ金で酒を買ってもいた。満腹になるとその日に何人殺したか語り合っていた。そこには競争意識があった。全員が殺すことに義務感を抱いていた。実にうまく組織されたやり方だった。
　人々には毎朝、グループリーダーへの報告が義務付けられた。リーダーは人々に命令し、巡回計画を示し、その日ごとの特別な指示を与えた。人々には従うか殺されるかしか選択肢がなかった。彼らが犠牲者を埋めなかったのはこのためだ。殺したツチの名前を報告し、ごまかしていると疑われたらインテラハムエを死体のもとへ案内する必要があったのだ。
　殺人を強制された人は、翌日には隣人も同様に殺人を強要されるのを望むのだろう。私と家族は血に飢えた人々に囲まれて生きることに罪悪感を覚え、父の恐ろしい死に方に怯えながら、言葉少なに黙々と畑仕事を続けた。
　男たちがキャバレーで虐殺を語り始めたのは 1992 年だった。新政党の初めての集会後、いくつかのコミューンでインテラハムエ委員会が発足した。ニャマタ首長ジョセフ・デジレは、すべてのフツの家を訪れては、ウガンダからきたインコタニの脅威を喧伝し、豆袋の裏に保管している道具が磨がれているのを確認した。政治談議後、フツたちの酒盛りが始まると、彼らはツチのことを「いも虫」「ゴキブリ」と呼んだ。ラジオ放送も扇情的になった。インテラハムエはフツと結婚したすべてのツチ、ツチと関係が良好なフツも殺そうとした。
　父の死後、隣人たちは私を脅した。私は「自分はフツだ」と言い聞かせたが、恐怖は消えなかった。そして家族を残し、フツの男と一緒にキガリに逃げた。
　雨季の終わり、キガリ郊外で RPF 軍の銃声が鳴り響いたとき、数人のインテラハムエの殺し屋たちが、略奪のために家に押し入ってきた。凶悪な男たちは私を強姦した。残された私のお腹には子どもが宿されていた。

(3)ジェノサイドを越えて

　前時の感想と「ジェノサイドを乗り越えるために必要なこと」を記入し、グループ交流し、後者を発表する時間をとった。次の方向性が提案・共有された。

・ジェノサイドの記憶を薄くするために、日常を送る
・ツチとフツの関係の再構築
・ジェノサイドを許さない法整備
・被害者の心のケア
・虐殺の記憶を忘れないこと

記憶の風化を願うニュアンスの提案と、虐殺の記憶の継承を強調する提案が併存していることからも、モラルジレンマ構造が見受けられる。

資料を配布し、当時の状況を簡潔に説明、確認した。

①1994 年段階のルワンダの人口構成はフツが 90%。フツ政府の過激派や政府軍、警察、首長らは虐殺計画の作成や実行に深く関わり、インテラハムエも政府に育てられた。彼らに協力・同調して殺害に加わった者、略奪に加わった者、隠れているツチを密告した者も多い。国民の多数が加害者や加担者である。

②つくられた民族意識が対立の根本にある以上、ツチの被害状況を主張しフツの責任を追及することが、対立意識をさらに高める危険性もある。

③インフラ復旧や地雷除去を考えても、どこかでフツの社会復帰は必要である。しかし、ジェノサイドを繰り返さないためには、正義の貫徹も必要である。

④責任の明確化には容疑者を逮捕・調査し、裁判を行う必要があるが、裁判官、検察官等の人的資源は虐殺により不足。警察機構は再建途上。膨大な被疑者を裁判にかけるには、通常の司法プロセスでは「全て終えるには、200 年かかる」。

続いて資料 2 も用いガチャチャ裁判を説明した[4)]。ガチャチャの語は「芝生」を意味し、身近な揉め事の解決方法としてルワンダに昔からあった制度を指す。

ガチャチャでは当事者が和解し同じ地域で生活できるようになることを重視する。これをもとに虐殺犯罪処理のために立法化されたのがガチャチャ裁判である。

ガチャチャ裁判では真実を明らかにするために、犯罪の現場にいた被疑者、生存者、証人を出頭させた。約 1 万 1 千箇所の村で裁判が開かれ、村人自身の住民投票で選ばれた人が研修を受けたのち、裁判官として活躍した。裁判にかけられる人物の犯行時のポジションや犯行の残虐さに応じてカテゴリーを 3 段階に分け、首謀者レベルの容疑者は国の法廷もしくは軍事法廷で裁いた。それ以下の容疑者は、各地に設置されたガチャチャにて、民間人が裁判を行った。

重視されるのは、加害者の罪の自白・謝罪と和解である。そのため、自白があれば罪が減刑される。新ルワンダ政府は、「もはやツチもフツもない」と、民族対立をあおる言説を禁止した。生存者が虐殺を語ることも禁じた。虐殺を公の場で語るのはガチャチャの場のみとされ、和解が奨励された。ここで想定される和解とは、[加害者が反省し、罪を自白・謝罪し、赦しを請う]ことを指す。

この政府の姿勢とガチャチャの仕組みに対して、各自で[よい・ややよい・やや

資料２：ガチャチャ裁判の仕組み

■容疑者のカテゴリー　（セル：人口 1000 人程度　セクター：数千人～）

<table>
<tr><th colspan="2">カテゴリー</th><th>罪</th><th>法廷</th></tr>
<tr><td rowspan="5">1</td><td>1</td><td>ジェノサイド罪あるいは人道に反する罪を計画した者。またその首謀者。</td><td rowspan="2">国内又は軍事</td></tr>
<tr><td>2</td><td>国家、州レベルの行政機関、政党、軍、憲兵隊、宗教団体、民兵組織のなかで指導的地位にあり、ジェノサイド罪あるいは人道に反する罪を犯すか、他人を促して罪を犯させた者。</td></tr>
<tr><td>3</td><td>ジェノサイド罪あるいは人道に反する罪の扇動、指示、又は指導的役割を担った者。共犯者も含む。</td><td rowspan="9">セクター</td></tr>
<tr><td>4</td><td>準州、コミューンレベルの行政機構、政党、軍、憲兵隊、民兵組織のなかで指導的地位にあり、ジェノサイド罪あるいは人道に反する罪を犯すか、他人を促して罪を犯させた者。</td></tr>
<tr><td>5</td><td>強姦や性器官に対する拷問を行った者。共犯者も含む。</td></tr>
<tr><td rowspan="6">2</td><td>1</td><td>殺戮や過度に残酷な行為によって知られた殺人者。共犯者も含む。</td></tr>
<tr><td>2</td><td>拷問を行った者。相手が死に至らない場合も、また共犯者も含む。</td></tr>
<tr><td>3</td><td>死体に対して非人道的な行為を行った者。共犯者も含む。</td></tr>
<tr><td>4</td><td>殺人リストに対象者の名を載せるように命令する、あるいは他人にそれを促した者、又は殺害に至る攻撃を行った者。共犯者を含む。</td></tr>
<tr><td>5</td><td>殺人を意図して攻撃したが、被害者が死亡しなかった場合。共犯者も含む。</td></tr>
<tr><td>6</td><td>殺害する意図無しに他者を攻撃するか、攻撃を助けた者。共犯者も含む。</td></tr>
<tr><td colspan="2">3</td><td>財産に関する攻撃だけを犯した者。ただし、この基本法実施時点で、被害者あるいは公的機関と和解が成立した者については、同じ事案について起訴されることはない。</td><td>セル</td></tr>
</table>

■自白の有無による刑期の変化

<table>
<tr><th rowspan="2">法廷</th><th colspan="2" rowspan="2">カテゴリー</th><th colspan="3">刑期</th></tr>
<tr><th>自白なし</th><th>容疑者リスト記載後の自白</th><th>容疑者リスト記載前の自白</th></tr>
<tr><td rowspan="2">国内又は軍事</td><td rowspan="5">1</td><td>1</td><td rowspan="5">終身刑</td><td rowspan="5">25-30 年の懲役刑
公益労働なし</td><td rowspan="5">20-24 年の懲役刑
公益労働なし</td></tr>
<tr><td>2</td></tr>
<tr><td rowspan="9">セクター</td><td>3</td></tr>
<tr><td>4</td></tr>
<tr><td>5</td></tr>
<tr><td rowspan="6">2</td><td>1</td><td rowspan="3">30 年の懲役刑</td><td rowspan="3">25-29 年の懲役刑</td><td rowspan="3">20-24 年の懲役刑</td></tr>
<tr><td>2</td></tr>
<tr><td>3</td></tr>
<tr><td>4</td><td rowspan="2">15-19 年の懲役刑</td><td rowspan="2">12-14 年の懲役刑</td><td rowspan="2">8-11 年の懲役刑</td></tr>
<tr><td>5</td></tr>
<tr><td>6</td><td>5-7 年の懲役刑</td><td>3-4 年の懲役刑</td><td>1-2 年の懲役刑</td></tr>
<tr><td>セル</td><td>3</td><td colspan="4">賠償</td></tr>
</table>

懲役刑については以下の通り

a)刑期の 1/3 は刑務所収監　b)刑期の 1/6 は執行猶予期間　c)刑期の 1/2 は公益労働

よくない・よくない]の４段階で考えを記入後、グループで交流した。人口の大半がフツ族である＝裁く側の大半がフツ族である点や、自白による減刑や執行猶予・公益労働の結果、被害者・遺族が加害者と共に暮らさなければならない点、「和解」を前提に設計されている点等に対して否定的な意見があったが、再出発のために必要な制度だと評価する声もあり、議論が白熱した。

続いて６事例[5)]を読み感想交流を行った(資料 3)。証言④⑤は当局を気にし、また加害者との接触を避けるために、表面上和解を装うツチの事例。⑥⑦は本音や真実を部分的に隠しつつ謝罪するフツの事例。最後に和解事例(⑧⑨)を読み合う。

資料３：「和解」をめぐる６つの事例（いずれも抜粋・要約）

証言④　カシウス・ニヨンサバ（ツチ）

厳しい和解政策によって、証言のため裁判所に召喚されたときや、ジェノサイドのセレモニー、喪に服す期間、ガチャチャの場合を除き、生存者は殺戮について語ることを禁じられた。私がフツの女性と結婚するつもりがないと公の場でいうことはタブーで、分離主義者として処罰される。ツチとフツが話し合えるようにと、人権擁護団体が講習会を始めている。こうした組織は互いに赦し合い、友人をつくることを奨励するために、何百万ドルも投じている。しかし生存者は、綺麗事と引き換えのこんな補償は望んでいない。生存者はそういったことは何もしたくない。私たち生存者同士では和解への本音を話すが、他の人とは不可能だ。心を開いて失敗するよりも心を閉ざしている方がいい。

自分たちのやったことを恥ずかしく思い、とても気を遣って行動しているフツもいるが、ジェノサイドの再開を話しているフツもいる。ツチの中には、報復を口にする者もいる。もし思っていることをそのまま口にしたら、各所でパニックや復讐や殺人が起こる。悲しみは口にせず、怒りは隠しておくのが一番だ。あるいは、不幸を共にする仲間とそういったものを分かち合うのだ。

証言⑤　ジャン=バチシテ・ムニャンコレ（ツチ）

我々は、殺人に関してフツと話をすることが許されていない。ガチャチャの間だけどんなことを尋ねても許されるが、それ以外は禁止だ。ガチャチャで我々は証言し、質問し、告発し、彼らは答える。でもそれで終わり。普段の会話で彼らを動揺させる質問はできない。ジェノサイドの実際を誰もあえて聞かない。事態が悪くなるようなことは決してしない。どちらか一方が、もう一方の者を怒らせることは必ず避ける。もしそれが有用だと思っても、避けるのだ。

ある二人が私に赦しを求めてきた。刑務所に入るのを避けるために来訪したのだ。父親に娘をどう切り殺したかを告げることも、父親が殺人者に娘をどう切り殺したかを尋ねることも難しい。だから我々は何も言わずに、ただ丁寧な言葉を交わすことしかしなかった。彼らは酒を少し差し出した。結局、我々は農作業で互いに助け合うことを約束しただけだった。彼らの話を聞いても聞かなくても同じだ。私は苛立ち、彼らが少しでも早く出て行くよう願いながら聞いていた。彼らは最後に、「私たちは、沼であなたを殺しそこねることで誠意を示したんです」と言い、訪問を締めくくった。私は嬉しいふりをした。

証言⑥　イニャセ・ルキラマチュム　(フツ)

俺は高齢だが、ジェノサイドは些細なことまで憶えている。殺人者は罪を問われた時、記憶を綺麗さっぱり捨てることにする。でも記憶を抹殺はできない。

本当のことを話せばいいというものでもない。真実を話してツチを納得させることは不可能だ。詳しくすべてを語ったところで納得しない。深刻すぎる事実は受け入れられないのだ。親戚をどのように殺したかを言おうとすれば、生存者は怒り出す。かといって話をはぐらかそうとすれば、怒ったのと同じだけ疑いを持つ。私たちは、殺人に関してそのまま事実を述べることはできない。痛々しい詳細を明らかにすれば、生存者は衝撃を受け、殺人者は危険にさらされる可能性がある。あえて話をしてもその場を取り繕い、謝り、浅薄な言葉を交わすだけになってしまう。

フツは自らの悪行でツチを怖れ、ツチは当局に悩まされている。もう誰も真実を話すこともなければ、悪意や復讐心に満ちた言葉を口にすることもない。

証言⑦　アルフォンス・ヒチヤレミエ（フツ）

ツチは何が起こったのかを俺たちほど知らない。いつも怯えて逃げ回っていたのだから。今、彼らは殺戮の詳細を尋ねてくる。でも最初の一言で彼らは怒り出す。その後落ち着いて新しい情報を聞きたがる。俺たちはもう少し情報を出してやるが、事実そのものやそのときの様子を話しはしない。俺たちがどんなに面白く過ごしていたのかとか、どんなに燃えていたかは話せない。人狩りに出たときどんなジョークを飛ばしていたのかや、いいことがあった日にはみんなでビールをどう回していたのかとか、どう牛を殺し、沼でどんな歌を歌い、どのように不運な少女や婦人たちを集団でレイプしていたのかは話さない。俺たちが切り殺した数を競い合っていたことや、ツチが激しい苦痛の中で死んでいったことを物笑いの種にしていたことなど、そんな気晴らしを話せない。

少数の老人や女性、それに小さな子ども以外、すべてのフツが殺戮に加わった。だから俺たちは話すことにフィルターをかけざるを得ない。

俺たちは、殺人という大きな間違いを犯した。今は自分たちが起こした災いと、それを話すことで起こり得る災いの両方を考えなければならない。とても大変だ。ツチの家族を前にして話すときには、どうしてよいかわからなくなる。誰も正確に話すことができない。それは避けねばならないんだ。

キャバレーで話す方がいい。いい気分でボトルを開けて、挨拶をかわし、収穫のときは手を貸すからと切り出す。実はそれがすべての話のコツなんだ。

証言⑧　Aさん（ツチ　38歳女性）

「亡くなった家族を思い出しながら、なぜ自分だけ生き残ってしまったのか、ずっと苦悶していた。神に祈り続けた。強姦された女性は殺されることが多かったけれど、彼（加害者)は私を殺さずに生かしたから、赦そうと思った。……今では、故郷の村に戻る時は彼の家を訪ねる。ジェノサイドの前、彼は隣人だったから」

ジェノサイド時、民兵が集団でＡさん宅を襲い、同居していた両親、祖父母、兄弟は殺害され、Ａさんだけが生き残った。集団のうち１人がＡさんを家から離れた場所に連れて行き強姦した。Ａさんはその後、孤児のための施設で生活をし、そこで妊娠していることが分かった。孤児施設で出産し、数年後に結婚。現在は夫との子どもと共に育てている。加害者はガチャチャにて自白し、Ａさんに謝罪をした。彼女は、強姦されたこと、自分１人が生き残ったことに苦悩し続けたが、強姦された女性はその後殺害される場合があるのに対し、自分は生かされたので、加害者を赦す決意をした。彼はＡさんに賠償金を支払うことはなかったが、刑期を終えて村に戻った後、Ａさん宅を何度も訪れて謝罪をし、牛や鶏など多くの家畜を贈与した。現在、Ａさんは故郷の村から少し離れた地域に住んでいるが、故郷を尋ねる際は必ず加害者宅を訪れ挨拶をするという。

証言⑨　Ｂさん　（フツ）

「私が殺人を犯した動機は、家の財産を略奪できることだった。……ガチャチャで言い渡された賠償額を、私は彼女（被害者遺族）に支払うことができなかった。けれども彼女は『あなたと私は友達だから、最低限の額で良い』と言ってくれた。これも和解の方法だ。……今では互いの家を行き来する間柄になった。私の子どもと彼女の子どもも、よく一緒に遊んでいる」

Ｂさんは殺人罪と器物破損罪で 11 年間服役後、故郷の村に戻った。ジェノサイド時、地区の長から、ツチの人々やジェノサイドに反対するフツの人々を殺害すれば財産や家畜を略奪できると聞き、民兵に加わった。ジェノサイド後、罪を自白しガチャチャで謝罪した。現金収入が少なく、ガチャチャで定められた賠償額を複数の被害者全てに支払うことができなかったが、被害者遺族の中には、「友達だから」とＢさんが差し出した現金を受け取らない人や、賠償額を下げてＢさんに要求したりする人々がいた。現在は被害者宅を訪ねたり、自分の子どもと被害者の子どもが一緒に遊んだりして交流を続けている。

(4)ルダシングワ・ガテラさん、真美さんを迎えて

2023 年５月 31 日、ガテラさんと真美さんをお迎えした。１限目講演、２限目は質疑応答を通して平和構築のジレンマや実践を議論できればと考えていた。しかし最初の時間の内容が充実していたこともあり、後半の時間が切迫し、生徒が事前に寄せた質問を筆者がお２人に尋ねる形式をとった。

１時間目は、ルワンダの概略・歴史、ジェノサイドの状況、ワンラブプロジェクトの活動を紹介いただいた。筆者が初めて知る内容も多かった。ベルギーはツチを優遇しつつ、フツを扇動しツチへの憎悪を高めたうえで、1959 年に最初の虐殺が発生した。ある地域では 50 本のマッチをフツに渡したが、それは「ツチの家を 50 軒燃やせ」という、迫害・虐殺の合図だった。その後も 63 年、73 年に虐殺は

激しさを増し、94 年の大虐殺に至る。ガテラさんは、「一番の原因は植民地にされたことだ」と強調した。生徒の感想を紹介する（以下、囲みは同）。

今日、直接ガテラさんと真美さんからお話を聞いて、事前学習では知らなかったことをたくさん知りました。そもそもすべての始まりは植民地にされたことだったといっていて、確かにと思いました。もとは何を飼っていたのかなどの小さな違いだったのに、優劣つけられて、だんだん差別意識が大きくなっていって、煽るような発言をして、最終的に大虐殺を招いてしまったというのは本当に怖い。あまり昔の話でもないし、きっかけが些細なことだったから、今でも起こり得る話だと思ってしまった。ベルギーがひどすぎると思う。

ワンラブプロジェクトの実践にあたっての苦労もお話いただいた。使用を認められた土地は荒地で、自分たちで整備し、レンガをつくり建物を一から組み立てた。手作りの工房を構え義足の製作・提供を継続してきたが、政府が提供した土地の中に川が流れており、大雨によって増水・氾濫することが増え、2020 年に政府による強制撤去の憂き目にあう。破壊される工房を見て絶望的な気持ちになるが、洪水後に拾った子猫が懸命に生きようとする姿や、壊された義肢製作所から出たレンガや鉄筋などの瓦礫を拾い、販売して生活費にしようとするしたたかな子どもの姿に励まされ、再起し、現在も活動を続けている。

一番衝撃だったのは、頑張って 1 から作った工房を勝手に取り壊されたのが、言葉失った。2 人の努力が壊され、報われない時もあったけど、立ち直ってまた活動していくのがすごくすてきだと思った。

足を失い、手にサンダルをはめて移動する男性の写真を見せ、「同情で終わるのではなく、何があれば彼は自立できるのか、どういう時に苦痛を受けるのか、どうすればその苦痛から逃れられるのか、と具体的に考えるのが大事。それを考えられたら行動が見えてくる」という真美さんの語りは、生徒の胸を打った。

真美さんのお話、心に響いたし、勇気づけられました。自分だけが、じゃなくてそれは誰かのためになるかと考えることって大切だと思いました。両足のないおじいさんの話も、大体の人がかわいそうとの同情はしても、それをどうにかしようとする人はいない。真美さんたちのような人はすごいと思います。

2 時間目はまず、義足に関する生徒の質問に答えていただいた。ガテラさん自身が装具をみせ説明してくれた。

絵本や著書では、ガテラさんのルワンダでの被害は、明記されていなかった。筆者がガテラさんご自身の経験を尋ねると、次のような内容を語ってくれた。

ガテラさんが 5 歳の時のツチ虐殺時、母は歩行に難があるガテラさんを置いて、妹 2 人を連れてブルンジへ逃げた。ガテラさんは祖父のもとに置かれ、運よく虐殺を逃れた。父は仕事でコンゴにいっており、以降、会うことはなかった。ツチ弾圧が強まりつつある中、ガテラさんはケニアに移った（そこで真美さんと出会う）。収入を得るためにケニアで卸売りをしていた民芸品をドイツの友人の下でも販売する目的で渡航し、その帰り道、トランジットでルワンダに寄った際、身分証明書からツチだとわかり、空港から出され、ドレッドヘアを引きちぎられる等の暴行を受けた。同じ場所にいたツチ族の中には、目をボールペンでくりぬかれた人もいた。ガテラさんはその後の 1994 年の大虐殺の時に、親族を失った。高齢の祖父は、家に閉じ込められて餓死させられた。

この語りに、生徒は衝撃を受けていた。当事者による語りの迫力に加え、気さくで誠実なお 2 人の人柄もあり、生徒たちにとってこの日の交流は強い印象を残し、学びのモチベーションにもつながった。

> 少し前から授業でルワンダ大虐殺のことを学んでいて、大体の内容は知っていたし、自分でインターネットで詳しく調べてみたりしたけど、実際に体験した方の話はとてもリアルで、言葉の重みが違った。ガテラさんは自身も暴行を受けたり、身内を失ったのにも関わらず、自分たちの体験を語ってくれてとてもすごいと思った。自分なら話をしたくても思い出したくもないと思う。真美さんも違う人たちの国に行って義足をつくり人助けをできるのは本当に行動力のある人だなと感じた。実際にガテラさんのつけている装具をみせてもらったとき、本当に良くできているなと思った。今後もルワンダについて学習することがあればもっと知りたいと感じた。ルワンダに虐殺の記念館があることを知ったので、ルワンダに行くことがあれば、絶対行ってみたい。

時間がたりず、ここで授業終了となった。しかし、当初の問題意識からすれば、もう一歩踏み込んで聞かないといけないことがある。それは、加害者に対するガテラさん自身の感情や行動である。上記授業は午前中に設定しており、午後は 1

年生を相手に講演と交流がある（それも筆者が進行を担当）。ガテラさんにはそこで語ってもらい、その内容を後日、3年生に伝えることにした。1年生との質疑応答のタイミングで、筆者はガテラさんに、次のように尋ねた。

「工房で働きたい、という人がたくさん来たということですが、その中には虐殺に積極的に加わったり、加担したりした人がいる場合はありませんか。その時は、ガテラさんと真美さんはどういう対応をするのですか」

働いているうちにその事実がわかり、最終的に刑務所に連れていかれたということは何度もあったそうである。そのうえでガテラさんは、はっきりとした口調で、次の内容を語った。

「未来をみないといけません。平和のためには、いろいろな経験をした人がいるのが大切です。例えば、泥棒の経験者がいれば、どこから泥棒が入ってくるのかわかります。経験を未来のために生かすのが大切です」

後日、この回答を3年生に伝えた。ガテラさんの中に大きな葛藤があったことであろう。しかし、復興・平和構築のために、ガテラさんと真美さんは、和解への道を強調したのである。

学期末に「教育・人間探究の時間」の活動を振り返る「自己評価表」を課している。そこでみられた生徒の記述をいくつか紹介する。

- 忘れることができない事件でしたが、彼らのそれでも立ち上がろうとする姿に感動しました。もし自分が被害者なら、どうしても許せないと思います。しかし、「平和のために」という点で許そうとしているところに、多くの苦心があったと感じました。その判断に感謝と尊敬を抱きました。
- 加害者という意識をもちつつ、義足工房で働いていた方も、罪悪感か贖罪のためなのか、はたまたそれ以外の理由か、その方なりに歩み寄る事だったのかも、と思うと言いようのない心の苦しさを感じました。
- 加害者への怒りを持っているだろうけれど、「平和のためにさまざまな経験をした人がいるのは大切だ」ととても前向きな考えをもっていて、すごいなと思った。
- ガテラさんと真美さんの取り組みや決意は、将来ジェノサイドを二度と起こさないようにするための行動だと思いました。

4. 本実践の特徴と「赦し」をめぐる若干の考察

前章の最後に、山田正行の文章[6)]を引用した。山田の指摘は、ルワンダ・ジェノサイドの学習にも援用可能である。本章に所収した証言をみても、1994年のルワンダには「残酷な暴力性の極限」が現れている。

困難な道のりではあるが、平和構築を進める人々の実践がある。もちろん葛藤は続くだろうし、ルワンダの人々の中でも、再び差別や暴力の炎が燃え上がる事態への恐怖は続いているという声が、書籍等にも散見される。しかし、再び虐殺の惨禍を起こさないという決意のもと、ルワンダは「アフリカの奇跡」と呼ばれる発展を遂げている。生徒は証言記録を読み、ガテラさんの被害体験を聴くことで、ルワンダ・ジェノサイドの「負の側面」に触れた。またゲストのお2人の実践に触れて、人間の強さや可能性への感動を綴った生徒たちは、ジェノサイド後の「正の側面」から、平和の砦の土台を形成した者も少なくないように思う。

本実践を経て、筆者は「赦し」について考えさせられた。ガチャチャ裁判に関しては、和解の強要的な側面や、圧倒的多数がフツ族という状況で住民による裁判が実施された点等、限界面を指摘することはできる。一方で、当事者同士で相対し、加害者が謝罪し、許しを請う場面を徹底的につくるという積極的姿勢は、評価されて良い。個人の心情として、本心からの和解や赦しが困難である場合も多々あろう。とはいえ、社会としては復興を進める必要があり、また何よりも未来世代における民族対立によるジェノサイドの発生を防がなければならない。そのためにも、加害者による謝罪と責任の明確化を徹底し、社会的には「和解が成立した」という状況を創出し、復興への歩みを進めていったのである。

この一連のプロセスを参照するに、加害者に拠る謝罪や責任の明確化という過程が、当然ながら、社会的（集団、国家等）和解や「赦し」の前提になる。この点は、日本の戦争加害や、アメリカによる原爆投下等、日本国民が意識してしかるべき過去のジェノサイドをめぐる言説の検討に際しても念頭に置く必要がある。

1) ムリンディ/ジャパン　ワンラブ・プロジェクト　http://www.onelove-project.info/

2) こやま峰子著、藤本四郎絵『希望の義足』NHK出版、2006年

3) メルジャン・ハッツフェルド著、服部欧右訳、ルワンダの学校を支援する会訳『隣人が殺人者に変わる時-ルワンダ・ジェノサイド生存者たちの証言 』、かもがわ出版、2013 年 証言①20-23頁、証言②33-36頁、証言③154-159頁より抜粋・作成。

4) 資料2は片山夏紀「ジェノサイド後ルワンダにおける和解の「実践」:ガチャチャ裁判と、その後の『被害者』と『加害者』の語りをめぐって」（大阪大学大学院言語文化研究科 スワヒリ語・アフリカ地域文化研究室『スワヒリ＆アフリカ研究(25)』2014 年、21-36 頁）より。ガチャチャ裁判に関しては、片山論文に加え、小峯茂嗣「平和構築と国民和解-虐殺後のルワンダの事例から」（山田満、小川秀樹、野本啓介、上杉勇司 編著『新しい平和構築論-紛争予防から復興支援まで』明石書店、2005 年）も参照した。

5) 証言④-⑦は、メルジャン・ハッツフェルド著、服部欧右訳、ルワンダの学校を支援する会訳『隣人が殺人者に変わる時　和解への道』かもがわ出版、2015 年より抜粋・作成。④108-109、⑤111-112、⑥103、⑦104-105 頁。証言⑧-⑨は、片山前掲論文より抜粋・作成。

6) 山田正行『希望への扉』グリーンピース出版会、2004 年、19-20 頁

（ワンラブプロジェクトのお 2 人を囲んで　）

* 本稿の内容をガテラさん・真美さんに確認していただいた。そのメールに書かれていた真美さんの文章を、許可を得て転載する。

「ルワンダの大虐殺があり、当時の人々の心は落ちるところまで落ちてしまいましたが、その後一丸となって国を作ろうとしてきました。ただあれから 30 年が経ち、虐殺を知らない世代も増え、だんだんと記憶からなくなっていくのかもしれません。でも私は、未来は過ぎてしまった歴史からしか学ぶことが出来ないと思っています。過ちを繰り返さないよう、私はこれからもルワンダの虐殺を振り返りながら過ごしていこうと思います」

未来を見据え、ジェノサイドを越えるためにこそ、ジェノサイドの記憶の忘却に抗わなければならないー。この真美さんのメッセージを本書の読者とも共有したい。

第６章　ウクライナ侵攻に向き合う

１．ウクライナ侵攻を目の当たりにして

2022年2月24日にロシアによるウクライナ侵攻が始まった。明白な帝国主義的侵略戦争である。日本でも連日、情勢報道が続いた。まず感じたのは核の脅威であった。ウクライナ領に侵入したロシア地上軍は、チェルノブイリ原発を攻撃・占領した。アメリカ・イギリス等の情報提供や各国からの資金・武器援助を受けたウクライナ軍が頑強に抵抗すると、ロシア政府は核兵器の使用をも示唆し、核戦争の脅威が高まった。3月に入りロシア軍はザポリージャ原発も占拠した。

ウクライナ情勢の報道はその後も濁流のように流れ込む。ブチャの虐殺や、ロシア軍兵士による性暴力、学校・病院・避難所へのミサイル攻撃。聞くに堪えないようなニュースが次々と届く。他方、ウクライナ軍がロシア軍に与えた被害が誇らしく報じられる。ロシア軍の戦車が爆発・大破する場面がお茶の間に流れる。その爆発地点には国家権力により動員されたロシア人がおり、戦場とはいえ殺人場面であるが、朗報を伝える文脈で放送される。戦争報道に心は慣れていき、人命尊重・人権擁護といった普遍的価値観への感度も鈍りがちになる。

侵攻開始直後は報道に心を痛めていた生徒だが、5月頃には徐々に感心が薄れているように感じられた。停戦の道筋が見通せず情報の濁流にのまれつつ、高校生は大阪での日常を生きる。「戦争なのだからロシアもウクライナもどっちもどっち」という言説の強まりも気になる。国際法的にみればこの戦争の非対称性は明らかだ。地に足をつけて考える時間が生徒には必要である。その際におさえるべきは、まず生徒が疑問を出せること。次に「ウクライナ」そのものを知ること。また価値相対化に抗うためにも国際法的観点の提示が必要だと考えた。

授業化にあたり、井ノ口貴史の現代史の授業を参照した。9.11の授業[1)]やイラク戦争の授業[2)]、「石原発言（韓国併合は朝鮮人が望んだ）」から日韓関係史を学ぶ授業[3)]等がある。井ノ口は「バックキャスティング」あるいは「倒叙歴史」による学びを重視する。生徒の意見表明と紙上対話により生徒の表現から論点を抽出し、その論点や疑問に対して生徒が探究できるように、教師は資料提示やレクチャーを行う。そのうえで再度、意見表明や紙上対話を行う。現在を起点に据え、

その出来事を理解するための歴史上の始点を設定し学習するのである。

井ノ口の授業づくりの視点も参考にしつつ、事前アンケート（最初の意見表明）の記入を含めて、結果的には9時間の単元を構成した。

2022 年度時事学習単元「ウクライナ侵攻に向き合う」

時	タイトル	内容	実施
0	意見表明	プーチン演説も読み、ウクライナ情勢への意見表明	5.13
1・2	ウクライナ侵攻に向き合う	現在の状況の確認　授業当日の新聞記事の共有 4 人の意見の検討と学習上の論点の抽出	6.15
3・4	「ウクライナ」とは何か	ウクライナの地理・歴史学習 対外関係史を中心に、ウクライナ史を概観	6.21
5・6	「親ロ派」地域の現代史	クリミアとドンバスを中心に、ウクライナ・ロシア関係史を概観　歴史的経過を踏まえた意見表明	6.28
7	ウクライナ侵攻と国際法	国連憲章からみた整理　国際人道法からみた整理 ウクライナへの武器供与の是非	6.29
8	論点をみつめる	ロシア国内の「世論」と若者たちの反戦運動 署名の影響の有無　具体的な支援先の検討	6.30

２．授業の内容

(1)ウクライナ情勢およびプーチン演説への意見表明

単元の 0 時間目として、生徒が意見表明を書く時間をとった。5 月 9 日の「大祖国戦争勝利記念日」におけるプーチン演説 [4)]を資料として配布し、加えてウクライナ情勢について感じていることや疑問等を書く。回収した記述から、生徒たちが「何か言いたくなる」意見を抜粋し、それを学習の起点とした。

(2)【1-2 時間目】紙上交流・グループ討議から論点の抽出へ

本時の目的は、学習を進めるうえでの[問い・論点]を生徒たちと抽出し、学習の方向性に関する合意を形成する点にある。

①ウクライナ侵攻の現在をみつめる

「私たちはあまりに膨大な情報に接しているので、『少なくともこれは間違いなく発生した』という内容を抜粋して紹介します」と言い、確認していった(資料 1)。

資料1：６つの視点・できごと

①2月21日、ロシア政府、「ドネツク人民共和国・ルガンスク人民共和国」を承認
国際社会不承認の、親露派2地域の自称「人民共和国」をロシアが承認。2国との同盟関係を結び、「救援」のための「特別軍事作戦」の実行へとすすめた。
②2月24日　ロシアがウクライナに攻撃開始
「特別軍事作戦」実行の会見を開いた数分後、キーウやハルキウ等で爆発音が響いた。ロシアの部隊が国境を越え、戦争が始まった。
③原子力施設への攻撃・占領
ロシア軍が真っ先に占拠した場所のひとつが、チェルノブイリ原発だった。ハルキウの研究所の原子炉も攻撃された。ロシア軍は欧州最大のザポリージャ原発も攻撃・占領した。
④避難施設・病院等への無差別攻撃
都市へのミサイル攻撃が続く。劇場や駅、学校等に避難した人々の頭上にも、ロシア軍のミサイルは投下された。マリウポリの劇場では、避難中の300人が攻撃により殺された。
⑤ロシア兵による市民への虐殺・性暴力・拉致等
ロシア軍による住民虐殺や性暴力の実態が明らかに。キーウ近郊のブチャでは、後ろ手で縛られ銃殺された遺体が多数。子どもの拉致も各地で報じられる。
⑥都市を制圧・包囲後の無差別攻撃
ロシア軍はマリウポリを包囲。避難路も妨害され、人々は製鉄所地下の巨大シェルターへ逃げるも、砲撃を浴び続けた。現在、セベロドネツクも似た状況にある。

授業当日の新聞記事[5)]も読みわせた。生徒と同年齢の少年の被害記事である。

②「意見表明」への批評と論点の抽出

0時間目の記述から4名の意見を抽出している（資料2)。各文章に対して感じたことを書く時間をとった。そのうえでグループワークを実施した。最初に、新聞記事の感想交流を行った。続いて意見A〜Dに対しての感想をグループで交流し検討する。注目点が重なることも多く、その部分が確信や「論点」になる。話し合いの内容を各グループとも発表し、それらの意見の要点を筆者が黒板に書きだしていく形式で、全体での共有をはかった。

例えば、Aの「どっちが悪いと断言できない」には、どのグループ内でも賛否両論が出された。似た表現はCにもみられる（正直誰が“悪い”とすべてを言い切ることができない)。話し合いの末、「現在の様子を見ているとロシアが悪いだろうけど、これまでの経過がわからない」という意見を何人もの生徒がもった。だとすると、「歴史的経過も含めて、過去にさかのぼってウクライナ（とロシアの関

資料２：起点として抽出した４意見

A	ウクライナ側から見た映像、ロシア側からみた映像、中身が全然違っていて、「これはロシア兵がやった」「これはウクライナ兵がやった」という内容のものをみたとき、私はどっちも言っていることは正しいんではないかと思った。それぞれの正義という言葉があったとして、それをどう使うかは個人次第であり、自分から見ると相手が悪いと感じてしまうもの。だから、どっちが悪いと断言はできない。
B	戦争（侵略）を随分正当化するなという印象。あなたが現地に出向き最前線で戦うべきなのでは？ 戦いたくない人にも戦わせ人が死んでいく。(安全で守られたところで意見を述べられても…）それはあまりにも残酷なんじゃないか。連日報道されているし、私たちにとってもそう遠くない問題だとはわかっているつもりだ。だけどどうしても「自分事」に捉えきれない。私たちに何ができるのか。デモ活動への参加？ 寄付？ 外国人部隊への参加？ どうにもわからない。私たちにいったい何ができるのだろう。
C	自分はプーチンの言っていることに共感もするし疑問や反対もある。アメリカに関しての、「自分たちは特別だと言い始めた」「その結果〜与えた」の部分は、確かにそうだなと思わされる。現代文で取り扱っているイラク戦争や、環境に影響を及ぼす資本主義、たいてい利益を得ているのはアメリカだと感じている。一方で過去の栄光？ に縋り付いていいように話をすすめている。たとえ大祖国戦争でどんなに人が亡くなっていようと、黙祷をささげる相手は他にたくさんいる。その相手を増やし続けていてなお正義だと言っていいのかは、よく考えた方がいい。(戦争を）早くやめた方がいいのはあきらか。私は戦争の火種を切ったプーチン側に非はあると思うけど、正直誰が“悪い”とすべてを言い切ることができない。例えばゼレンスキーが早めに負けを認めたらどうなったのか。例えば他の国がウクライナと一緒に戦い始めたらどうなっているか。行動を起こすにも報道がすべて正しいとは限らない。私は一応、日本側という名のアメリカの下にいて国内の報道を参考にしているが、それも実際この目で確かめていないので、報道（メディア）を信じ切るのもどうかと思う。私はとにかく戦争はいけないと思うけれど、かといって自分のことで精いっぱいな部分もある。だめだ、止めなければ…と考えてみても、体を動かす気力もなく、時間や金が解決するだろうと他人事のように感じるときがある。
D	日本の中でもウクライナを支援するのか問題みたいなのがあって、「支援しないとウクライナの人がどんどん殺されてしまうけど、支援しすぎても軍資金に回って、ロシア人が殺されるお金を提供しているわけだから、どうなんだ」みたいな。ウクライナ難民の受け入れも、ウクライナ問題以前からいる他の国の難民はどうするんだとか。この問題が世界に与えている影響って、想像しているより大きいのかなと思った。テレビでウクライナ人の意見はよく見るけど、ロシア人の意見はあまり見ないなー。

係）史をみてみよう」という学習方針が共有される。BやCには、「何かしよう」にも、徒労感・無力感を覚える・「何かする」方法がわからない、という記述内容への共感が示された。「署名やデモは自己満足で、意味がないと思う」等の素直な声も出された。Dの意見には「ウクライナ支援が戦争を長期化させたり、結局それはロシア兵を殺すのにつながっていたりして共感」といった声や、「ロシア人の声を知りたい」といった声がどのグループでもあがった。

それらを踏まえ、学習の方針や論点を提起し、生徒と合意を形成した。

学習する上での問い・論点

[1] 2022年2月に至るまでの背景はなにか（歴史的経過）
[2] ロシア側の見方・国民の声はどのようなものか
[3] 私たち（国際社会）には何ができるのか
(1) 署名・デモ等の平和的行動に意味はあるのか
(2)「ウクライナへの資金援助」の是非

補足資料として資料３を紹介した。「ロシア人・ウクライナ人・ベラルーシ人は歴史的に一体」であり、ロシアに対するウクライナの立場が硬化したのは「欧米の介入」によるものである、というプーチンの主張もまた、検討対象になる。

資料３：侵攻７か月前に発表されたプーチンの主張[6)]

プーチン大統領は2021年７月、「ロシア人とウクライナ人の歴史的一体性について」と題する論文を発表した。ロシア人・ウクライナ人・ベラルーシ人は歴史的に一体の存在であり、ソ連による誤った民族政策によりウクライナという枠組みが人工的につくられたにすぎず、今日ウクライナは欧米の介入によりロシアへの敵対政策を強めているというのがその主張であった。今振り返ればこの論文は、のちのウクライナ侵攻を正当化するために用意されたものとしか思えない。

(3)【3-4時間目】「ウクライナ」とは何か－ウクライナ史の学習

一国の歴史は、複雑で奥深く、そう簡単に論じられるものではない。それでも、ある程度の歴史像・地域像を構築していかないと、ウクライナ情勢の把握は難しい。実際、生徒たちはAの「どっちが悪いと断言できない」という意見にもやもやしつつも、「これまでの経過がわからないから判断できない」と言っている。現在や未来を見つめるためにも、「起点」を設定した歴史・地理学習が重要である。

①簡単な地理情報に触れる

ウクライナの位置と、3 つの植生の紹介など、簡単な地理情報を紹介した。ドニエプル川沿いのキーウの美しい街並みや、小麦畑と青空が広がる南部ステップ地方の風景、クリミアの美しい海などの画像をモニターに映し出す。ウクライナが「ヨーロッパのパンかご」と呼ばれ、食糧危機を救うのはウクライナだと目されてきたことも紹介した。そうした生活や景観がいま、破壊されている。

②前近代史から「ウクライナ」意識の成立過程をみる

キエフ・ルーシ時代から歴史学習を始めた。生徒に伝えた要点は次の 3 点である。第 1 にキエフ・ルーシ大公国の都キエフはドニエプル川の交易地として栄えた。第 2 にキエフ・ルーシを含むウクライナ地域が、諸民族により攻撃を受けやすい位置にあること。実際、トルコ、リトアニア、モンゴルの各勢力の攻撃を受け続けている。やがてモンゴル族に支配されキエフ・ルーシ大公国は消滅する。第 3 にキエフ・ルーシがロシアとベラルーシの起源と呼ばれる点である。大公国下にあるモスクワ公国が後のロシアにつながる。キエフと比べ、攻撃を受けづらかったモスクワは力をつけていく。こうした点を大まかに説明した。

モンゴルの支配が終わった後のウクライナ地域は、ドニエプル川を挟み、リトアニアとロシアが支配した。外部勢力の侵入もあり政情が不安定な地域であった。ウクライナの語源である、「クライ」は、「分ける」という意味をもち、「ウクライナ」は「荒野」という意味合いをもっていたという。

「ウクライナ」を「母国」という意味合いで使い始めたのが、コサック族である。コサックは自衛のために武装した騎馬民族で、酒と戦を好み、ドニエプル川中流、ザポロージェ地方を根拠地とした。彼らはロシアやリトアニアに自治を要求した。こうした事実は、ウクライナの独自性の萌芽として把握しておきたい。彼らの要求は、最終的にはロシア（エカチェリーナ 2 世）に否定された。

③ウクライナ近代史–ロシア化と非ロシア化のはざまで

ここで扱った内容は、大きく次の 4 点である。第 1 はウクライナ中央ラーダの自治要求〜ウクライナ国民共和国独立の挑戦と失敗。ウクライナにとって大きな出来事が、第一次世界大戦である。この時にはすでに、リトアニア支配地域はポーランド分割によりオーストリアになっている。オーストリアとロシアは第一次世界大戦の交戦国であり、ウクライナの人々は両陣営に動員され、殺しあうことになる。1917年、ロシア革命を受け、ウクライナでも自治～独立をめぐる動きが発生・加速した。彼らはウクライナ中央ラーダを結成し、後にウクライナ国民共和国として独立宣言を行い、イギリスやフランスはこれを承認した。しかしソビエト政府はこれを認めず武力で鎮圧。ソビエトの一部としての「ウクライナ共和国」政府をつくり、以降ウクライナはソビエト連邦の一部となった。

第2はホロドモールである。豊かな穀倉地帯を有するウクライナであるが、ソ連時代に大飢饉に見舞われている。特に1932 - 33年の大飢饉では、350万人が餓死した。ソ連の集団農業化の失敗に加え、強硬な食糧徴発が原因である。徴発された食糧は、モスクワに送られ、あるいは外貨獲得のために輸出された。

第3は独ソ戦の記憶である。ウクライナは独ソ戦の主戦場になり6人に1人のウクライナ人が死んだ。キーウも焼失したが、町を破壊したのはソ連軍であった。ドイツは国内の労働力不足を補うために、ウクライナ人労働者を連行した。

第4はチェルノブイリ原発事故とその対応である。1986年4月26日に発生した事故は28日まで伏せられ、適切な情報開示や避難指示がなかったため、多数の被曝者を出した。ソ連の隠ぺい体質への不信とともに、生産至上主義で環境汚染を続けるソ連の工業の在り方への疑義も生まれた。

④独立へ

1991年、ソ連邦からの独立を問う国民投票が行われ、90%以上の賛成票が投じられた。ロシア系住民が多いドンバス地方でも80%以上が、同様にクリミア半島でも過半数が賛成票を投じている（ただし、クリミアは自治共和国である）。こうして、ソ連邦の一員としてではない、独立国家ウクライナが誕生した。

(4)【5-6時間目】「親ロ派地域」の現代史－ドンバスとクリミア

ウクライナとロシアの関係を見るうえで鍵になるのが、「親ロシア派」が多いとされる東部ドンバスと、クリミア半島である。そのため、ドンバスとクリミアを中心に据えつつ、主にウクライナ独立後の現代史を概観した。

①独立～2008年まで

第二次世界大戦後の段階でクリミアはロシア共和国領だったこともありロシア系の住民が多い（クリミアタタール、コサック系等もおり、多民族性の強い地域でもある)。こうしたロシア系住民が多い地域でも、1991年の国民投票では、ウクライナとしての独立賛成票が過半数占めた。

大まかな把握としては、ドニエプル川の東側はロシアに親しみを持つ者が多く、西側はヨーロッパに親しみを持つ者が多いと言われる。とはいえソ連時代の抑圧の記憶や、チェルノブイリ原発事故後の当局の対応への警戒感もある。そのため、ウクライナ政府は、EU(EC)やNATOとのパートナーシップを求めつつ、ロシアとの関係も尊重する、というバランス外交を展開した。

生徒は最近の報道で「ウクライナがNATOに近づいたからロシアが怒った」と理解している。しかしその表現は正確ではない。独立後のウクライナは、その直後から、ロシアおよびNATOとのパートナーシップを重視してきたのである。こうして点も踏まえ、生徒には、[EU・NATO≧ロシア]と図示した。EU入り、NATOとの協調という願いは、少なくとも昨今唐突に生じたものではない。

②ヤヌコーヴィチ政権の成立

2008年の世界的不況はウクライナにも影響を与え、政権への批判が強まった。翌2009年、ロシアは天然ガスの輸出価格を「友好国」は据え置き、それ以外の国に関しては4倍に引き上げた。プーチンが、ユーラシア経済共同体を強化しユーラシア経済連合をつくり、ロシア中心の経済ブロック創設を進める意思を明確に示したのは2011年だが、それ以前からこうした揺さぶりは始まっていた。

2011年、ドンバス出身の親露派・ヤヌコーヴィチが政権を獲得すると、ロシア重視の外交姿勢を鮮明にした。([EU・NATO≦ロシア]~[EU・NATO<ロシア])。他方、ヤヌコーヴィチ政権の汚職事件が続発し、そうしたあり方が批判を招いた。

2013年、ヤヌコーヴィチはEU加盟を見送り、パートナーをロシアにする、と宣言した(EU・NATO<ロシア)。この決定に対して、キーウ等の市民の怒りが爆発し、抗議行動が発生した。ユーロ・マイダン革命である。

③ユーロ・マイダン革命

抗議行動へのヤヌコーヴィチ政権の動きのまずさもあり、暴徒化する抗議者も現れた。政権が倒れキーウに欧州寄りの新政権がつくられると、それに反発するクリミアやドンバスの人々も登場した。彼らの中にはキーウにて暴行を受けた人もいる。国家機能の停止ともいうべき混乱の中、ロシアの軍事介入が始まった。

④ロシアの軍事干渉・軍事侵攻

ウクライナ東南部では新政権に反対する勢力が武装化し、公共施設を占拠した。混乱の中、①ロシアと協力した現地の自治体関係者・治安機関・準軍事組織を中心に、州を単位とした「ドネツク人民共和国」「ルガンスク人民共和国」創設が宣言された。クリミア半島ではロシア軍とみられる武装部隊が侵入し空港や軍事拠点等を掌握。占領後、クリミア政府は住民投票を行い、賛成多数としてウクライナからの独立を宣言し、ロシアはクリミアを併合した。これを機にウクライナ国民の反ロシア感情が高まり、2014 年からは親欧米政権が続いている。ロシアはクリミア半島強奪により、多くの親ロ派の支持を失ったのである。([EU・NATO＞ロシア])

⑤ブダペスト覚書

ロシアやアメリカ、イギリス等のかかわりが見られたが、こうした国々とウクライナとの関係性を考えるうえで注目すべきはブダペスト覚書である(資料 4)。

資料４：ブダペスト覚書の要点抜粋 [7)]

(1)ウクライナは独立と主権を保証される
(2)ウクライナに対し、その領土保全や政治的独立を脅かす武力による威嚇または武力の行使を行わない
(3)ウクライナに対し、政治的影響を与える目的で経済的圧力を加えない
(4)ウクライナに対し核攻撃が行われた場合に国連安保理の行動を要請する
(5)ウクライナに対し核兵器を使用しない
(6)これらの約束に関する問題が発生した場合には、ほかの関係国と協議する

ソ連邦からの独立の結果、ウクライナには 1240 発もの核兵器が残された。世界第 3 位の核兵器保有国になったのである。核拡散を防ぐために、ウクライナにある核兵器の解体や管理が国際社会の課題となった。ウクライナ国内には今後の対ロ関係を考え、核兵器を手放すべきではないという意見もあった。1994 年 12 月 5 日、全欧安全保障協力会議（CSCE）のブダペスト・サミットで、アメリカ、ロシア、イギリス、ウクライナの 4 国首脳がウクライナの安全を保証する「ブダペスト覚書」に署名した（後にフランスと中国も署名）。この合意の上で、ウクライナの核兵器は解体またはロシアに移譲され、ウクライナは非核国になった。

ブタペスト覚書(1)(2)の結果、署名国は、「ウクライナの独立と主権を保証」し、またウクライナに対して「武力による威嚇または武力の行使を行わない」となる。2014 年のクリミア併合やドンバス戦争は国家間合意を反故にする行動であった。

⑥歴史的背景を見たうえでの意見表明

歴史的経過を見たうえでの意見表明を書かせた。「戦争はどっちもどっち、と思っていたけど、歴史的経過をみるとウクライナが悪いという点はみつからなかった」「ブダペスト覚書違反で歴史的にもロシアに問題がある」という記述が多い一方、「マイダン革命時の混乱等ウクライナにも問題がある」との記述もあった。

(5)【7 時間目】国際法からみたウクライナ侵攻

当日の新聞記事を紹介した。幼稚園や商業施設へのミサイル着弾を報じるものである[8)]。また、以前確認した＜6 つの視点・できごと＞(資料 1。79 頁)にも改めてふれた。これらは戦争だから仕方がないのか、そもそも戦争は国際的なルールとしてどう規定さているのか。この点を考えよう、と本時の主題を明示した。国連憲章における戦争の扱いについて、初川清の文章[9)]を用いた(資料 5)。

資料５　国連憲章における戦争の扱い

1945 年に創られた国連は、国際紛争の平和的解決を義務付け、**武力による威嚇又は武力の行使を一般的に禁止**した。**とはいえ、国際社会において何らかの紛争が起きるであろうことは否定できない**現実である。**そこで国連は、武力行使禁止原則の例外としての武力行使権限を、国連のみが有することとした。**つまり、武力行使権限は、平和に対する脅威、平和の破壊又は侵略行為に関する紛争の解決のためだけに国連の安保理のみが行使し得るのであり、**条件付きで国家の固有の権利としての自衛権を認めはするものの、国連安保理が国際の平和及び安全の維持に必要な措置を採るまでの間に限る**、としたのである。

(太字は筆者による)

また、板書では次のように示した。

①武力による威嚇または武力の行使…禁止
　(それでも、攻撃を受けてしまった場合)
②-a　国連安保理決議を経た調停・軍事介入
　(ただし、常任理事国が１か国でも反対したら実施不可)
②-b　②-a までの期間に行われる、自衛のための軍事行動

そのうえで、ロシアとウクライナの両軍の行動について、判断を問うた。

＜Q1＞ロシア軍の武力行使は国連憲章に則っていますか、違反していますか ＜Q2＞ウクライナ軍の武力行使は国連憲章に則っていますか、違反していますか

生徒「ロシアの場合『武力による威嚇または武力の行使』にあたるため、国連憲章違反」、「ウクライナの場合、②-a の具体的な調停や軍事介入がロシアの反対でできないから、自衛のための軍事行動をしている」

国連憲章上判断すれば今回の戦争は「どっちもどっち」とは言えないとわかる。

続いて、「そもそも違法とされている『戦争』だが、発生してしまった場合、戦闘行為にもルールがある」と言い、国際人道法について説明した。国際人道法は慣習法であり、個別の条約・条規を示すと授業時間上煩雑になるため、解説書[10]の項目から抜粋し、いくつか紹介した(資料6)。

国際人道法に照らしつつ、ロシアの軍事行動への評価を問うた。

＜Q3＞　今回のウクライナ侵攻での出来事・ロシアの行動を国際人道法上、どのように評価しますか

商業施設・病院・（避難所としての）学校・劇場・駅へのミサイル攻撃、マリウポリを包囲しての無差別攻撃、人道回廊設置条件をロシア支配地域に限定する等を含む文民保護活動の妨害、占領地での略奪、地雷や焼夷弾の使用、ブチャ等での市民の虐殺、性暴力、子どもの拉致、原発への攻撃……。これらが国際人道法違反であると生徒は気づく。ここまでを整理するなら、歴史的経過・国家間合意（ブダペスト覚書等）・国際法（国連憲章および国際人道法）いずれの観点からも、ロシア軍の今回の行動には妥当性が見られず、違法性が高いことがわかる。

では、ウクライナ（紛争当事国）に対する武器供与はどう考えればよいのだろうか。教材研究時に紛争当事国への武器供与に関する国際法に関して調べたが、該当する論考を発見できなかった。おそらくは、今回ほどあからさまな侵略戦争そのものが戦後社会においてみられず、それゆえにグレーゾーンなのだと思われる。だからこそこの点を生徒と考えた。

筆者「国連憲章・国際人道法のいずれの点でもロシアの行動には違法性が高い

資料６：国際人道法抜粋

●攻撃対象としての軍事目標

文民たる住民や民用物を尊重・保護するために、

①文民たる住民と戦闘員、民用物と軍事目標とを常に区別し、

②軍事目標のみを軍事行動（攻撃）の対象としなければならない

●無差別攻撃の禁止　無差別攻撃には、次の３つが含まれる。

(a)特定の軍事目標のみを対象としない攻撃

(b)特定の軍事目標のみを対象とすることのできない戦闘の方法及び手段を用いる攻撃

(c)この議定書で定め得る限度を超える影響を及ぼす戦闘の方法及び手段を用いる攻撃

●危険内蔵施設への攻撃の禁止

危険内蔵施設とは、ダム・堤防・原子力発電所などがある。

●文民たる住民の生存に不可欠な物への攻撃の禁止

主につぎの３つが挙げられる

①戦闘の方法として住民を飢餓の状態に置く

②文民たる住民の生存に不可欠な物を攻撃・破壊・移動・利用させない

③文民の生存に不可欠な物を復仇の対象とする

＊②具体例：食糧・食糧生産のための農業地域・作物・家畜・飲料水の施設及び供給設備・灌漑設備等

●包囲戦により文民を飢餓の状態に置くことの禁止

戦闘の方法として文民を飢餓の状態に置いてはならない

①戦闘の方法として住民を飢餓の状態に置く

②文民たる住民の生存に不可欠な物を攻撃・破壊・移動・利用させない

③文民の生存に不可欠な物を復仇の対象とする。

●文民保護活動

文民保護活動は攻撃対象の問題にとどまらない保護を受ける（尊重しなければならない）

●略奪の禁止

●特定の兵器の使用禁止

例えば、炸薬弾・ダムダム弾・毒ガス・細菌兵器・検出不可能な破片を利用する兵器・対人地雷・焼夷弾・クラスター爆弾・核兵器・環境破壊兵器の使用禁止

●ジェノサイドの禁止

ジェノサイドとは、特定の民族を殺害する行為を指す

●女性と子どもに対する特別の保護

性暴力の禁止、子どもの誘拐や監禁の禁止、子どもの戦争参加禁止等

わけだね。そうした状況下で、多くの国が紛争の当事国であるウクライナに武器

を送ったり、資金を送ったりしている。これが国際法的にどうなのか、調べてみたのだけれど、いまいちわからなかった。今回のようなケースが初めてだから、というのもあるだろう。だからこそ、みんなで考えたい」

＜Q4＞戦争当事国（ウクライナ）への武器供与にあなたは肯定的？　否定的？

生徒「やむを得ない。国際法違反の軍事行動でウクライナが占領され、人々が殺されるのは見ていられない。止めるためには、軍事支援が必要だと思う」

生徒「肯定的。ただブダペスト覚書がある以上、アメリカやイギリス、フランス、中国は武器だけでなく兵士も送る責任があると思う」

筆者「そうすると、国際法違反を止めるために、明白な国際法違反を重ねる、ということになるね」

生徒「軍隊の派遣がきっかけで第三次世界大戦に繋がる怖さがある」

生徒「否定的。明白に国際法違反だけど、それで武器を送ってその武器で殺されるロシア兵が悪いわけではないから」

生徒「否定的。ロシアには国際法違反だと言い続け、戦争後も良い付き合いはしない。経済的に『そういう行動をとる国は認められない』と示すべきだと思う」

(6)【8時間目】「論点」をみつめる

さいごに、駆け足にはなるが生徒とつくった「問い」に向き合う時間をとった。

①ロシア国民の声

生徒の関心が高い部分であるが、情報収集に悩んだ「問い・論点」である。

ロシア国内の世論調査では、「特別軍事作戦」の支持率は高い。しかし、調査への回答率が明確でない。侵攻開始直後にロシア各地で展開された反戦デモは参加者の逮捕により沈静化され、法改正により政府批判者の逮捕が可能になったなかで、何をもって「ロシア人の本音」とすべきかは極めて難しい。そのことを説明したうえで、BBC の取材に答える賛成派の方の映像と、粘り強く反戦運動を展開している若者たちの記事の双方を紹介した。

②署名やデモは無意味なの？

為政者が署名運動の影響に言及している事例として、1950 年のストックホルム・アピールがある。核兵器の使用禁止を訴え、世界で5億筆を集めたこの署名運動に対し、ヘンリー・キッシンジャー米国元国務長官は、「この運動のために朝鮮戦争で核兵器を使うことができなくなった」と回顧録に記しているのは有名である。朝鮮戦争での原爆使用を阻止した署名運動、と評されるこの事例は、「署名は無力、とは断言できない」ことを示している。

③具体的な支援先の検討

資料 2(80 頁)の意見 D には、「日本の中でもウクライナを支援するのか問題みたいなのがあって、『支援しないとウクライナの人がどんどん殺されてしまうけど、支援しすぎても軍資金に回って、ロシア人が殺されるお金を提供しているわけだから、どうなんだ』みたいな。」とある。しかし、実際にはそう単純ではない。支援＝軍資金とは限らないからだ。ウクライナ支援（募金を想定）といった際に、支援したいどのようなひと・もの・ことなのかをイメージするのが地に足をつけた議論の出発点になる。思考実験的に次の問いを設定した。

思考実験：仮にウクライナ支援（募金）をするならば、その対象は…？

	項目	✓	選んだ理由・自身の選択を振り返っての気づき
A	ウクライナ軍		
B	町のインフラ修理		
C	家族を失った子ども		
D	難民となった人		
E	その他		

A が数名。B~D は多数。E では、「食糧支援」「医療支援」をあげた生徒が数名いた。A では、「ロシア軍の攻撃から物理的に人々を守っている」「国際法違反の戦闘行為が市街地に及ばないためにも、ウクライナ軍支援が必要」等の意見があった。B では「戦時下というより、停戦後にインフラ支援をするのが日本の国益を考えたら有効だと思う」という意見もあった。C や D は、戦禍によって特に弱い立場に立たされた人々への支援の思いが表れている。

こうした意見交流の後、NHK が紹介する具体的な支援先一覧も提示した[11)]。

３．本実践の特徴と今後の探究課題

本実践を最初に報告したのは全国私学夏季研究集会社会科教育分科会であった。本実践には賛否両論が寄せられた。批判としては、「現在を理解するためにこそ、過去の典型的な題材を扱い深めるべきでないか」「ウクライナ侵攻に力点を置いて授業をするのは、アメリカを中心とした国際秩序の強化への加担に繋がらないか」といった声があった。前者は、筆者が大変お世話になったベテラン教師からの意見である。彼は、「ナイラ証言に騙されて授業をしたことが今でも傷として残っている」という告白も含め、歴史学による検証を終えた題材に丁寧に向き合うことこそが現代社会への洞察力を涵養すると力説した。後者の意見は「大規模な報道の前提に、反ロ感情があるのではないか」という指摘と同時に、「ウクライナ侵攻の報道の陰で、シリアもミャンマーもアフガニスタンも、悲惨な事態は続いている。ウクライナへの注目はこうした問題への注目を薄めかねない」という危機感を含むものであった。それに対して筆者は、「今回のウクライナ侵攻には＜明白な国連憲章違反・原発の占拠・市街地へのミサイル攻撃（それを市民が撮影・SNSで発信）・市民の虐殺等明白な国際人道法違反＞といった特殊性があり、それらが報じられ続けている中で、ウクライナ侵攻を授業化しない選択肢は考えられない」と反論した。報道内容が生徒の人権意識の希薄化を促しかねないという危機感も、再度伝えた。

大阪歴教協世界史部会においても、本実践を報告した。そこでは「国連は今回の侵攻をどう受け止め、どのような反応・行動を示したか、という点の提示も重要ではないか」という指摘を受けた。国際連帯の視点として、重要な助言である。

本実践では、倒叙歴史学習と国際法的学習もあわせて、ウクライナ侵攻に向き合った。その成果として、生徒の意見を始点に授業を構成しつつ、事象を捉える視点を多少は整理できたと思う。その際、意見表明～討議、という形式を志向しながら資料収集を行い授業化することで、生徒の誤認識を修正する資料提示等が可能になった面がある。社会科教育上の成果として、現在進行形の事象を授業化する際の、手法・内容・展開を例示できたのではないだろうか。一方で倒叙歴史学習の部分が、知識伝達型授業になりがちであった。生徒としては、「現在の戦争にかかわることだ」という思いや、自ら設定した問いをもとに提供される知識なのだからと一生懸命ついてきたようには思う。しかし、「読む・聞く」の比重が大きくなり、授業者としては不満が残る。先行実践として紹介した「井ノ口モデル」に学ぶのであれば、問いに向き合うための資料を提示し、生徒がさらに時間をかけて深め合う展開を志向すべきであった。

こうした課題・反省点も含めて、リアルタイムで進行する紛争を前に葛藤し試行錯誤したささやかな実践記録として、本書への載収を試みた次第である。

1) 井ノ口貴史「9.11 からパレスチナ問題の学習へ」歴史教育者協議会『歴史地理教育(644)』（2002 年 10 月号）
2) 井ノ口貴史「イラク戦争を高校生と考える」歴史教育者協議会『歴史地理教育(683)』(2005 年 2 月号)
3) 井ノ口貴史「歴史総合が想定する『歴史の学び方』を批判的に検討する』歴史教育者協議会『歴史地理教育(943)』(2022 年 8 月号)
4) 次の記事にある訳文をもとに、プリントを作成した。NHK News Web「【演説全文】プーチン大統領 戦勝記念日で語ったことは」2022 年 5 月 9 日　22 時 55 分 https://www3.nhk.or.jp/news/html/20220509/k10013618261000.html
5)「この足でジャンプ　もう二度と　セベロドネツク　配給拠点で砲弾被害の 18 歳」、2022 年 6 月 15 日「朝日新聞」
6) 服部倫卓・原田義也編著『ウクライナを知るための 65 章』（明石書店、2018）緊急重版に伴う服部著の特別リーフレット「『ウクライナを知るための 65 章』重版に寄せて」より
7) ブタペスト覚書に関しては、瀬川高央『核軍縮の現代史 北朝鮮・ウクライナ・イラン』吉川弘文館、2019 年、第 2 章を参照した。
8) 2022 年 6 月 29 日朝日新聞朝刊一面「商業施設に着弾　ウクライナ 20 人死亡、36 人不明」「また首都が」
9) 初川清「戦争の違法化について」愛知学院大学社会連携センターブログ（2019 年 2 月 26 日掲載）http://legal-supports.agu.ac.jp/blog/yoshie20190226001/index.html
10) 東澤靖『国際人道法講義』東信堂、2021 年を参照した。
11) NHK News Web「ウクライナへの寄付先一覧　国連機関や NGO などの連絡先は？」https://www3.nhk.or.jp/news/html/20220325/k10013552321000.html

第７章　看護師と学ぶ　医療と自己決定権

１．本実践の背景

大阪暁光高校は普通科と五年一貫課程の看護科を設置している。筆者は2016年度、看護科の学級を担任し、現代社会の授業は、３年看護科２学級とも担当した。そこで実感したのは、生徒の多忙さであった。

計５年間で正看護師受験資格を得るためには、実習を含む非常に多くの科目を履修し、単位取得する必要がある。高校３年時の看護科目だけでみても、基礎・老年・精神・母性・小児・疾病の各看護科目があり、多くは１単位科目である。病院実習の事前・事後指導もある。これらを１つでも落とすと進級できないシビアさゆえ、生徒は看護科目と普通科目を分けて考え、看護科目を優先して取り組みがちになる。病院奨学金を借りている以上必ず看護師にならないといけないというプレッシャーの中で過ごす生徒も多い。

また「まずは国家試験に合格して看護師になる」意識が強いため、生徒にとって学習全般が暗記科目化しがちであり、思考・探究よりも「正解」を求める傾向がみられた。進度保障と学びの深化の両立等、探究課題の多さを実感した。

しかし看護科には他にはない教育資源がある。病院実習の経験は生徒を大きく成長させる。患者との交流の中で、国家試験合格はあくまでも目的ではなく手段であり、看護師としてのケア実践に自己実現を見出す生徒が多く現れる。最大の財産は、命の現場に向き合い続けてきた看護教諭の存在である。職員室でその経験を聞くと、各看護教諭が多くの試行錯誤や葛藤を重ねつつ医療現場での実践を蓄積してきたことがわかる。しかしそうした看護教諭の多くは、自身の経験を教材化したり、知識伝達・定着に加え、リテラシーやコンピテンシーを育む授業の方法・内容を追究したりする点においては、苦悩していたのである。

本章で紹介する実践は、2016年度の看護科の授業であり、上記のような問題関心のもと、看護観・人間観という「観」への働きかけを意図して行ったものである。何よりも大きな特色は、筆者と蜂谷教諭（看護科）の合科授業であり、その題材は蜂谷教諭の看護師時代の経験を教材化した点にある。

2．教材研究と授業デザイン

本実践には、「現代社会」と「基礎看護」を充てている。1時間は憲法学習（現代社会）・1時間は蜂谷教諭の経験から考える（基礎看護）、とし、連続して授業を行った。 憲法学習では東大医科研病院事件を題材とした。その概要[1)]を記す。

> A女は「エホバの証人」の信者であって、いかなる場合にも輸血を受けることは拒否するという強い意思を有していた。Aは1992年7月に悪性の肝臓血管腫と診断されたため、輸血を伴わない手術をうけることができる医療機関を探し、東大医科学研究所付属病院に入院した。同病院は外科手術を受ける患者が「エホバの証人」の信者である場合、患者の意思を尊重し、できる限り輸血をしないことにするが、輸血以外には救命手段がない事態に至ったときは、輸血を行う方針（相対的無輸血方針）を採用していた。
>
> Aは入院後、医師に対して輸血を受けることができない旨を伝え、本人と夫が署名した免責証明書を長男が医師に手渡した。1992年9月16日、Aの腫瘍摘出手術が行われた。腫瘍を摘出した段階で出血量が約2245mlに達するなどの状態になったので、医師と補助者は、輸血をしない限りAの命を救うことができない可能性が高いと判断して、輸血した。
>
> 手術は成功した。Aは退院後、医師等に対して、絶対的無輸血の特約に反して輸血した債務不履行、Aの自己決定権および信教上の良心を侵害した不法行為に基づく損害賠償（慰謝料・弁護士費用、計1200万円）の支払いを求めた。

インフォームドコンセントに関する代表的裁判である。生徒はインフォームドコンセントの語句は知っている。考査当日、「インフォームドコンセント、説明と同意」と呟き続ける生徒の姿があった。とはいえ念仏式の暗記なので内容理解には不安がある。判例も用い、憲法学習の文脈と関連づけながら、知識の定着をはかる必要性がある。

上記事件は、本人と家族の意思が同一であった。しかし、両者の意思の狭間で医療者が苦しむ事例もある。蜂谷教諭が体験したケースがそれである。

3．授業の実際

(1)あなたならどうする？－医療と自己決定権

筆者による憲法学習であり、「東大医科研病院事件」を題材とした授業である。資料1は登場人物に仮名をつけて考えやすいように作成した。

資料１：「輸血はやめて！」花子さんの願い

花子さん（仮名。以下同）は63歳。太郎さん（夫）や和夫さん（息子）と幸せな生活を送っていた。ところが花子さんに悪性肝臓血管腫が見つかった！手術が必要な深刻な病状だ。

花子さん一家は「エホバの証人」という宗教の信者だ。キリスト教の一派であるこの宗教では、さまざまな禁止事項がある。その１つとして、「輸血」も禁止されているのだ！

> 命を創造者からの賜物として尊重する人々は,血を取り入れることによって命を支えようとはしないのです。　（「エホバの証人」ホームページより）

花子さんは「輸血しないで手術をしてくれる」と信者内で評判の、T病院を選び、入院した。医師には、「絶対に輸血しないでほしい」と強く訴えた。病院側は、「極力輸血しないようにする」と言ってくれた。手術の日程が決まり、「もしも輸血をしなかったために命を失ったとしても病院に責任はありません」と書かれた書類に花子さん、太郎さんが署名し、和夫さんが医師に手渡した。

いよいよ花子さんの手術がはじまった。ところが、予想以上に出血が続く！悪性腫瘍を摘出した段階で出血量が約2245mlに達した。輸血をしなくては花子さんの命が危ない…！

状況を板書でまとめたうえで、各自が「あなたが医療チームの一員だったら、花子さんへの輸血をするか・しないか」を記入する時間をとった。その後、6人1組のグループになり、「医療チーム」としての判断を問い、その考えを交流・共有した。代表的な意見としては、次のようなものがあった。

≪輸血する≫ 医療は患者さんを救うためにある。医療チームである限り、患者の命を救わなければいけないと思う。それが自分たちの役目でもあるから。

≪輸血しない≫ 輸血しなかったために命を失ったとしても病院に責任はないと署名をしているため、患者が亡くなったとしても病院の責任ではなくなるし、輸血をして生き延びたとしても「エホバの証人」信者の花子さんがそれを知った場合、自分は罪を犯したと思いこみ自殺を図るかもしれないため。

意見交流後、病院が実際に下した判断が「輸血する」だったことを示した。手術は成功したが、患者は輸血されたことを知り、どのような行動に出たのかを問い、裁判になったことを説明した。患者が今回の輸血を人権侵害と考える根拠として、「憲法13条・19条・20条」を挙げたうえで、「あなたが裁判官だったら、今回の輸血は人権侵害だという患者の主張を、支持するか・しないか」を問うた。

各自考えをのべあい、共有する。その後、裁判経過を確認し、この裁判を通して医療における自己決定権が認知され、日本でもインフォームドコンセントの重要性が周知されたと伝えた。

次時への導入として、「生死に関わる状況で患者さん・家族・医療者の判断が問われるような極限状態を経験した人が、身近にいます。誰でしょう」と問い、その人は蜂谷教諭であることを提示した。

(2)死は誰のもの？－H さんの最期の時間

蜂谷教諭の経験を聞いて、考えを深めて行く授業構成である。蜂谷教諭は、かつて在宅医療チームで接した H さんの事例について、時折涙を浮かべ、言葉に詰まりながら回想した。

資料 2－①を確認しながら状況を確認する。口頭で、生徒に問う。「あなただったら、病院に連れていくべきだと思う？ それとも H さんの希望通りに家で最期を迎えるべきだと思う？」。生徒の過半数は、家で最期を迎えるべきだという意見だが、「H さんが亡くなった後で後悔が残るのは家族。今まで希望通りにしてきたのだから、ここでは家族のいうことを聞いても良い」という意見も出された。

配布した資料の裏面に続きが書かれている(資料 2－②)。その後どのように状況が進展したかを確認した。

（経験を語る蜂谷教諭　筆者撮影）

資料２－①　Ｈさんの「最期の時間」

H さんは 70 代の男性。家族は、妻、長男・次男（共に 20 代）。最初は、舌の右側に小さなできものができ、H さんは病院を受診した。「口内炎でしょう」と言われたが 3 週間経っても治らない。大きな病院の口腔外科を紹介され、受信すると舌癌と診断された。すぐに手術・抗がん剤治療を受けるが病気の進行が早く「これ以上は治療の効果がない」と言われ、自宅療養することになった。

H さん宅へ訪問看護が入ることとなった。S 看護師が訪問すると H さんは笑顔で「初めまして。よろしくな」と軽く手をあげておどけてみせた。H さんは訪問看護を受けつつ自宅療養し、好きなお酒を少量飲み、友人と語らい、妻・息子たちとの何気ない日々を大切に過ごした。「やっぱり家がええなあ。病院は気つかうんや。病気も治らんやろ。悔しいけどしゃあない。だからもう入院はせん。家の天井見て死にたい」と語った。時折、誤嚥性肺炎による発熱があったが入院は拒否した。主治医と看護師が訪問し、自宅で点滴治療を続けた。

病状はゆっくり進行し、右鎖骨下リンパ節にガンが転移。最初は皮膚が赤くなっている程度だったが、徐々に拡大。皮膚を突き破り癌が目で見えるようになり、直径 15cm まで大きくなった。それに伴い強い痛みと、傷からの多量の浸出液による悪臭にも苦しんだ。看護師は毎日 2 回訪問し傷の処置をした。H さんの体力が弱っていくのが分かった。残された時間が短くなっていく中で本人、家族と最後の看取りについて話し合った。

H さん「病院に行っても、治るわけじゃない。周りの人に気を遣いながら最期を迎えるのは嫌や。最期は看護婦さん来てくれるやろ。先生（医師）も来てくれるやろ。家の天井見て死にたいなあ」

妻「本当のこと言うたら怖い。傷もいつ血が吹き出すかわからんし。病院に行ってもらったら安心できる。でもお父さんが覚悟決めているんやったら頑張るよ」

訪問看護は 24 時間対応。それまでも夜間や早朝、1 日に複数回の緊急訪問を何度も行っていた。そのことで本人や妻は安心している様子だった。主治医、看護師など医療者は在宅看取り（家で亡くなること）に向けて決意した。

話し合いから数週間後、H さんは肺炎の悪化により呼吸不全に陥った。最期が近づいていると、本人、家族も感じていた。訪問した S 看護師が「家でいい？」とたずねると H さんは苦しい息をしながら頷いた。妻、長男も「お願いします」と最期の看取りへ向かおうとしていた。

その時、次男が「救急車呼んでくれ。病院に運ぶ」と声をあげた。父親が在宅看取りを希望していたことは知っていたが、苦しそうな姿に耐えられなくなったようである。S 看護師が、看取りに関して、本人の苦痛は薬剤でコントロールできること、そのため主治医が自宅に向かっていることを説明するが、次男は納得できない。主治医が到着し話をするも、次男は「病院に連れて行く。病院やったらもうちょっと生きられるかもしれん。また元気になるかもしれんやろ。このまま家において死んだらお前ら（医師・看護師）責任取れるんか！」

資料２－②

妻・長男も最後は次男の意見に同意した。主治医も家族の強い意志に対しては医療側としてはこれ以上の説得は無理と判断し、救急車を呼ぶことになった。その間、H さんはやりとりをじっと聞いていた。救急車が到着したとき、H さんは瞬きもせず家の中を見つめて救急隊の担架に載せられ運ばれていった。H さんは翌日の昼前に病院で永眠された。

(3)授業のまとめ

2 時間目の最後に、「あなたは医療チームの判断を支持しますか・しませんか、どちらともいえませんか」という問いへの自身の回答と、2 時間を通しての感想を記入し、交流する時間をとった。三様の意見があったが、最も多いのは「どちらともいえない」(「家族からしたら、病院に行ったら少しでも長く生きられるかもしれないという希望もあったと思うし、先生たちからしたら患者さんの最後の希望をかなえたいと思うから、どちらとも言えない」・「本人は家で死にたいってずっと言っていたし、瞬きもせず家を見ていたっていうのは、病院で死ぬことを悟って、目に焼き付けておこうと思ったからだろうし、最後まで家にいさせるのが一番と思うけど、家族の気持ちもわかるから、どちらとも言えない」等）であった。授業を通しての、生徒の感想を紹介する。

- インフォームドコンセントは「説明と同意」と分かっていましたが、今回の授業で人間の生死についてとても大切だと気づきました。輸血拒否裁判では自己決定権について考えさせられました。自分が望まない方法で生かされる。自分の意思はどうなるのだろう。生きる意味について悩むと思います。Hさんについては、私は本人の意思を叶えてあげたい。とても迷います。私の考えが正しいのか間違っているのか。人それぞれの考えもあるし、誰も決められない。実際になってみないと本人の気持ちもわからないと思いました。
- 人生や終わりを決めるのは看護する側に託されていると思ったし、命の責任は取れないと思った。この質問の答えはない。在宅か病院か、どちらを選んでも納得いかなかったと思う。私がこの判断をしなければならなくなると思うと少し怖い。医療は判断一つで結果がすごくかわるので、１つ絶対の答えはみつからん。
- 看護師は判断しない、判断するのは医師だと思っていたけど、看護師も判断することを知った。もし先生の立場が自分だったら、パニックになって冷静に判断できるのか？と思った。私は患者さんが言っていたように家で最期を迎えてほしい。だけど医療はチームでなりたっているから、一人の意見で簡単に決められないということも、改めて学んだ。

４．その後の展開

(1)教育・人間探究の時間における実践

第 2 部で詳述するが、2017 年以降、筆者は主に普通科教育探究コースのカリキュラム開発と授業実践に従事した。そこでは、「教育・人間探究の時間」を設置し、総合学習に力点を置いた。コース 1 期生の場合、3 学期に「いのちの授業」の単元を組み、その中で「死は誰のもの？」のテーマで蜂谷教諭とともに本実践を追試した。まとめの部分では次の 4 つの問いを設定し、記入後、意見交流を行った

①H さんの最期をどのように感じましたか
②医師や看護師の行動を支持しますか、しませんか
③あなたは、死は誰のものだと感じますか
④感想や質問を書きましょう

これらの感想を総合した形で数名の感想を紹介する。

・H さんは歩けなくなるまで自分の好きなことができたし、色々な人と話せた。けど、H さんの望んだ家で亡くなることができなかった。医療チームの判断については、救急車で運ぶことだけは支持しない。私だったら自分が願っていることを叶えてほしい。願っている通りに死にたいって思う。それ以外は、支持する。「死」は悲しむ人たちのもの？（H さんの周りの人たち)。H さんが亡くなって、周りの人は悲しむと思うけど、その出来事があったから、周りの人たちは H さんの分も生きようとか、人々の思いとか、もっとわかるようになると思うし、今後、H さんのおかげで何か役立つことがあると思う。看護師さんの経験を聞くのは初めてだから、そういうこともあるんだとか、いろいろ考えさせられた。病院で働くと、何人もの亡くなった人を見るけど、それでも働こうと思い、できるだけ人を救おうとし続けることができるのはすごい。私だったら、「なんで助けられなかったんだろう」とか考えすぎて働けないかもしれない。
・たった数時間程度の延命治療にいったい何の意味があるのか。予定通りの死に方もできず、ただただ苦しむ時間が増えただけではないか。医療チームの判断は支持できない。外野の意見に惑わされたせいで彼は畳の上で死ぬことができなかった。死というのは個人に与えられた一番の自由である。人は生まれる時間も場所も選べないが、死ぬ時は選べる。家族であれ何であれ、それに干渉する権限はないはずである。今回の事例で命の重さについて深く理解することができた。これからも考えを深めることができれば良いと思う。

・H さんは、最期は「家の天井見て死にたいなぁ」と言っていた。なのに次男が耐え切れなくて結果、病院で亡くなった。次男が父（H さん）にそう思うのはわかる。だけどやっぱり最後は父（H さん）の願いを聞いてあげてほしかった。H さんが最後、瞬きせずに家の中を見ていたのは、病院で死ぬのはわかっていて、それでも家の中をおぼえておきたかったからなんじゃないかと思う。医療チームの判断については、やっぱり H さんは家で死にたかったと思うからあまり支持できない。だけど説得しても無理だったから仕方ないことだったかもしれない。責任といわれたらわからない。時と場合によって、「死」は誰かのものでもあり、誰のものでもないときがあると思う。「誰のもの」と決めることはできない。誰かが死ねば、それは悲しいことで、多くの人がそう思うと思う。「死」というのは、どんな話を聞いても悲しくなるし、自分自身の「死」と直面したことはないけど、多くの人の死を見たり聞いたりしたのを思い出してしまう。だけど、こんな授業も大切で、「死」を知らなければならないと思う。意識があっても声が出せないのはつらいと思う。H さんは声に出せなかったけど、瞬きせずに家中を見ていたのは、何か言いたいことがあったと思う。

(2)蜂谷先生の「いのちの授業」ー癌を生きる

2018 年、蜂谷教諭は癌により休職。一時復帰されるも、闘病のために退職された。治療の副作用に苦しんだ蜂谷先生は、QOL を考え、化学療法を中止した。そのことを聞いた筆者は、蜂谷先生にとって苦痛でなければもう一度、一緒に授業をしたいと願うようになった。2022 年 7 月、相談したところご本人は快諾。対面での授業を希望されたので、感染リスクを減らすために図書館にて授業を行った。対象は 3 年生。「現代社会」での実施である。

本章で紹介した、「医療と自己決定権」「H さんの最期の時間」は筆者が授業し、「H さんのケアをした看護師さんが、今度来てくれます」と言い、蜂谷先生は現在闘病中で、ステージⅣのがん患者であることも伝えた。H さんのケースでの質問も含め、蜂谷先生への質問を考えておくことを事前課題とした。

授業当日。最初に H さんの事例に関する質疑応答の時間をとった。生徒が「H さんの最期の時間」の授業で書いた感想に対して、いくつかコメントもいただいた。続いて、蜂谷先生の自己紹介と、闘病経験を語っていただいた。

2 時間目は、質疑応答を中心に、生徒と蜂谷先生が対話する形式で進めた。日常生活の愛おしさや、「生ききる」ことの大切さ、「自己決定」はその場で急に決められるものではなく日頃の生き方の上に形成されるという実感等、生徒へのエールを込めながら、“現在地”からの気づきを語ってくれた。

「今は死への恐怖はないんです。だけど、入院して死を間近に感じたときには、『怖い』って言って、いっぱい看護師さんを困らせようと思っています。せっかくの人生だから、最後まで感情を大切にしたいから」

看護科の活発な生徒たちを前に、担任団として苦悩し格闘した６年前を思いながら、筆者は蜂谷先生のお話を聞いていた。

2023 年５月、蜂谷先生は旅立たれた。看護師として、教師として、そして誠実な個人として、筆者は蜂谷先生に多くのことを学んだ。

５．本実践の特徴

第１に同僚性や学校の独自性に依拠した授業開発である。本実践は看護教諭の経験が教材となっている点に最大の特徴がある。実践を通じて専門性の交流によるシナジー効果も実感した。蜂谷教諭は 2016 年度の実践時に次のように語った。

「真摯に・純粋に『死』というテーマに向き合い、『命』を一所懸命に考える力もついていたのだ、という再発見があった。生徒の感想を読み感動した。授業内容に対し、当事者性をもって学んでほしいというメッセージを伝えることができたと思う。今後も合科授業を積極的に構想し、取り組みたい」

筆者としても、「看護師は私情を挟んではいけない」とし、表現にこだわる蜂谷教諭のプロ意識等、ともに授業をつくるからこそ見えるものがあった。同時に、授業開発の手法や憲法条文との関連性等、社会科教員としての知見も提供・共有できたとも感じた。普通科教員がゆるやかに提供できる知があり、看護教員から普通科教員が得る暗黙知もある。そうした交流も含め、看護科を設置している高校ならではの授業展開として、大きな手ごたえを得た実践であった。

第２に授業を通して「観」をめぐる意識のゆらぎが生徒にみられた。それは、看護科の生徒はもちろん、発達援助職を志向する教育探究コースの生徒においてもいえることである。生徒にとって対話的で深い学びを提供する、典型教材として、この２時間の授業は位置づく可能性をもつ。

第３に経年的な実践にある。前述のように、看護科生徒を対象とした単年のみの授業ではなく、普通科における公民科や総合的な探究の時間の題材としても、その後の年度で実践が重ねられている。看護専攻科への出前授業も、筆者が実践する形で実施した。看護科の生徒の課題を意識しつつ、[最も身近な看護教員の経験を教材化し深い思考を促す]という段階を越え、本校における看護/公民科教育の典型教材として、繰り返し実践されてきた。

同時に記したいのは、実践者（筆者）の意識には、常に蜂谷教諭の＜看護/看護教育/自己教育実践＞があった。進行中の闘病経験を語る 2022 年度の授業を依頼したのも、「H さんとの関わりの中で教材化された S 看護師」ではなく、現在の蜂谷先生という存在を強く意識していたからこそであった。蜂谷先生は生徒への愛に満ち溢れた本物の教育者であり、今もなお、記録されたその経験と同僚の記憶は、本校生徒への教育効果を与え続けている。蜂谷先生にとって、看護師も、教師も、天職であったのだと、確信している。

蜂谷先生への感謝を記すとともに、心よりご冥福をお祈りする。

*蜂谷先生の表記については、大阪暁光高校看護科教諭として在職中の記述に関しては、「教諭」を、退職後のかかわりに関しては、「先生」を用いている。

1) 岩志和一郎「輸血拒否－東大医科研病院事件」『別冊ジュリスト(219)　医事法凡例百選[第 2 版]有斐閣、2014 年を参照した。

2) 蜂谷教諭と相談のもと、倫理的配慮として事実からは若干の改編を行っている。

第８章　過労死と職場環境

１．実践に至る経緯

本実践は、2020 年に２側面から設定されたものである。第１は、新科目への対応を見据えた実践研究・授業開発である。2021 年度の高校社会系総合科目（歴史総合、地理総合、公共）完全実施に先立ち、筆者が所属する全国民主主義教育研究会は授業開発に着手した。その成果は授業書の出版として結実した [1)]。同書では過労死に焦点化した授業案作成が提案され、筆者が担当することになった [2)]。その授業案をもとに、2020 年、高校３年「現代社会」にて追試を行ったのが、本章の実践である。

第２に、生徒や自身の実感を伴う課題意識である。勤務校の生徒の過半数はアルバイトをしている。通学費等の自弁や家計の支援のため、という生徒もいれば、強迫観念に駆られるかのように散財とアルバイトを繰り返す生徒もいる。いずれにせよ生徒にとって労働は極めて身近であるが、その現場ではしばしば、違法行為がまかり通る。サービス残業や賃金のピンハネ等はもちろんあってはならない。また、人権感覚が希薄な職場で「使いつぶされる」のが当たり前だという感覚で青年期を送る生徒は、将来的に被害者・加害者・傍観者のいずれかにおいて、労働災害に接近するのではないかという不安を抱かずにはいられない。その際、労働災害の究極形が過労死であるのは論をまたない。

筆者自身も過労による心身のリスクをリアルに感じる日々を送っていた。自身の「暴走」も多分にあった。過労に陥りやすい教職の特性に加え、新コースの開発・実践を担当し、よりよい実践を求めるうちに、心身の不調を抱えながらの出勤が続いた。家族には随分と心配をかけた。前述の執筆依頼を受け、当初は「過労死リスクのある人間が書くのは……」と抵抗を示したのだが、同時に「だからこそ、当事者意識をもちながら授業づくりをしてみよう」という思いが浮かんでもいた。

授業では労働問題全般に触れつつ、過労死の背景などを考えた。本稿では過労死を直接的に取り扱った部分に特に焦点を当て、授業の様子を紹介する。

2．各時の内容

(1)【第1時】コンビニバイトから考える

アルバイトの立場から労働法を学ぶ○×クイズを行った。多くの生徒にアルバイト経験がある。「バイトには有休がないと言われた」、「契約書を渡されていない」等々の生徒たちの語りから、ブラックバイトの常態化が浮かび上がる。続いて高校生アルバイトに関する思考実験とケーススタディを行った[3]。高校生が団体交渉により未払い賃金を取り戻した事例である。中学校で習った労働三権を復習し、関連して労基署・労働基準監督官についても説明した。

(2)【第2-3時】過労死の事例検討

「6歳のマーくんの詩です」。紙板書を黒板に貼っていく。

大きくなったら　僕は博士になりたい そしてドラえもんに出てくるような　タイムマシーンをつくる 僕はタイムマシーンにのって

「マーくんはどこへ行きたいのだろう」と問う。

お父さんの死んでしまうまえの日に行く そして「(　　　　　　　　　　)」ていうんや

(　　)に入る言葉を問うたあとで、実際の言葉を示す。マーくんが父に伝えたいのは、「仕事に行ったらあかん」である。

本時の主題を示し、資料1を読み、感想を書く。コロナ禍での実践であったため、グループで感想を回し読みし、「感想への感想」を記入しあう活動を設定した。

資料1：塚田浩さんの事例[4]

マーくんの父、塚田浩さんは、和歌山県橋本市役所の職員だった。抱えきれない仕事の山に押しつぶされ、2000年3月に自ら命を絶った。当時46歳。働きすぎでうつ病になり、自殺した。 大学卒業後、1977年に市役所入職。水道、税金、年金の事務等に関わり、どの部署でも信頼が厚かった。1987年結婚。翌年長女が、1993年にマーくんが誕生。家

では子煩悩なパパだった。

1996 年、条例案等を作成する総務部文書係になり、部下が 2 名ついた。浩さんにはこの仕事が合わずストレスがたまった。頼りにされる浩さんは相談されることが多く、一方で浩さんが相談できる相手はいなかった。浩さんは申告書に「私の能力不足から、行政手続条例の制定が遅れており、迷惑をかけて申し訳ない……現行の体制では正直荷が重い」と記した。

浩さんは 1999 年 4 月、胃潰瘍で 2 週間休んだ。医師からはさらに静養が必要と言われたが、浩さんは出勤した。「仕事の山を思い出すと家でゆっくり寝ていられない。余計ストレスがたまる」。1999 年 11 月に胃潰瘍が再発も、浩さんは出勤した。不眠症になり睡眠導入剤に頼る日々。議会に提出する条例案作成に追われ、夜 9 時まで市役所で働いても終わらず、自宅で深夜 1 時頃まで作業が続いた。

3 月 1 日朝。浩さんは山中で命を絶った。2000 年 2 月の時間外労働時間は 200 時間近かった。

続いて資料 2 を用い、電通新卒社員・髙橋まつりさんの過労死事例を検討した。

資料２：髙橋まつりさんの事例 [5)]

2015 年 12 月 25 日、電通の新入社員、髙橋まつりさんが自殺した。

大学 3 年生の 2014 年 3 月、大手広告会社電通に内定。「母さんが仕事を辞めても生活できるように、仕送りしてあげられるようになるからね」。ひとり親で育ててくれた母にまつりさんは語った。

2015 年 3 月、東京大学を卒業し電通に入社した。配属はデジタル・アカウント部。業務量に対して人員が少なく、競争も激しく、仕事の区切りをつけるのが困難な部署だった。過酷な長時間労働・深夜労働により、1 日 2 時間、週 10 時間程度しか睡眠が取れない。上司はまつりさんをサポートするどころか、「残業代が無駄だ」「女子力がない」とパワハラ・セクハラ発言を繰り返し精神的に追い詰めた。本来の業務以外にも、社内懇親会の準備のため、休日まで実質的な労働を余儀なくされた。まつりさんはうつ病を発症し、悪化させていった。

まつりさんは、母に次のように語っていた。「仕事がつらい。今は試用期間だから基本的に残業は終電までだけど、10 月に本採用になると残業時間に際限がなくなるのが怖い」(9 月)。「会社、つらい。寝れないのがつらい。これほどつらいとは思わなかった。眠らせない拷問だ。私は辞めるか休職するか自分で決めるので、お母さんは口出ししないで」(10 月)。「ベッドでちゃんと寝ると起きれなくなるので、ソファーで携帯持って座って寝てる」(12 月 19 日)。

12 月 25 日の朝。「わたしの大好きで大切なお母さん……さようなら。ありがとうね」「さようなら。お母さん、自分をせめないでね。最高のお母さんだから」と母にメールが届いた。母は「死んじゃダメだよ、会社なんか辞めてしまいなさい」と電話で伝えたが、まつりさんは自殺した。

「なぜ過労死の前に仕事をやめないのだろう」と問うと、「責任を感じてやめられない」「転職するのが大変。辞める不安がある」「他の人も頑張っているのに、自分だけやめるのは屈辱的」等の意見が出る。高橋さんの事例から、「休職を意識しているのにやめられなくなるほど追い込まれている」と読み取る生徒もいる。

過労の恐ろしさは、追い詰められていくにつれて、休職・退職・転職等の選択肢が見えなくなる点にある。厚労省によると2018年度の「過労死」労災補償請求件数は454件。請求に至らないものも含めると、実態はより多いはずである。

生徒の感想

死にたくなるまで仕事するものなのかな？と思っていたけど、背景があった。仕事に圧し潰されそうな日々。もっと働きやすい環境を作るべきだ。自分で判断して仕事を断ち切り、休暇をもらうのは大事だけど、周りに気づいてくれる人や、相談できる人を持たないと生き抜いていけない。仕事は自分がしたい時にするのが常識になれば、失うものは多くてもきっと幸せな人生を送れる。

(3)【第4-5時】過労死の背景を考察する

労働基準法、労働組合、労働基準監督署があるのになぜ過労死はなくならないのかを問いかける授業である。高橋まつりさんの時間外労働は、電通の主張では、「月69時間」[6)]。「しかし、この情報だけでは違法とは言えない」と伝え、労基法36条（三六協定）を説明した。電通と労組の協定では、時間外労働は月70時間未満。24時間労働が可能だった他社事例も紹介した。2019年より残業時間の上限（単月100時間、複数月80時間）が設定されたが、この時間設定そのものが過労死ラインである。

＜Q＞　「過労死をなくすためにも、三六協定を禁止するべきである」 A : YES　　B : どちらともいえない　　C : NO

思考実験的な討論である。生徒の意見としては、ややBが多く、「上限時間をより厳しくし、三六協定は認める」「禁止すると会社が回らずサービス残業が増える。けど規制しないと過労死が心配」。Aは、「過労死につながる規定はなくすべき」「結んだ規定が曖昧にされる」「雇用を増やし、仕事を分け合うべき」。Cは「努

力した分給料が増えるならフェアだ」等の意見があった。

続いて、「労基署があるのに、なぜ違法労働がなくならないのだろう」と問いかけ、資料３を範読した。

資料３：　労働基準監督官の苦悩 [7)]

ILO によれば、労働者１万人あたり１人以上の監督官が望ましいが、2010 年時点で日本は 0.53 人。約 700 万人が働く東京 23 区。現場で取り締まりにあたる監督官は 139 人だ。大企業の本社が集まる中央労基署でも 20 人あまり。「担当企業をすべて回るのに 20 年かかる」。来庁者は１日 100 人以上。職場に出向いて監督業務ができるのは週の半分。警察官のような捜査権限もあるが、強権発動は少ない。企業と信頼関係を築きながらの解決を重視してきたからだ。408 万事業所中、36 協定提出企業は 120 万。未提出で残業させる違反が多い以上、36 協定を出した事業所に「越えているから罰則」はやりづらい。指導が会社の任意協力で成り立っているのもある。公表するとなると防御権を主張され、「義務ですか」となる。質問への回答も警備記録の開示も協力。「権限あるんですか」と言われたら監督できない。

生徒から、労働基準監督官の増員や権限強化・記録開示の義務化の必要性を求める声が出された。続いて、「いくら残業といっても、体調不良や疲労がたまった時に有給休暇をとって休めば過労死は防げる。『有休取得状況の国際比較』[8)]をみてみよう」と資料４を紹介した。

資料４：有休取得状況の国際比較（2018 年時点）

調査結果	ベスト３＆最下位（19 位）
有給休暇取得率	１位…ブラジル・フランス・スペイン・ドイツ（100%） 19 位…日本（43%）
有休取得に罪悪感をもつ人の割合	１位…日本（58%）　２位…韓国（55%） ３位…シンガポール（42%）　19 位…メキシコ（20%）
「上司が有休取得に協力的だ」と答えた人の割合	１位…ブラジル（84%） ２位…インド・フランス（78%） 19 位…日本（43%）
日本人が休みを取らない理由	１位…人手不足　２位…緊急時のために取っておく ３位…仕事する気がないと思われたくない

日本人が有休をとらないことに驚く生徒や、「仕事をする気がないと思われたく

ない」という理由に共感する生徒がいた。

生徒の感想

> 無知の怖さを知った。今のまま社会に出たら、高橋さんの二の舞になっていたかもしれない。みんなの意見を聴き、自分の意見が揺らいだ。何かを変えるとき、同時に何かが変わる（三六協定がなくなると、サービス残業が増えるかもしれない等）。意思を持ち続ける大切さを思った。有休取得状況の表で、休みを取らない理由一位が人手不足とされているが、それは会社の責任では。

(4)【第 6-7 時】労働問題の「これから」を問う

「働き方改革関連法」の範囲・方向性は広いため、ここでは、資料 5 の 3 点に絞り、ネームプレートを用いて政策を点数で評価し、交流した。

（黒板にネームプレートを貼る生徒たち　筆者撮影）

資料５：「働き方改革」項目抜粋

	名称	概要
①	5 日間の年休取得義務化	5 日間の年休取得が義務化され、違反の場合、会社は 30 万円以下の罰金に処せられる。
②	勤務間インターバル制度	1 日の勤務終了後、翌日の出社までの間に一定時間以上の休息時間を設ける。ただし、「努力義務」であり、違反しても会社への罰則はない。
③	高度プロフェッショナル制度の創設	年収 1075 万円以上の専門職について、労働賃金を働いた時間ではなく成果で評価。労使委員会の決議と本人の同意を前提とし、年間 104 日以上の休日確保や健康管理時間の状況に応じた健康・福祉確保措置等をとる。

①では「有休をとりやすくなり嬉しい」と高評価が多い一方、「罰金額が低すぎる」「5日以上は有休を取るなと言われそう」と懸念の声も。②では「労働者が会社と交渉するきっかけになる」と評価する一方、「現に過労死があるのに、『努力義務』はおかしい」と怒りを表明する生徒もいた。③では、「年104日って休みが多いわけじゃない」と気づいた生徒がいた。「1075万円以上の人って、そもそも割増賃金をあてにしなくても困らない」という声も。高プロの趣旨を高評価しつつも、その恩恵が及ぶ範囲は狭い、という意見である。過大なノルマによるサービス残業の常態化・「残業代ゼロ」の懸念が、「年収1075万円以上の専門職」「健康・福祉確保措置」の文言により見えづらくなる印象を筆者は受けた。

ところで、消費者は購買行動を通じて日常的に意志表示が可能であり、過労問題を把握しつつブラック企業の商品を購買するのは、現状是認の意味を持ち得る。「この企業の共通点は何でしょう？」と問い、次の企業名をみせた。

東京電力　・　ワタミ　・　ヤマダ電機　・　セブンイレブン　・　電通 アリさんマークの引越社　・　三菱電機

「ブラック企業大賞」受賞企業であり、生徒はもれなくセブンイレブンユーザーである。以前、セブンイレブンのある店舗でアルバイトをしている生徒を担当した。彼女の腕には、揚げ物時の火傷跡が複数あった。恵方巻の販売ノルマがあると言い、教員に購入を依頼していた。その話も紹介し、問いかけた。

＜Q＞　ブラック企業と知りつつ、その商品やサービスを利用している消費者に、過酷労働への責任はあるか・ないか

「ブラック企業を利用しない人が増えれば会社も変わる」「少人数で膨大な仕事がある。だけど人を雇うために価格を上げたらお客さんは離れる。消費者が状況を決めている」「お金がないから安い商品を買うしかない」「不買運動で経営が悪化すると、より労働者の負担が増えそう」「あくまで企業努力の問題」等、多彩な意見があげられた。「消費者もまた過労でへとへとやと思う」と、搾取の連鎖を連想して語る生徒もいた。

<Q>　「過労死をなくすために必要な行動」を考えよう
労働者本人　・　管理職　・　使用者　・　行政　・　現在の私達　・　その他

個人で考えたうえで、班で交流する。出された意見の一部を班に渡したメモ用紙から転記する。

過労死をなくすために各主体ができること―生徒の記述

	必要な行動
労働者本人	適切な休みを取る　自衛も大事　労基署に相談　契約内容の確認 抱え込まず周りに相談　　危険を感じたら辞職や転職も考える
管理職	部下の状況をみて休ませる　仕事の振り分け見直し・効率化 相談できる関係づくり　労働時間の遵守　生産性の向上
使用者	システムの見直し　経営理念の見直し　労働者増員による改善 労働実態調査　有休確保　長期休みの提供　カウンセラーの充実 時間外労働制限の徹底　労働者の健康配慮　ハラスメントの根絶
行政	監督業務の徹底　監督官の人数の見直し　企業との連携強化
私たち	労働問題への注目　署名等の活動　労働法の知識をつける 企業を知ったうえで買い物をする　家族の過労状況に気を配る
その他	ブラック企業が淘汰される　労働法に詳しい人を各所に派遣する 働き方改革が全員に当てはまるようにする

復習もかねて資料6を確認する。労働問題を相談できる相手一覧[9)]である。

資料6：労働問題を相談できる期間・団体・専門職

相談先	概要	備考
労働基準監督署	職場での違法行為の調査・是正監督。場合によっては経営者を逮捕できる権限も。	労基法等の枠組みで動き、パワハラや「解雇の撤回」は管轄外。監督官不足も深刻。
「あっせん」窓口	労働問題を解決するために、行政が労使間に入り話し合いの場を設定。	法的拘束力がないため、会社側は交渉のテーブルにつくのを拒否できる。
弁護士	法律のスペシャリストである弁護士を代理人として、労働問題解決を目指せる。	弁護士の精査が重要。相談時点で相談料がかかり、裁判での解決は時間もかかる。
労働組合	労使が対等な立場で交渉でき、各種ハラスメントへの闘いも可能。	職場に労働組合がない場合でも加盟でき、個別の労働問題の解決を目指せる。

(5)【第８時】小論文作成

最後に、「過労死と職場環境-改善のために何が必要か」の論題で小論文を課した。有休取得を促すためにも上司が率先して休みをとる、労働基準監督官の拡充・権限強化、消費者の意識改革等、授業で触れた論題を活用しつつも、各自の問題意識も加味した力作揃いであった。ユウキは、部活動や学校生活でのガンバリズム的資質の過度な育成を過労社会の温床として指摘した。カズマは過労死の怖さや過労死のメカニズムを知る機会の拡充を訴えた。ハルキの父は市役所職員。父の激務の状況及び過労死への恐怖と、家族としてできることの模索を綴っていた。

３．実践の成果と課題

過労死に焦点化した、啓発的意味合いを持つ授業開発を成果としてあげたい。過労死の背景には労働者を搾取する企業体質があり、その構造理解や改善の方向性を考える重要性は論を待たない。とはいえ、生徒たちは過労社会の現実のなかで、まずは生き抜かねばならないのだ。「疲れたら休む」大切さや、過労状況になると周囲が見えなくなり判断が困難になる心理傾向について伝える実践の必要性は、ここにある。

なお、冒頭に記したように、教師も過労に陥りがちな職種である。本実践を経て、私自身もささやかな自己改革に励んでいる。「よく働き良く学び、家庭も大切にし、そのために有給休暇も使う」教員として生徒に向き合いたい。そう考えるのは、本稿で紹介した諸事例・資料と向き合ったことに加え、「上司が率先して有休をとるのが大切」等の、生徒の気づきに励まされた点が大きい。啓発されたのは、授業者だったのかもしれない。

課題としては、労働運動の扱いに関して厚みに欠ける点がある。また、「疲れたら休む」重要さの強調が、「疲れたら休むべきだ」のニュアンスになっていったときに、過労死の中に潜む自己責任性のようなものが生徒たちの心に浮上してくる不安はある。労働者や市民が労働環境の改善要求を掲げ、長い闘いの末に実現してきたという歴史的理解もあわせることで、生徒の変革主体性をより育めると思う。とはいえ、あれもこれもと詰め込みすぎては、生徒がのびのび学ぶ環境を保てない。一つの科目・単元・題材にとどまらず、社会系諸科目や学校生活のさまざまな場面を通じて、人間の歴史に希望を見出し、安易に自己責任化しないものの見方・考え方を育んでいく姿勢が求められているのだと捉えたい。

1) 全国民主主義教育研究会『今日からできる　考える公共 70 時間』清水書院、2020 年

2) 和井田祐司「過労死と職場環境」、前掲書所収

3) 菅間正道「もし、あなたのバイト先が『ブラックバイト』だったら」（岩波ジュニア新書編集部編『答えは本の中に隠れている』岩波書店、2019 年、123 - 128 頁）の部分的追試である。

4) 牧内昇平『過労死 その仕事、命より大切ですか』ポプラ社、2019 年、17 - 34 頁より作成。

5) 高橋幸美・川人博『過労死ゼロの社会を』連合出版、2019 年、44-46 頁、100 - 108 頁より作成。

6) なお、高橋さんは三六協定内に収まるよう自己申告させられており、実時間外労働は月百時間を越えていたことも説明した。

7) 中沢誠『過労社会』筑摩書房、2015 年、180 - 188 頁より作成。

8) 大手旅行会社エクスペディアジャパンの 2018 年調査より作成。
https://welove.expedia.co.jp/press/40915

9) 今野晴貴・嶋﨑量編『裁量労働制はなぜ危険かー「働き方改革」の闇（岩波ブックレット）』岩波書店、2018 年、78-82 頁より作成。

第９章　小論文作成で思考を深める 安全保障論の授業開発

１.「安全保障」に関心をもつ生徒たち―本実践の背景と実践の方向性―

「現代社会」担当時には、最後の単元として「日本の安全保障論」を実施してきた。かねてから生徒は安全保障への関心が高いと感じていた。背景には東アジアの緊張の高まりへの不安がある。「憲法改正」が政治日程に上る可能性もある中で、安全保障を考える機会を生徒に提供するのは必須である。

2022 年 2 月、ロシアによるウクライナ侵攻開始以降は特に、安全保障の方向性として政府から発せられるメッセージは、国防費増強一辺倒である。しかしそれは丁寧な議論を欠いて進められ、ショック・ドクトリン的巨大軍拡の様相を呈している。与件を問うのは学問の基本姿勢であり、生徒の探究的資質としても大切である。今こそ、憲法九条と自衛隊の戦後史、軍隊が内包する暴力性、日米安保の現在等を振り返り、将来的な安全保障のあり方を冷静に判断するための土台を形成する必要がある。

２. 授業の内容

単元構成は大きく 5 段階に分けられる。

憲法 9 条も安全保障の方向性であることに生徒は無自覚である。また、安全保障と聞いて生徒が真っ先に連想するのは、自衛隊による「自衛」である。そのため、第 1 段階として憲法 9 条と自衛隊の戦後史を整理し考える。

戦後史を通底して日米安保体制が社会に大きな影響を与えてきた。もっとも象徴的に表れているものとして、沖縄の基地問題がある。基地問題も含めて、日米安保体制を理解するのが第 2 段階である。

第 3 段階として、「軍隊」そのものがもつ、暴力装置としての特性に注目する。兵士に必要な資質・能力についても、資料をもとに探究する。

第 4 段階として、特徴的な安全保障政策を採る他国の事例を検討し、安全保障政策を類型化し提示する。その後どの領域が日本にとって望ましいかを討論する。

最後に、これまでの学びも総括し小論文を作成する。

本授業は 2019 年以降、4 回実践しており、生徒の反応はそれらから抽出した。

単元「日本の安全保障を考える」

次	タイトル	内容（時数）
1	9条を問い直す	憲法9条条文を読む。9条と自衛隊の戦後史を知る。(1)
2	大阪から沖縄へ？	米軍基地問題を知る。日米安保条約条文を読む。基地引き取り論も含め日米安保の在り方を討議する。(2)
3	兵士のつくり方	海兵隊の新兵訓練を知る。自衛隊のハラスメント事件を知る。「兵士になること」を各自が定義する。(2)
4	4つの安全保障論	特色ある安全保障事例としてスイス、コスタリカを知る。安全保障論を類型化したうえで討議する。(2)
5	小論文作成	これまでの学習を踏まえて、小論文を作成する。(1)

(1)「9条を問い直す」

①日本国憲法9条の条文にふれる

導入では、日本国憲法条文のうち、世界的に有名な条文を問う。

「25条」「24条」「9条」等の声があがる。何気ないやり取りのあと、文部省『新しい憲法の話』にある「戦争放棄」の挿絵を示し、本時の主題を提示する。

続いて、憲法9条を中学校でどのように習ったかを問うと、「戦争はしない、軍隊はもたない」の声があがる。実際に条文を提示し、「軍隊をもたない」ではなく「一切の戦力をもたない」と記されている点を確認する。「軍隊はもたない＝自衛隊は軍隊ではないから合憲」と捉えている生徒が、毎年一定割合いるからである。条文を読んだうえで、憲法9条の「考え方」をどう評価するかを問う。

「戦争では解決できないし、戦力をもっていたら使いたくなるから、良い考えだと思う」「もしも他国に攻撃されても反撃できないのは納得できない」「戦力をもたないといっても自衛隊がある」等の意見が出された。

②自衛隊の戦後史

「自衛隊と憲法9条の関係は、戦後長らく議論されてきたことを言い、自衛隊の歴史を大まかに紹介する。その際、名称の変遷も説明する。

朝鮮戦争時に、アメリカ軍からの要請があり、警察予備隊が設立された。この事実は、案外生徒の意識から抜け落ちがちである。在日米軍が朝鮮に派遣されるためにその穴埋めをする部隊の設置がGHQにより決定され、警察予備隊が組織された。特に、在日アメリカ人の家族の安全を守るという意識が強かったことがGHQ関係者の証言から明らかになっている[1)]。

筆者「もともと警察予備隊という名称だった。その時の写真です」と資料１を示すと、「これが警察？」「戦力だ！」の声。

資料１：警察予備隊の訓練風景 [2)]

警察予備隊は、1952 年に保安隊へ、1954 年に自衛隊へと改組した。NHK アーカイブスにある、1953 年６月実施の保安隊演習映像 [3)]を見せる。轟音が鳴り響く中、戦車や機関銃、バズーカ砲を用いた戦闘訓練や、飛行部隊の訓練の様子が確認できる。説明には「富士山麓で行われた、保安隊初の連合大演習。東京練馬部隊を中心に、地方の選抜部隊も参加し、7600 人、車輛 1400 台が攻防戦を展開した」とある。生徒からは「絶対に戦力だ」の声があがる。

また、「警察予備隊」としてではないが、海上保安庁「掃海部隊」が朝鮮戦争に参加していた点も補足し、朝鮮特需が戦後復興を後押しした点にも触れた。

こうした経過をみると、生徒はモヤモヤする。「結局、自衛隊は『戦力』なのか、『憲法』に違反するのか」という疑問である。「考える手がかりとして、次の出来事を検討してみよう」と、長沼ナイキ訴訟の判例学習に移った。

自衛隊ナイキミサイル基地建設に反対し住民が起こした裁判の争点は、自衛隊は合憲か否かにあった。地裁では自衛隊違憲判決が出るも、最終的に「統治行為論」により裁判所が判断を放棄したのは有名である。その後、時間の経過とともに自衛隊の存在は社会に定着したが、最高裁判所が自衛隊を「合憲」と断じた事実はない。自衛隊が合憲か違憲かは「わからない」。憲法学説として、最低限の自衛権までも放棄しているとは解しがたい、という見解が優勢になってはいるものの、司法としての判断は下されないまま今に至っている。

③安全保障論としての憲法9条

「憲法9条があるおかげで日本は70年以上、戦争に参加していない」という言説を紹介し感想を問うた。表立った参戦への歯止めとしての役割を評価する声もあれば、戦争に協力・加担し利益を得てきた点を批判的に見る生徒もいた。また、現在の情勢に合わなくなっている、あくまで過去の話である、と、現在の論点にあくまで注目したい生徒もいた。

(2)沖縄から大阪へ？

①在日米軍基地のディレンマ

海中に大破した飛行機の画像をモニターに提示した。2016年12月13日、沖縄県名護市沿岸へのオスプレイ墜落事件である。この事件を導入に用いたのは、現場付近が本校の修学旅行宿泊地だったからだ。

「過去、米軍機墜落事件が沖縄で発生したことを聞いたことがある人」と問うと多くの生徒が手をあげる。沖縄県によると、「沖縄県では、米軍基地に起因する……航空機関連の事故は、沖縄の本土復帰（昭和47年）から平成28年末までの間に709件発生してい」るという[4)]。

「なぜこうした事件が沖縄で繰り返し発生するのだろう」と問えば、生徒は「米軍基地が沖縄にあるから」と答える。在沖米軍基地の配置図を見せ、国土面積の0.6%である沖縄県に在日米軍基地の約70%が集中する事実を示す。

「もしも戦争になると、真っ先に攻撃対象になるのはどこだろう」と問うと、生徒たちは初めて気づいた表情で「基地」と答える。「では攻撃されるリスクもあり、多くの事件の背景にもなっている米軍基地は日本にない方が良いか」と尋ねると、「北朝鮮、ロシア、中国の存在を考えると米軍基地がある方が良い」という。

多少の問答でこうした葛藤の存在に生徒たちは気づく。

②「米軍基地問題」を概観する

在日米軍基地に由来する事件・事故に関して、「墜落・ひき逃げ・暴行・騒音・環境汚染」の項目を設定し、タブレットを用い、グループでの調べ学習の時間をとった。本校では「朝日けんさくくん」を契約しており、新聞検索も奨励した。

調べた内容を共有し、感想交流を行った。宮森小学校へのジェット機墜落事件や、沖縄国際大学へのヘリ墜落事件、1995 年の少女暴行事件等、事件の数々に生徒は驚き、憤りを表明していた。

③日米安保条約を読む

「米軍基地を日本におく根拠を確認してみよう」と言ったうえで、日米安全保障条約の条文を抜粋した資料を配布した(資料 2)。

資料２：日米安全保障条約条文　第 4〜6 条、第 10 条

第 4 条（臨時協議）

締約国は、この条約の実施に関して随時協議し、また、日本国の安全又は極東における国際の平和及び安全に対する脅威が生じたときはいつでも、いずれか一方の締約国の要請により協議する。

第 5 条（共同防衛）

1 各締約国は、日本国の施政の下にある領域における、いずれか一方に対する武力攻撃が、自国の平和及び安全を危うくするものであることを認め、自国の憲法上の規定及び手続に従つて共通の危険に対処するように行動することを宣言する。

2 前記の武力攻撃及びその結果として執った全ての措置は、国際連合憲章第 51 条の規定に従つて直ちに国際連合安全保障理事会に報告しなければならない。その措置は、安全保障理事会が国際の平和及び安全を回復し維持するために必要な措置を執つたときは、終止しなければならない。

第 6 条（基地の許与）

1 日本国の安全に寄与し、並びに極東における国際の平和及び安全の維持の寄与するため、アメリカ合州国は、その陸軍、空軍及び海軍が日本国において施設及び区域を使用することを許される。

2　前記の施設及び区域の使用並びに日本国における合州国軍隊の地位は、1952 年 2 月 28 日に東京で署名された日本国とアメリカ合州国との間の安全保障条約第 3 条に基づく行政協定（改正を含む。）に代わる別個の協定及び合意される他の取極により規律される。

第 10 条（条約の終了）

1 この条約は、日本区域における国際の平和及び安全の維持のため十分な定めをする国際連合の措置が効力を生じたと日本国政府及びアメリカ合州国政府が認めるときまで効力を有する。

2 もつとも、この条約が十年間効力を存続した後は、いずれの締約国も、他方の締約国に対しこの条約を終了させる意志を通告することができ、その場合には、この条約は、そのような通告が行われた後一年で終了する。

まずは第 4・5・6 条に注目する。グループで条文を読み、気づきを述べあい、わかったことを発表する時間をとる。それを踏まえて筆者が若干の説明を加える。

「日本や日本国内にある米軍への攻撃に対して、対処するように行動する」「日本と『極東』の平和・安全のため、アメリカ軍基地を日本に置く」と単純化して板書し、在日米軍基地の根拠を説明。米軍駐留費用の少なくとも 3/4 を日本が負担していることも言った。米兵によるひき逃げや暴行事件等が発生しても基地内に逃げ込めば日本による捜査が困難になる現実は、すでに多くの生徒が知っている。日米地位協定の問題だが、その根拠も安保条約第 6 条にある。

グループでの条文読解が生徒にもたらした印象深い発見・疑問を 3 点、紹介する。第 1 は、「極東」概念である。在日米軍基地を活用した軍事行動である場合、論理的にはイラクもアフガニスタンも「極東」（の周辺）となる。実際、沖縄に主に配置されてきたのは、「殴り込み部隊」と称される海兵隊である。第 2 は有事の際に米軍は日本を守るのか、である。「自国の憲法上の規定及び手続に従つて」（第 5 条）とある。当然ながら、その時々の状況をみて、米国政府や議会が判断をするとすれば、軍事力の行使による防衛協力が確約されているとは言い切れない。第 3 は条約の終了規定（第 10 条）である。在日米軍基地は条約上、政治選択によってなくすことは可能である。米国政府が、在日米軍基地は「極東」における役割を終えたと判断した場合、日本国民の意志と関係なく条約の終了が通告される可能性も存在する。

④世論調査をもとに「米軍基地本土引き取り論」を考える

NHK による世論調査(調査 1=2022、調査 2=2017)より、いくつかの結果を抽出したものを[資料 3]として提示した。

資料３：ＮＨＫによる２つの世論調査結果 [5)]

1.「日米安保条約は日本の安全に役立っているか」の問いに対し、日本国民の 82％が「役立っている」と回答した(調査 1)
2. 沖縄県民の 82%が在沖米軍関連の事件・事故に巻き込まれる危険性を感じている(女性 85%、男性 79%)(調査 1)
3.「沖縄の米軍基地をどうすべきか」の問いに対し、沖縄県民の 63%が「本土並みに少なくすべきだ」、16%が「全面撤去すべきだ」とし、合わせて 79%の人々が基地の整理・縮小の方向性を希望している(調査 1)
4. 米軍基地をめぐる沖縄の扱いについて、沖縄県民の 70%は「差別的だ」と答えている（調査 2)

国民の８割が在日米軍基地を是認する。基地が集中する沖縄県民の８割は事件・事故の危機感からその整理・縮小を望んでいる。大多数の沖縄県民が「基地の過集中は沖縄への差別だ」と訴えている。それを確認し、次の問いである。

＜Q1＞あなたは、米軍基地が日本にあって良いと考えますか
(YES→Q2 へ / NO→あなたの立場=A)
＜Q2＞基地集中により沖縄の人びとは苦しんでいます。では「大阪でも米軍基地を受け入れ沖縄の負担を減らそう」という提案をあなたは了承しますか
(YES→あなたの立場=B / NO→あなたの立場=C)

各自が A～C のいずれかの立場を自覚するようになる。自身が選んだ立場とそう考えた理由をノートに記入後、自身と違う立場の人を探して教室内を自由に移動し、意見交流・討論する活動時間をとった。バズセッション形式の討論である。個々の議論が徐々に輪をなし、各立場からの弁論大会のようになる。各立場の数を確認すると B+C で約８割。NHK の世論調査結果に近い。そのことを言うと、生徒たちから感嘆の声が上がる。なお、同じ基地容認でも B は少数である。

⑤まとめ

米軍基地を是認する立場 B・C であれば、「沖縄に過大な負担を押し付けるのは倫理上/国防上妥当か」という議論になる。沖縄県民は「この状況は差別的だ」と訴えるが、それでも沖縄への基地集中が解消されないのは、有権者の圧倒的多数を占める本土に暮らす人びとが、「米軍基地は国内に置きたい、しかし近くには来てほしくない」と考えているからである。

なお、日米安保条約締結時、沖縄は日本国ではない。日本復帰以降、本土の在日米軍基地が沖縄に移設されていったが、それらは沖縄県民の意思ではない。約70%の在日米軍基地が沖縄に集中する状況は、沖縄の人びとの意思を埒外において実行されたのである。その結果、沖縄では深刻な基地問題が続いてきたのである。

米軍基地反対の立場 A をとるのであれば、安保条約第 10 条による条約解消を掲げる政府の樹立を目指した政治選択が、当面の行動の方向性になる。

バズセッション後、ある大学生の発言を紹介する。米軍軍属による強姦殺人事件に抗議する沖縄県民大会(2016 年)での発言である(資料 4)。

資料４：大学生・玉城愛さんのスピーチ[6)]

安倍晋三さん。日本本土にお住いのみなさん。今回の事件の「第二の加害者」は、あなたたちです。しっかり、沖縄に向き合っていただけませんか。いつまで私たち沖縄県民は、ばかにされるのでしょうか。パトカーを増やして護身術を学べば、私たちの命は安全になるのか。ばかにしないでください。

彼女は日本国民の加害性を指摘している。こうした声を受け止めたうえでの政治選択が主権者・有権者に問われるのである。

(3) 兵士のつくり方ー軍隊の光と影

①戦場で役に立つ兵士は…？

戦場で役に立つ兵士は、どんな兵士かと問うと、「体力がある」「かしこい」「リーダーシップがある」等の声が生徒から出る。「果たしてそうか。元軍人の証言から、『軍隊』や『兵士』について、考えていこう」と言い、本時の主題を提示した。

②アレン・ネルソンの事例をもとに考える

沖縄で過ごした経験もあり、ベトナム戦争に従軍した元海兵隊員、アレン・ネルソンによれば、入隊直後には次のような精神的な訓練がある(資料5)。

資料５：海兵隊の新兵訓練ーアレン・ネルソンの経験[7)]

新人キャンプに着くと、まず頭を丸刈りにされました。今まで着ていた服も、家に送り返すように言われました。かわりに下着から制服まで、一式が支給されました。そして教官から、一人一人に屈辱的なあだ名をつけられ、キャンプ中はずっとそのあだ名で呼ばれることなります。

最初に教えられたのは沈黙でした。訓練中は教官がゆるすまで、一言も言葉を発してはいけないのです。もし、勝手に話そうものなら、教官は新兵の耳元に口を当て、ひどい言葉を雷鳴のような大声でどなり続けるのです。「お前はそれでも男か？」とののしられ、「男か女か調べてやる」と、大勢の前でパンツを脱がされたりする者もいました。

上官への絶対的な服従というものを、まずはそうやってたたきこまれるのです。軍の命令にけっしてそむくことのない、忠実な兵士をつくりあげるのが訓練の目的なのですから、それはいわば一種の洗脳なのです。…（中略）…

わたしたちが学ぶものはすべて人を殺すための方法であり、その目的は人を殺すことを何とも思わない心をつくりあげることです。ですから、整列した新兵を前にして、教官はこんなコール・アンド・レスポンス（よびかけと答え）を教えこみます。
　教官が声をはりあげます。「おまえたちは何者だ？」
　わたしたちが応じます。「海兵隊員です」
　そして教官。「声が小さい！おまえたちは何者だ？」
　そしてわたしたち。「海兵隊員です！」
　教官。「お前たちのしたいことはなんだ」
　わたしたち。「殺す！」
　教官。「聞こえんぞ！お前たちのしたいことはなんだ？」
　わたしたち。「殺す！」
　「聞こえん！」
　「殺す！」
　そうやって私たちは目をぎらつかせ、「殺す！殺す！」とけだもののようにさけびつづけるのです

身体訓練に加え、このような精神的「訓練」を経て、戦場で躊躇なく命令通りに動ける、「役に立つ兵士」はつくられる。兵士として最も大切なのは、沈黙を守る・どのような命令にも従う・躊躇なく殺害ができる、といった資質である。自身や部隊員の命を守るためにも、これらの遂行が必要になる。こうした「訓練」を重ねた兵士たちが在沖米軍基地に配備されるのである。

③暴力装置としての軍隊

どの軍隊でもいじめが問題になる。背景は１つに断言できないが、先にみたような「訓練」が人権感覚に影響を及ぼすことは想像に難くない。

「日本の防衛は米軍と協力しつつ自衛隊が行う。自衛隊では米軍のような暴力的状況はないのだろうか」と問いかけ、たちかぜ事件の事例を紹介・検討した[8)]。

2004 年 10 月、自衛官 T さん（当時 21 歳）が自殺し、遺書の内容から護衛艦内を中心としたいじめが浮き彫りになった。遺族が情報公開を求めるも自衛隊は機密事項として黒塗りの文書を一部公開したのみ。同僚の内部告発によりいじめと自殺の因果関係が証明された事件だ。T さんは上官 S から DVD を不当に高い金額で売り付けられ、護衛艦内での訓練では繰り返し暴行を浴びた。T さんの同僚は、「私も T も、S から暴行を受けました。素手で顔面を殴られたり、安全靴で顔面を蹴られたり。ガスガンや電動ガンで撃たれたりしました。……S の暴行は日常的でした。パンチパーマを強要され、パンチパーマにせず坊主にしていくと、正座をさせられ、胸・腕・足・背中など、首から下はほとんどガスガンで撃たれ

ました」と裁判で証言した。事件を追及した記者、大島千佳によると、1995年からの20年間の政府発表統計だけでみても、毎年約50～100名程度の自衛官が自殺している。

筆者の意図は軍隊や自衛隊のバッシングにはない。軍隊とは暴力をもって敵国の暴力を相殺する装置である。暴力装置としての機能を果たすためには、上意下達で命令に従い、状況に応じて人権を停止する「訓練」が必要になる。それは一歩間違えば、組織内における人権感覚の麻痺に繋がる構造をもつ。「人権侵害や人格変容のリスクを軍隊や自衛隊の人々に背負ってもらう」前提のうえで軍事力による安全保障政策は存在する。この理解の上での政治判断が重要である。

④まとめ

「“兵士になる”とはどのようなことか。あなたの言葉で表現しよう」という課題を設定し、書く時間をとった。生徒の記述は次時の社会科通信にて共有した。代表的な意見としては、「自由をうしなう」「人格を変える」「殺せるようになる」「考えるのをやめる」こと、といった記述があった。

(4)日本の安全保障はどうあるべきかー4つの類型から考える

前時の記述を社会科通信上で交流後、『安全保障に絶対の正解はない。だからこそ、特色のある取り組みをしている国の様子も見てみよう』と語りかけた。

①スイスの安全保障政策

スイスは永世中立国のイメージが先行するが、同時に徹底した武装国家でもある。2020年度のスイス連邦全予算支出の8.5%が安全保障分野に支出されている。軍事的防衛に限定しても、全予算支出の6.8%を占める。スイスでは防衛の必要が生じれば随時国民が徴兵に応じる国民皆兵制を採る。常備軍はないが、男子全員が一定期間の兵役を課せられ、終了後も軍服や武器を家に持ち帰り、射撃練習や研修がある。政府作成のゲリラ戦マニュアル(『民間防衛』)も各家庭にあり、「有事には地下に潜ってラジオを聞こう」等、指示が具体的である。

②コスタリカの安全保障政策

コスタリカは、世界有数の紛争地帯にありながら1948年に軍隊を廃止し、医療や教育にその予算を分配した。「兵士よりも多くの教師を」のスローガンが有名である。1983年に永世中立国を宣言。1987年の中米和平合意成立のリーダーシップをとる等、非武装中立を安全保障政策とし、それにより地域の緊張緩和をすすめてきた。2014 年には隣国ニカラグアによる領域侵犯も受けたが、国際司法裁判所に訴え、一発の銃弾も用いずに問題を解決した。大学生への調査では、9 割の学生が軍の撤廃を「良かった」と評価している。映画『コスタリカの奇跡』[9)]も一部用いながら、授業で紹介した。

③安全保障の 4 類型の提示

黒板に「安全保障の 4 つのあり方」として資料 6 のマトリクスを示す。

資料６：安全保障の４つの領域

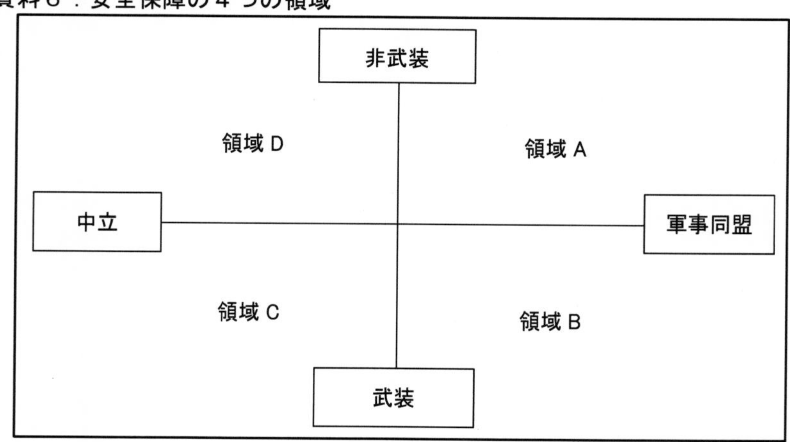

「日本、スイス、コスタリカはそれぞれどの領域にあるだろう」と問いかけ、整理していく。

生徒「コスタリカは永世中立国で、軍隊を捨てた国だから非武装。D」。

生徒「スイスも永世中立国だけど武装しているから、領域 C」。

生徒「日本は憲法 9 条があるから A？」、「でも自衛隊があるでしょ？」。

筆者「日本国憲法では『非武装』を思わせる書き方だけど、実際は日米同盟＋自衛隊の存在があるから B だね。敗戦後、再軍備に向かうまでの日本なら、非武装＋米軍駐留で A と言えそうだ」。

続けて、以下の内容も解説する。

「Global Fire Power 2023」によれば、2023 年現在、日本の自衛隊は世界 8 位の軍事力を有する[10)]。加えて世界1位の軍事力をもつアメリカと、日米安保条約を結んでいる。つまり、二国間同盟としては世界最大の［武装・軍事同盟］による安全保障政策をとっている。他方、生徒が「脅威」と感じるロシア・中国・北朝鮮の側から見れば、この体制はどのように映るのだろうか。近隣諸国からはこの軍事同盟もまた「脅威」と映り、結果として「防衛」のための軍拡を促す可能性が生じる。「安全保障のディレンマ」である。

整理後、日本はどのエリアにいる（いく）のが望ましいかをディスカッションした。A～D まで、それぞれの領域を支持する論者が見られたが、思いのほか多かったのはCの「武装・中立」論であった。軍事同盟による安全・環境・経済面のリスクを感じつつも、自衛力の保持は必要だ、と考える意見が出された。また、将来的には D の非武装・中立を目指すが、そのためにまずは C や A の領域に移行し、時期を見て D の実現を目指す、という意見も複数見られた。

④まとめ

これまでの学習内容を大まかに振り返り、レポート論題（「日本の安全保障のあり方を論ずる」）を提示する。授業時間内で記入することも伝える。どのような展開でレポートを書くか、次の時間までに構想し準備してくるように指示した。

3．小論文「日本の安全保障のあり方を論ずる」の作成とその評価

6 時間目に実施した。授業内容にできる限り触れながら、論題に対する自身の考えを具体的に書くことが条件である。ノートや教科書、自筆メモ（事前作成可）の参照は可。各自学びを振り返り、集中して作成していた。1時間で原稿用紙5枚にぎっしりと論文を作成した生徒も数名おり、高校生の力を改めて実感した。

4類型に照らしていえば、A～D のいずれの領域に関しても、そのあり方が望ましいと考える論者がいた。「現状はB（武装・軍事同盟）だが、いずれD（非武装・中立）を目指したい。そのためには自衛隊の規模を縮小し B→A→D の回路を目指すべきだ」という意見等、明確に展望を描きつつ論じる生徒の姿があった。授業内容や既習知識を生かした具体的な記述が目立った。論題を事前に提示したことで、事前に論展開を準備した生徒もある程度いた。

４．本実践の特徴と今後の探究課題

本実践の特徴は、安全保障論という大きな設定の中で、具体的な資料や事実に基づきながら、政治選択を生徒に促す点にある。その際、冒頭にも記したように安全保障の与件を問うことに重点を置いた。ショック・ドクトリン的な軍拡への声が高まるからこそ、授業という場においては落ちつた議論をもとに問題の構造を理解し、そのうえで政治選択を考える活動が重要になる。具体的には、軍隊とは何か、安全保障とは何か、在日米軍基地の根拠は何か、世界的にみればどのような安全保障の類型があるのか等を問いかけ、諸資料をもとに考え、自らの判断とその根拠を表現するところが本実践の大きな流れになっている。

一連の学習は生徒にとっても充実感のあるものであったようだ。定期考査後の自由記述欄には「特に印象に残ったのが小論文作成。やり切った充実感があった」という記述も複数あった。高校生は執筆・創作活動が好きである。学習成果の表現を保障するのは重要である。

課題としては、軍事力に依らない平和構築の事例検討にもう少し力点を置きたい。例えばASEANの取り組み等、平和構築の試みがある。とはいえ、教師は常にコンテンツの充実と生徒が対話・表現を重ねるための授業時間のゆとりの狭間で苦悩する。柔軟に判断しつつ単元構成を問い直し続けるのが肝要である。

さて、本書執筆時点においても、安全保障政策をめぐる政府要人のアピールが続いている。学校には大阪府より、弾道ミサイル攻撃時の対応を記したリーフレットが届き、教師を困惑させている。果たしてこうした啓発や発信が安全を保障するものになっているのか。国防予算の増大表明は緊張する東アジアの国際関係にどのような影響を及ぼすのか。米国との軍事同盟強化は日本を戦争から遠ざけることになるのか。一つひとつの事実に立脚しながら冷静に思考する市民の育成はますます重要になっている。

1) 藤原彰『日本軍事史（下）戦後篇』日本評論社、1987年、27 - 28頁参照。コワルスキー大佐が日本再軍備担当者シェパード少将から「日本列島に配備してあるわれわれの四個師団は全部朝鮮へ出動する。二、三週間のちには、空軍部隊および少数の陸軍管理部隊を除いて、日本にいる米軍部隊はなくなる。われわれはこれら米軍部隊にとってかわる四個師団を編成し訓練する仕事を与えられた。きみも知っている通り、日本には大部分女子供の在留同胞がいるのだ」と説明を受けており、25 万人の在留アメリカ人婦女子を守る役割が警察予備隊に期待されていたことがわかる。

2) 毎日新聞社『決定版 昭和史(14) 講話・独立 昭和 26-30 年』毎日新聞社、1984 年、72 頁。

3)「記念日でみるなつかし動画　きょうの蔵出し NHK　6 月 17 日　保安隊初の連合大演習が行われた日」https://www.nhk.or.jp/archives/jidai/special/today/0617/

4) 沖縄県「沖縄から伝えたい。米軍基地の話。Q&A Book」
https://www.pref.okinawa.jp/site/chijiko/kichitai/tyosa/documents/p11.pdf (2023/12/19)

5) NHK 放送文化研究所『放送研究と調査』「沖縄の人たちは、本土復帰をどう評価し、今の沖縄をどうみているのか」(2022 年 8 月)「沖縄米軍基地をめぐる意識 沖縄と全国」(2017 年 8 月) https:// www.nhk.or.jp/bunken/book/monthly/backnumber.html
関連して、「基地引き取り論」に関しては、高橋哲哉 『日米安保と沖縄基地論争―<犠牲のシステム>を問う』朝日新聞出版、2021 年等がある。

6)「琉球新報」2016 年 6 月 20 日掲載

7) アレン・ネルソン『ネルソンさん、あなたは人を殺しましたか？』講談社、2003 年、39 - 42 頁より作成。紙幅の関係上、一部改行を略している。

8) 大島千佳・NNN ドキュメント取材班『自衛隊の闇: 護衛艦「たちかぜ」いじめ自殺事件の真相を追って』河出書房新社、2016 年に依る。

9) マシュー・エディー、マイケル・ドレリング 『コスタリカの奇跡−積極的平和国家のつくり方』[DVD] ビデオメーカー、2018 年

10) Global Fire Power 2023 Military Strength Ranking
https://www.globalfirepower.com/countries-listing.php (2023.8.15 最終閲覧)

第 10 章　極寒の暁光町を救え！

1．地域の危機と学校

筆者が大阪暁光高校（以下、本校）に着任したのは、2015 年。前年に日本創成会議により「消滅可能性都市」が発表され、人口減少問題への注目が強まっていた。本校着任間もなくの職員会議にて、入試広報室長が南河内地域の人口減少予想グラフを配布し、「数年後に南河内地域も中学生急減期に入る。学園存続のためには募集力の強化が不可欠だ」と訴えた。学園の危機に衝撃を受けるとともに、こうした困難は「教材」になると直感した。生徒にとって母校の消滅危機は切実性をもつ。学校は地域の象徴でもあり、本校は地域の避難所でもある。筆者は教員という立場から地域の課題を実感したのである。

同年、各学級でテーマ学習に取り組む文化祭では、生徒に地域の危機を提起し賛同を得て、地域フィールドワークを実施した（第 2 部第 1 章参照）。同時に教科教育における、地域に着目した授業・単元開発を考えはじめた。その問題意識をもとに翌 2016 年、「現代社会」にて地域おこしを題材とした授業を実施した。人口減少問題の把握のうえで、持続可能性が危機にある地域における内発的発展と外来型開発の典型事例を紹介・検討後、そこで得た見方・考え方も援用して学校所在地である河内長野市の町おこしプランをつくる、という流れである。整理するならば、フィールドワーク等、実地学習を含む幅広い体験・探究学習は特別活動にて行い、教科教育では現代社会の課題として人口減少と町おこしを学び、その見方から再び学校所在地を検討するという構造である。

本章では、後者の教科教育の内容を紹介する。なお同実践は経年的に実施している。教材として扱った統計資料は更新されており、本章では適宜、最新の統計も用いつつ、生徒の反応についてはこれまでの実践から抽出し、提示する。

2．教材研究と授業化の視点

「消滅可能性都市」論は日本創成会議人口減少問題検討分科会において提起された。座長の増田寛也らは、単に出生率や少子高齢化だけではなく人口移動に着目し、とりわけ 20~39 歳の女性人口に焦点を当てた。20~39 歳の女性人口が 2040

年までの間に5割以下に減少する市区町村を「消滅可能性都市」としたのである[1]。増田は、人口移動と若年女性に着目・焦点化する際の示唆的な事例として九州地方をあげる。「九州地方は出生率がかなり高い一方で、人口流出も盛んなことが、地域の持続可能性に影響を与えていることを示している」[2]という。出生率が高くとも、若者がやがて東京・名古屋・大阪を中心とした三大都市圏に移住した場合、地方の労働人口は激減し人口の再生産機能も低下する。大都市圏の人口は地方からの流入人口により維持されるため、地方人口の縮小はやがて都市圏にも深刻な人口減少をもたらす。消滅可能性都市論は従来の「限界集落」論を補足し、人口減少時代への警鐘をより強く鳴らした。

消滅可能性都市とされる市区町村の中には、大阪府下の地域が多数ある。とりわけ河内長野市をはじめ、南河内地域の市町村に集中している。人口流出抑制のためにも、魅力ある地域づくり、すなわち町おこしが問われる。

近年注目される概念に内発的発展[3]がある。保母武彦は内発的発展を「宗教、歴史、文化、地域の生態系などの違いを尊重して、多様な価値観で行う、多様な社会発展」と定義する。地域の産業を振興する方法としては、①今ある産業・企業を育て大きくする。②地元にない産業分野を地元の力でつくりだす。③域外から企業を誘致する、の3つがあるが、その①・②がこれに該当する。重要な点は住民参加による地域の自己決定にある。住民が参加し、考え、提案し、理解し、ともに行動することが内発的発展においては大切である。保母は内発的発展の典型例として島根県海士町、北海道下川町、宮崎県綾町、埼玉県小川町等を挙げる。

この内発的発展の概念を念頭に置きつつ宮本憲一は、従来行われてきた外来の資本（国の補助金を含む）・技術や理論に依存して開発する方法を外来型開発と命名した。外来型開発の典型事例に原子力発電所の誘致・建設がある。自治体としては、調査に応じる段階から、多くの補助金が自治体に入る。建設後も電源三法交付金等の交付金収入を見込むことができる。原発関連就業者が多く訪れることにより原発立地地域への経済効果が見込まれ、原発建屋そのものの固定資産税収入もある。同時に原発は危険施設である。稼働には被曝労働者の存在が欠かせず、過酷事故のリスクもあるが、その収束方法を人類は獲得していない。地域振興効果があるにせよ、電力会社は「地域のために」原発を建てるのではない。若狭湾での発電は京阪神の電力需要に応えるためであり、地域貢献を前提とした枠組みではない。ここでは例として原発を挙げたが、工場が公害を発生させてきた論理も、巨大商業施設が地元産業を圧迫してきた論理も、同一線上に捉えられる。

概念としては、宮本は内発的発展と対置して外来型開発を位置付けているが、実態としては、古くは公害に、そして3.11福島原発過酷事故にみられるような、外来型開発の行き詰まりを前に、内発的発展への注目が高まっている。いずれにせよ、地域の経済振興・町おこしというときに、内発的発展と外来型開発という2類型に分類できるのである。

人口減少・地域間格差等を教材化する際、具体的な統計の提示も望まれる。各自治体が公表する人口動態統計や、内閣府が公表する県民経済計算[5)]がある。人口動態では、自然動態(出生・死亡)と社会動態(転入・転出)も含めて示される。県民経済計算は、「都道府県(以下県という)内、あるいは県民の経済の循環と構造を生産、分配、支出等各方面にわたり計量把握することにより県経済の実態を包括的に明らかにし、総合的な県経済指標として、県の行財政・経済政策に資することを目的として」(内閣府)提示された数字であり[6)]、各県の経済状況が示される。

3．授業の実際

一連の問題意識や視点をもとに、次のような単元を構成した。

単元「極寒の暁光町を救え」

時	タイトル	内容
1	この数字は何だろう	県民経済計算から地域間の経済格差を知る。消滅可能性都市の概念と、南河内地域の現状をつかむ。
2	原発と地域振興	地域振興の手段としての原発誘致に焦点を当て、原発による経済効果の光と影を知る。
3	ないものは…ない！	内発的発展と外来型開発の概念をつかむ。島根県海士町の内発的発展事例を知る。
4	極寒の暁光町を救え！	北海道の架空の街「暁光町」。どのようにすれば魅力的な街になるのか、アイディアを出し合う。
5	暁光町の正体は？	下川町の内発的発展事例を知る。寒さと林業を活用した町おこしの実例から考える。
6	河内長野はどんな町？	今までの学習も参考にしながら、学校所在地である河内長野市の町おこしプランを考える。

授業の第一段階として、地域間の経済格差や消滅可能性都市論の把握がある。第二段階では、人口減少地域の2つの方向性として、内発的発展と外来型開発を対置して、構造化する。両者の具体的事例も知り、思考実験として町おこしも構想する。内発的発展では島根県海士町と北海道下川町の事例を提示する。第三段階では、河内長野市の課題を認識し、町おこしの方向性を考える。

(1)この数字は何だろう

資料1は、内閣府のホームページで確認できる「県民経済計算」である。各県の平均所得（A）と雇用者報酬（B）を引用している。AとBの項目を予想しつつ気づいたことを交流しあう。単位に注目し、「所得」や「給与」と気づく生徒が出る。A・Bとも東京がトップ。雇用者報酬では他に神奈川・兵庫等、大都市が多くトップ10に入っている。ワースト10をみると、九州地方と東北地方の県が目立つ。少なくとも県民の平均所得や平均年収に地域間格差があるとわかる。

資料1：県民経済計算 県民一人当たり所得&雇用者報酬 ランキング[7)]

順位	ベスト10				順位	ワースト10			
	A		B			A		B	
1	東京	5757	東京	5706	10	熊本	2714	高知	4111
2	愛知	3661	神奈川	5279	9	秋田	2713	岩手	4043
3	静岡	3407	兵庫	5245	8	大分	2695	佐賀	4000
4	栃木	3351	北海道	5117	7	高知	2663	宮崎	3979
5	福井	3325	愛知	5077	6	長崎	2655	秋田	3967
6	滋賀	3323	千葉	4992	5	青森	2628	熊本	3949
7	富山	3316	広島	4973	4	鹿児島	2558	沖縄	3909
8	群馬	3288	福井	4935	3	鳥取	2439	青森	3819
9	山口	3249	大阪	4876	2	宮崎	2426	鳥取	3744
10	茨城	3247	栃木	4673	1	沖縄	2396	鹿児島	3684

（数字の単位は1000円）

「あなたの地域は『所得や給与が少なくなりがちだ』とわかったらどうする」と問うと、生徒からは「仕事があってお金をたくさん得られる地域に引っ越す」という声が上がる。資料2も用いつつ消滅可能性都市論を説明した。

資料２「消滅可能性都市」論　日本経済新聞　2014 年 9 月 24 日より

> ▽…少子化や人口移動に歯止めがかからず、将来に消滅する可能性がある自治体を指す。増田寛也元総務相ら民間有識者でつくる日本創成会議が 5 月に打ち出した考え方。全国の市区町村の半分にあたる 896 自治体を指定して、早急な人口対策を促した。　▽…具体的には、20～39 歳の女性の数が、2010 年から 40 年にかけて 5 割以下に減る自治体を消滅可能性都市に選んだ。子どもの大半をこの年代の女性が産んでおり、次の世代の人口を左右するからだ。日本創成会議は将来人口の推計に際して、20～39 歳までに約 3 割の人口が大都市に流出することを前提としたのが特徴だ。その結果、これまでの国の推計に比べて地方に厳しい結果が出た。
> ▽…創成会議の推計によると、青森、岩手、秋田、山形、島根の 5 県では 8 割以上の市町村に消滅可能性があるとされた。なかでも人口が 1 万人を割る市区町村は「消滅可能性が高い自治体」と位置づけた。一方、若い世代をひきつけている一部の自治体は、40 年にかけて若い女性が増えると推計している。

「日本経済新聞　人口減少地図　完全版　統計でみる市区町村の姿　2014/9/24 公開」[8)]にアクセスすると、2040 年段階の女性人口の推定減少率による色分け地図が閲覧できる。北海道・東北・山陰・九州・四国・紀伊半島南部の深刻さがわかる。この地図もモニターに映しながら、生徒と確認した。

大阪府にも消滅可能性都市があるといい、資料 3 を提示する。府下 33 市のうち、若者人口流出率のワースト 1 が河内長野市、ワースト 2 は富田林市である。人口・経済問題の世界にふれるのがこの時間の目的である。

資料３：大阪府下の「消滅可能性都市」一覧

[大阪市]	大正区、浪速区、西成区、住之江区、中央区
[他市町村]	富田林市、寝屋川市、河内長野市、柏原市、豊能町、能勢町、岬町、河南町、千早赤阪村

(2)原発と地域振興

「就労場所がない」「給与や所得が低い」等、流出の背景要因を考えた際に、対策として人口流出地域に産業を誘致する案が浮かぶ。典型事例として原発に注目した。「NHK スペシャル 3.11 あの日から 1 年調査報告 原発マネー~ “3 兆円” は地域をどう変えたのか~」(2012 年 3 月 8 日放送)も一部視聴する。原発事故から 1 年経っていないにもかかわらず、一定の自治体が原発再稼働に期待を寄せていた状況に生徒は驚き、各種交付金や原発産業による経済効果に頼る地方の姿を理解する。しかし原発の危険性は従来から指摘され続けてきた。電力会社は地元紙に原発広告を出し、原発誘致をめぐり地域の分断も各地で進んだ。そして日本における原発の安全神話は3.11により崩壊した。それでも一度外部から誘致した産業に依存してしまった地域は、構造的にそこから抜け出すのは困難になる。

宮本憲一による定義も合わせて、原発を含めて外部から産業や資本を誘致して行う町おこしを外来型開発と呼び、戦後日本で行われてきたことも説明した。他にも、大規模工場の誘致も例に考えた。企業城下町としての経済効果を見込む一方で、そうした経済活動は地域のために行うのではなく、公害リスクや、生産施設の移転による産業空洞化リスクがある点もふまえて、外来型開発を把握した。

(3)「ないものは…ない」

外来型開発以外にも町おこしの方向性は考えられる。「もう一つの道」をみてみよう、とアナウンスし、次の情報を示した。

> 1950年頃に約7000人近くいた人口は、2010年には2374人に減少。高齢化率は約40%。就労先が少ないことや、教育・医療機関等の生活環境が充分に整備されていないことなどから、高校生のほとんどが卒業後島の外へ流出してしまう。町は仕事をつくるために公共事業への投資を続け、その結果港が14。防波堤の整備等も行われてきた。「公共事業で生きてきた・生かされてきた島」と島民は話す。一方で「気がついたら、町の借金が膨大な額になっていた」…。

島根県海士町の説明である。資料を読むと町の持続は困難に感じられる。「しかしいま、この町が注目されている」と伝え、人口動態資料（資料4）を提示した。

人口動態には自然動態と社会動態がある。高齢化が進んだ町である以上、自然動態でみれば人口減少が続く。一方、社会動態をみると、海士町に多くの転入者がいると気付く。2012〜22年の合計自然動態は−215人だが、社会動態は＋172人。移住者の多さが急激な人口減少を押しとどめている。海士町は「Iターン、Uターンの島」と注目されている。授業では映像や画像も用いて工夫の実例を示す。

海士町のモットーは「ないものはない」。大切なものは島にあるという思想に基づき、特産品のブランド化を進めている。昔ながらの製塩法の塩を「海士の塩」

資料４：海士町の人口動態 [9)]

年	自然動態			社会動態		
	出生	死亡	増減	転入	転出	増減
2012	10	33	−23	118	101	17
2013	17	45	−28	170	101	69
2014	19	38	−19	123	115	8
2015	18	33	−15	133	120	13
2016	19	33	−14	115	126	−11
2017	14	36	−22	141	147	−6
2018	14	23	−9	143	138	5
2019	9	47	−38	153	149	4
2020	15	36	−21	141	146	−5
2021	11	34	−23	185	137	48
2022	18	26	−8	195	165	30

と名付け、体験ツアーも含めて付加価値をつける。他にも「島じゃ常識！さざえカレー」や「いわかぎ春香」等、特徴的な商品がある。CAS 冷凍システムを導入し、「島風便」として海産物を発送する等、販路の獲得にも町として取り組む。こうして「島丸ごとブランド化」を掲げる。いずれも一次産業の六次産業化である。

これらの技術や発想は、移住者が提案し、町ぐるみで受け入れながら実現していく場合が多い。外部資本に頼らずとも、自分たちでアイディアを出し合いながら産業をつくりだしているのである。このような住民がアイディアを出し合い、もともとその土地にある資源を活用しながら展開される町おこしを内発的発展と呼ぶことを説明する。移住者を受け入れ、彼らの感性や職能を生かして実践を切り拓く開かれた思想が、海士町の内発的発展を支えている。

ここまでの内容をふまえつつ、生徒に外来型開発・内発的発展の利点と欠点を問う。生徒から出された利点・欠点の意見を整理すると表のようになる。

類型	利点	欠点
外来型開発	・見通しを立てやすい ・短期間で経済効果を得られる	・公害等、地域の環境汚染 ・外部資本への依存度が高まる
内発的発展	・持続可能な発展をめざせる ・取り組みそのものが楽しそう	・うまくいくか見通しが不透明 ・効果が出るまで時間がかかる

(4)極寒の「暁光町」を救え！

ここまで、外来型開発と内発的発展という、2 つの方向性を確認してきた。それらを活用した思考実験として、北海道北東部にある架空の町「暁光町」を設定する。その概要[10]は以下である。

東西 20km、南北 30km の広大な面積。町の 9 割が森林で覆われている。周囲をなだらかな山々に囲まれている。わずかな平らな土地に、畑と街なみがある。鉄道は通っていない。最寄り駅は隣の市にあり、車で 20 分かかる。高速道路もない。最寄りのインターチェンジまで車で 45 分かかる。冬は日中でもほぼ氷点下。寒い日は－30℃になる。豪雪地帯で 1 日 1 m雪が積もる日も多い。

人口減少が深刻である。特に 29 歳以下人口の減少に悩んでいる。このままでは町の存続が危うい…！

「極寒の暁光町を救え！」ワークシート

■町長からのメッセージ

あなたは「暁光町・町おこしプロジェクト」特別委員に任命されました。このままでは消えゆく運命にある極寒の地、暁光町。あなたのミッションは、この町が持続していくためのアイディアを出すことです。

若者が出ていかない、むしろ若者が移住してくる魅力ある町にするために、戦略を立ててください。あなたの力が必要です。暁光町の未来は、みなさんにかかかっています！どうか、よろしくお願い申し上げます。

■暁光町の人口推移

年	世帯数	人口	29 歳以下
1950	2418	13420	
1960	3210	15555	
1970	3103	11568	
1980	2351	7173	2720
1990	1848	5065	1464
2000	1809	4413	1111
2010	1685	3775	748

■ワーク 1

①暁光町で「困ること」を想像し、付箋に書き出しましょう。

②書き出した付箋を共有しあい、似たもの同士を近くに張り出しましょう。

■ワーク 2

どうすれば若者が増えるのか、グループでアイディアを出し合い、町おこし案ベスト 3 を出しましょう。アイディアに名前をつけ、どのような内容か、箇条書きで書きましょう。

グループ学習を指示し、資料を配布する。そこには道北にある「暁光町」の地図と状況、人口統計が印刷され、町長から課せられたミッションが記されている。

町おこし案は 「○○大作戦」というタイトルをつけて発表した。

生徒が書いた内容を紹介する。自然の豊かさを生かし、寒さや山、森林を活用するアイディアを考える班が多かった。一方、ショッピングセンターを作る等の意見もある。この班にはライブに足しげく通う生徒がその集客力を語っており、早期に雇用を確保するためにも外来型開発が有効だという意識がある。

「暁光町」町おこしプラン　生徒のアイディア

【プチ旅行を楽しもうよ! 大作戦】　Web サイトで募集し、各地から小～中学生を集める。高校生がボランティアで参加する。動物とのふれあいやアスレチック運動場を作る。旬の味覚!　冬はスキー、夏は川、春は虫取り、秋は紅葉や焼き芋。農家体験もできる。クリスマスにはケーキを作る。参加費で森に鉄道を作り、町を活性化する。

【ウィンタースポーツ&クリスマスツリーの森大作戦】　雪を利用したスポーツを楽しむ。スキー、スノーボード、スケート、日本一広い雪合戦場。森を「クリスマスツリーの森」にする。かまくらをつくり、冬まつりをする。すごい雪像をつくる!

【コンサート大作戦】　広大な土地にドームを作り、近くにホテル・ショッピングセンターをつくる。駅をつくる→交通の充実。ホームにお土産物屋さんをつくる。ドームをつくる→人が集まる→遊ぶところやホテルができる→交通も充実する→地元のおみやげが売れる→地域の活性化

(5)「暁光町」の正体は？

暁光町のモデルが北海道上川郡下川町であることを明示し、同町の取り組みを紹介・検討する。下川町では持続可能な循環型森林経営に取り組み。無駄を出さない森林資源の活用 (ゼロエミッション)を実行している。太い木材は建築用材に加工し、細い木材は公園等の土木資材や割り箸に加工する。曲がった木材や端切れ材は木質バイオマスボイラーの燃料になり、マイナス 30℃の冬の暖房用の熱電等として使われる。従来の林業では廃棄していた葉の部分も、化粧水やアロマオイルとして生かされる。森林の恵みを余すことなくすべて活用することで、新たな雇用が創出されているのである。下川町は間伐材を用いたエネルギー自給にも取り組む。産業とエネルギーをいかに創造・自給し、持続可能性を追究する下川

町の挑戦は、3.11 後の社会に多くの示唆を与える。

また、バケツを使ってキャンドル状の氷をたくさんつくり、幻想的な空間を作り出すイベント「アイスキャンドル」や、「スキージャンプの町」という側面も紹介する。アイスキャンドルは「自分たちが元気になる」ために町おこしサークル「コロンブスの卵」が企画したイベントである。現在では全国から観光客が訪れ下川町に活気をもたらしている。下川町スキー場には 3 台のスキージャンプ台があり、葛西紀明選手・岡部孝信選手・伊藤有紀選手等のオリンピアンがこの町で練習に励み、世界に羽ばたいた。

こうした内発的発展路線は、元町長・原田四郎の見識にも支えられた。スズキのサーキット場建設の話があったものの、原田は企業誘致ではなく、地場資源の活用を目指し町政の指揮を執った。1994 年の時点で原田は「交通の便の悪い、道北の僻地に企業誘致をはかっても、容易に誘致に応ずる企業もない状況の中で地域振興を図るには、地場資源を活用して、企業体をつくることが一番大事なことです。……現在のように厳しい環境に置かれている山村においては、外部から企業を誘致するのではなく、森林組合、農業協同組合の活発な活動を促し、農林業資源を活用し、恒常的な働く場をつくるのが必要です」と語っている。

資料 5 は下川町の人口動態[12)]である。

資料５：北海道上川郡下川町　人口動態

年	自然動態			社会動態		
	出生	死亡	増減	転入	転出	増減
2011	13	58	−45	132	136	−4
2012	24	62	−38	147	142	＋5
2013	18	71	−53	174	173	＋1
2014	18	55	−37	149	174	−25
2015	10	74	−64	168	166	＋2
2016	22	61	−39	174	177	−3
2017	15	64	−49	167	164	＋21
2018	17	60	−43	160	157	＋3
2019	18	51	−33	140	174	−34
2020	18	56	−38	115	136	−21
2021	9	59	−50	98	149	−51

社会動態に内発的発展の成果がうかがえる。ただし、2019 年からは社会動態のマイナスが大きくなっており、今後の推移が注目される。

(6)河内長野ってどんな街?

自分たちが過ごし、学ぶ地域に目をむけるのが、この時間である。授業ではまず、河内長野市の概要を紹介し、人口動態[13]を提示する(資料 6)。

資料６：河内長野市の人口推移と人口動態

年	人口	増減	自然動態		社会動態	
			出生	死亡	転入	転出
2013	112884	−1201	680	1064	2758	3426
2014	111683	−1248	686	1061	2729	3576
2015	110435	−1396	682	1088	2502	3358
2016	109039	−1076	625	1117	2617	3535
2017	107963	−1250	633	1146	2690	3277
2018	106713	−1336	555	1125	2569	3289
2019	105377	−1346	533	1158	2568	3297
2020	104031	−1111	504	1250	2629	3245
2021	102920	−1644	446	1244	2552	2887

河内長野市在住の生徒に、「河内長野って、どんなところ」と問うと、「天野酒がある」「おおさか河内材がある」という声もあるが、多くの場合「田舎」という答えが返ってくる。「このまま人口が減り続けると、税収も見込めなくなり、やがて町が維持できなくなるかもしれない。河内長野の良いところってどこだろう」と問うと、「山がある」「自然豊か」という意見も出る。「これまでの学習も参考に、河内長野の町おこしプランを考えよう」と課題を提示し、グループで交流しあい、その後プランを書く時間をとる。その際、ターゲットとする層を明確にするように指示した。生徒の記述をいくつか紹介する。

・若者や家族をターゲットにして、絵本の世界のようなカラフルでかわいい壁画がたくさんある広場をつくって町おこししたいです。今は SNS の時代なので、自然にたくさんの人に知れ渡ると思うので、すごく良いと思います。本当につくりたいです!!!!!!

- 親子や高齢者をターゲットにします。河内長野は介護福祉サービスも保育園も幼稚園も充実しているので、働きながら子育てしていけるところが良いです。公園もたくさんあるので休日は子どもと一緒に遊べます。親子や高齢者にとって住みやすい環境だと思います。
- 子どもから大人まで年齢関係なく楽しめる大きな広場をつくる。アスレチックや展望台、BBQ 場を作れば、景色も遊具も楽しめて、色んな年齢の人が集まるようになると思う。河内長野のプランをたてるのは、自分で街をつくっている気持ちになれてすごく楽しかった。こうなればいいな、自分ならこうするなと思うのが楽しかった。
- 河内長野は自然が良くてキレイなので、森の中にアスレチックをつくり、夜はイルミネーションや星が見られるスポットをつくり、また河内長野でも三日市町や南花台の方面はお店が少ないのでもっと増やすべきだと思う。このようなことを改善して、若い人を中心に来てもらえたらいいなと思う。

内発的発展の視点が表れている。下川町のアイスキャンドルを紹介したが、住民自身が自治的に楽しみながら町おこしの思想・方法をつくりあげていく点に、内発的発展の醍醐味がある。「こんなことができたら楽しい」という意見を飾らずに交流できる時間・空間こそが、地域の担い手を育んでいくのではないだろうか。

4．本実践の特徴と今後の探究課題

日本創成会議は消滅可能性都市の対処策を地方中核都市という概念に置いた。地方中核都市は、東京・大阪・名古屋等のミニチュア版に過ぎないという指摘等、多くの批判が寄せられる[14)]。地方中核都市にしても、地方創成にしても、行政から出されるキーワードは「地方」である。一方で「地域」という語も長く人々の間で使われてきた。上原専禄は、地域を「個性的な生活の場」「生き物としての具体性をもった生活集団の場」と定義し、「地方」は抽象的で中央に対して従属的な概念であると捉えた[15)]。この見方は今なお当てはまる。むしろグローバル化が進展し、「地方」のなかにあった「地域」性が失われていく状況は加速しがちである。だからこそ内発的発展が今日的な意味をもつ。「地方化から再地域化へ」という視点もまた、グローバル時代において問われている。

本章に収録した実践では、内発的発展と外来型開発の概念を把握したうえで、思考実験を通してアイディアを交流し、オープンエンドで終わる流れをとっている。初発段階のねらいとした、学校所在地域の危機の解決方法に具体的に迫る、とはなり切ってはいないものの、その課題はより経年的に向かい合うべきものでもある。むしろ、授業をすすめながら意識したのは、課題を把握し、他地域の事例から課題解決の方向性をみつめ、自治的に意見や提案を出し合うプロセスそのものを生徒が追体験することであった。教材論に即していえば、県民経済計算や町政要覧の教材化が、生徒の各地域への現状分析を促し理解を深めることや、個別具体の事例と組み合わせながら、外来型開発・内発的発展等の概念を生徒が理解・活用しながら思考を深めた点に、今後の授業づくりに向けての一定の手応えを感じた。

ただし、社会の変動はより加速している。下川町のこの 3 年間の人口動態を見ても、新たな課題に直面している可能性がある。リアルに向き合う題材だからこそ、現在の社会の動向や傾向を洞察・検討しながら、本章で扱った題材の評価も生徒とともに考えていくのが大切である。

かつて東井義雄は、現在の学力は「村を捨てる学力」であり、そうではなく「村を育てる学力」を育むべきだと主張した[16)]。現在の教育課程とも切り結びながら東井の問題提起を引き取るならば、社会系諸科目と総合的な探究の時間・特別活動等を連動させながら、「地域を育む学力」を身につけた主権者の育成が、改めて求められている。それは、生活地域の特色を知り、直面する諸矛盾をつかみ、市民として地域社会に参画する、主権者教育の視点であるとも言えよう。

第 2 部第 1-2 節は、そうした視角も意識した実践を紹介し、検討していく。

1) 増田寛也『地方消滅-東京一極集中が招く人口急減－』中公新書、2014 年を参照。

2) 同 p.31

3) 保母武彦『日本の農山村をどう再生するか』岩波現代文庫 2013 年を参照。内発的発展の理解と教材化に関しては、春名政弘「「内発的発展」は社会科地理の教材として有効か—保母武彦『日本の農山村をどう再生するか」岩波現代文庫（2013 年）を評す」（中等社会科実践研究会『中等社会科実践研究(1)』（中等社会科実践研究会、2014 年）も参照した。

5) 内閣府「統計表（県民経済計算）」
https://www.esri.cao.go.jp/jp/sna/data/data_list/kenmin/files/files_kenmin.html

6) 内閣府「県民経済計算　統計の目的」

https://www.esri.cao.go.jp/jp/sna/sonota/kenmin/contents/mokuteki.html

7) 5)のリンクから平成 23 年度 - 令和元年度（2008SNA 平成 27 年基準）をもとに筆者作成。

8) 日本経済新聞「人口減少地図 完全版 統計でみる市区町村の姿　2014/9/24 公開」
https://www.nikkei.com/edit/interactive/population2014/map.html

9) 島根情報統計データベース「年報」より
https://pref.shimane-toukei.jp/index.php?view=4335

10) 下川町『エネルギー自立と地域創造』下川町、2014 をもとに作成

11) 保母前掲書より

12) 下川町「町政要覧」より、各年度版の「人口」を参照し筆者作成。
https://www.town.shimokawa.hokkaido.jp/shoukai/tyousei/

13) 河内長野市「令和 5 年度河内長野市統計書」(2.人口、(1)人口推移、(2)人口動態）より筆者作成。なお、社会動態における「その他記載・その他消除」は割愛し、また人口推移は年次、人口動態は年度による集計であるため、それらを対照のうえ、資料 6 の表では「年」として表記している。https://www.city.kawachinagano.lg.jp/soshiki/25/12343.html

14) 増田前掲書および消滅可能性都市論批判としては、山下祐介『地方消滅の罠－「増田レポート」と人口減少社会の正体』筑摩書房、2014 年がある。

15) 上原専禄「危機に立つ日本の学問」、『上原専禄著作集(19)』評論社、1997 年

16) 田中武雄「兵庫・但馬の地域教育実践－東井義雄をひきつぐもの」（臼井嘉一監修『戦後日本の教育実践 - 戦後教育史像の再構築を目指して - 』三恵社、2013 年）を参照した。

第２部　高校総合学習とカリキュラムマネジメント

近年、高校における探究学習の重要性が強調される。探究学習の具体化のためにも「カリキュラムマネジメント」や「社会に開かれた教育課程」がキーワードとしてあげられ、トーク＆チョークの授業からの脱皮も求められている。

こうした改革の方向性が強調されたのは、奇しくも筆者の勤務校にて「探究」を冠したコースを構想・設立する過程と同時期であった。ただし、その学校改革は、文部科学省の指示に従う他律的なものではなく、学園として蓄積してきた実践遺産を土台とし、生徒や地域の現実に根ざした新たな学びの構築を目指す、主体的・自律的改革であった。その視点から、第２部では、筆者が準備段階から関わり開設後は実践を担当してきた、大阪暁光高校教育探究コース「教育・人間探究の時間（「総合的な探究の時間」を含む）」の実践を紹介・検討する。

大阪暁光高校（学校法人千代田学園。以下、本校と略）は、2024年の時点で創立74年を迎える、大阪府河内長野市にある私立高校である。五年一貫課程の看護科・看護専攻科と普通科があり、普通科には３つのコース（教育探究コース・幼児教育コース・進学総合コース）がある。教育探究コースは、教師やカウンセラー等、ひとの成長を援助したり、ひとを支えたりする職業（発達援助専門職）に関心をもつ生徒の受け入れを想定し、2017年にスタートした。

そのような方向性を志向した背景には、本校が蓄積してきた学校文化がある。第６章にて詳述するが、学園開設時から「全人的な教育」「個性化教育」の姿勢を貫いてきた。創設者の「生徒一人一人を珠玉のごとく大切に扱う」精神は現在まで引き継がれており、面倒見の良い学校として地域の中学校の信頼を得てきた。その校風もあり、受験による選別を前提とする「勉強」に傷ついた生徒や、これまで安定して学校に通えなかった生徒も毎年多く入学してくる。そうした生徒たちが、特別活動も活用した総合的な学習（例：学級ごとにテーマ学習に取り組む文化祭）や、自主教材も用いた対話的な授業を通してエンパワーメントされる実践を蓄積してきた。それらの実践方向性は、教育や人間理解というテーマ性との親和性を有する。また、高校時代の自らの変化を土台に、その後教師を志し、教育現場で活躍する卒業生も多数輩出してきた。このような学園の特長を土台として、発達援助専門職者育成を見据えつつ、より大胆に総合学習の時間を確保するための教育課程の編成が行われたのである。

教育探究コースは、1学年1学級であり、3年間を同学級で過ごす。コース専門科目として「教育・人間探究の時間」を設置しており、3年間で10単位時間を設定している。この時間を特別活動と連携させたり、時間割調整のうえで一定の授業時間数をまとめて確保したりすることにより、ゲスト講師を招いての授業や、現地に足を運んでの実地学習が可能になる。「教育・人間探究の時間」の3年間の大まかな活動を表示するならば、以下のようになる[1)]。

「教育・人間探究の時間」主な活動

	1学年	2学年	3学年
1学期	コースガイダンス 文章表現講座 小学校訪問 高野山大学訪問 高野山学習合宿	新入生へのプレゼン 高大連携特設授業 卒業作品構想発表会 特色のある学校訪問	海外研修報告会 高大連携特設授業 地域探究 特色のある学校訪問 卒業作品中間発表会
2学期	文化祭テーマ学習 文章表現講座 小学校訪問 地域探究	文化祭テーマ学習 高大連携特設授業 特色のある学校訪問 地域探究	文化祭テーマ学習 多文化共生論 卒業作品制作
3学期	いのちの授業 卒業生ゲスト授業 地域探究発表会	高大連携特設授業 防災学習 海外研修	卒業作品発表会

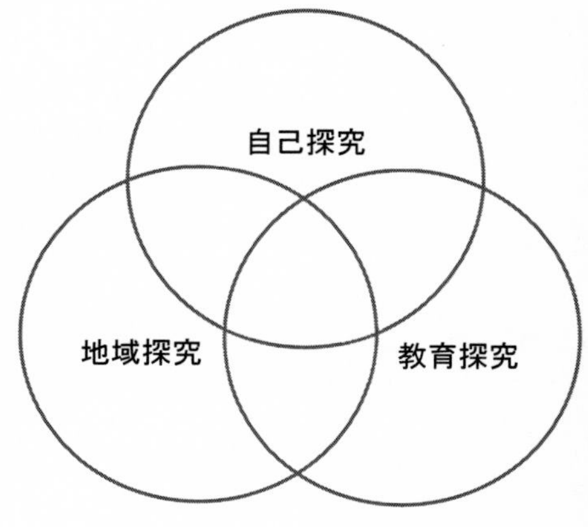

「教育・人間探究の時間」のキーワードとして、「3つの探究」がある。学校現場訪問も含め、教育に関する題材について考える、教育探究。地域フィールドワークに代表される地域探究。そしてそれらを通して自分自身のこれまでの学びや、興味関心、今後の課題に気づく、自己探究である。これらはそれぞれ、重なり合ってもい

る。例えば、小学校訪問では、教育現場に学ぶ（教育探究）。事前学習・現地実習・事後学習では、自らの小学生時代を思い出し、その思い出と往還させながら、発見を重ねる。訪問を通して学校現場が楽しいと実感することは、自身の興味関心に気づく瞬間でもある（自己探究）。ところで、小学校は地域の中心的機能のひとつである。避難所や投票所になるし、何よりも通学する子どもたちはその地域で暮らしている（地域探究）。こうして考えると、小学校訪問は、3つの輪が重なり合う部分に位置づくと考えられる。

「自己探究」を促す機会として、書く活動も大切にしている。各種活動の後には、感想文やレポートを記入する。記入したレポートに教師はコメントを入れて返却する。生徒の記述は通信にして、学級で読みあい深めあう。前述の文化祭もそうだが、本校には感想を書き、それを共有し読みあう学校文化がある。そうした学校文化を授業の枠組み内に明確に位置づけたと言ってもよい。

教育探究コースは、高野山大学文学部教育学科との連携を進めている。高大連携にあたり、出前授業の実施や、大学キャンパスでの学習、高野山学習合宿 2)等も、「教育・人間探究の時間」を活用しつつ実施することができる。

教育探究コースでは、教職をはじめとする発達援助専門職を志望する中学生の入学を想定しているが、その他の進路も応援し、生徒が自らの興味関心に気付く学びを重視している。教育をテーマに学び探究することは、自らの歩みを振り返り、社会との接点としての学校や教育をみつめるという点で、青年期教育としての意味をもつ。教育学的学びは人間理解を伴う、リベラルアーツ教育でもある。

第2部各章では、「教育・人間探究の時間」の実践を抜粋し紹介する。

第1~2章は地域学習の実践であり、教育探究コースでは「地域探究」と呼んでいる。第1章の「【地域探究Ⅰ】河内長野地域フィールドワーク」は、見学や体験を中心とした活動である。苦戦を強いられる商店街の活性化に取り組むNPO団体や、住民参加型の地域活性化に取り組む老舗酒蔵を生徒が訪問した。また「おおさか河内材」の森での学習にも取り組み、それらの成果を発表会にて報告した。こうした活動の前史として、2015年度の特別活動での取り組みにも触れている。

第2章「【地域探究Ⅱ】文化財を活用した地域参加・参画」は、地域学習を通じた社会参加の事例である。河内長野市教育委員会文化財保護課との協同事業に取り組み、地域の公民館講座の講師を生徒が担当した事例である。これらの活動は、高校生の総合学習・探究活動が社会教育のリソースになる可能性を示している。

第 3 章「高校生による『教育実習』」は、高校生による小学校現場訪問・観察実習・交流等の記録である。教育探究コースでは、3 年間を通じて学校現場での実習を設定している。1 年時には学校所在地近くの小学校への観察実習を、2 年生以降は特色ある実践を重ねてきた学校現場への訪問と交流を、経年的に実施してきた。その概要と生徒の学びの様子を報告する。

第 4 章「『綴方的』に学ぶ」では、教育探究コースの諸活動に通底する、「綴方的学習」に着目する。生徒は日常的に感想やレポートを書く。それらは単に自らの学びを整理するだけではなく、通信にして読みあい、語り合うためのものでもある。紙上対話の積み重ねが安心して学びあう共同体としての学級を形成する。また文章表現の楽しさにふれる特設授業も 1 年次に実施している。とりたてて行った綴方教育実践の一場面も紹介している。

第 5 章「生き方を創造する卒業作品」では、生徒各自の学びの集大成である、卒業作品制作を紹介する。進路指導もかねて、2 年生 1 学期から作品のテーマ決めに取り掛かる。同活動では、インタビューや実地体験等、足を使った調査活動を奨励する。自律的・探究的学習への転換として、同活動は位置づく。

第 6 章「カリキュラムマネジメントと学校文化」では、特色ある高校総合学習を構築するための視点や方法を大阪暁光高校教育探究コースの事例に即しながら論じる。2000 年代以降、公立校でも教員養成を視野に入れた高校教育課程が設置され、それらは高校「教育コース」として分析されてきた。一方で、大阪暁光高校は私立高校であり、これまでの教育実践の蓄積や校風を生かした学校改革の延長線上に「教育探究コース」の設置が位置づく点に大きな特長がある。学園のキーワードである「人間教育」や、総合学習を先取りした面をもつ 1970 年代以降の学園の実践史にも触れつつ、自律的な学校改革・カリキュラムマネジメントの様子を大阪暁光高校の教育改革史及び教育探究コースの成立・展開過程から概観する。

1) 海外研修に関しては国際情勢や経済状況を鑑み、2024 年度入学生の中止が決定している。

2) 高野山大学の協力の下、2017 年度より実施。本山参拝・高野町フィールドワークとプレゼンテーション、宿坊体験等を行っている。

第１章　【地域探究Ⅰ】河内長野地域フィールドワーク

「教育・人間探究の時間」では、河内長野市内を中心に、現地に赴いての体験・探究学習を実施している。それらを地域探究と呼び、「教育・人間探究の時間」の3つの探究の1つとして、重視している。

地域探究の実施に当たっては、「地域の教材化」や「社会に開かれた教育課程」の担い手を育む意図があるが、「教育・人間探究の時間」の授業を構想する以前の実践経験も影響している。本章では、その先行実践も含めつつ、主には2017年以降、1年生を対象として実施してきた、地域探究Ⅰの様子を紹介する。

1．ふるさとがなくなる？母校がなくなる？　ピンチを起点に学びをつむぐ

筆者が学校所在地である河内長野地域を学習フィールドに据え始めたのは、2015年であった。第1部第10章の記述と重複するが、本校に赴任して1年目。ある日の職員会議で、入試広報室長（生徒募集担当教諭）が「もうしばらくすると、中学生人口の急減期に突入する。その時期を見据えて、生徒募集活動に力を入れないといけない」と提起した。河内長野市の人口動態表や、南河内地域の若年人口の流出を報じるミニコミ誌のコピー等が添えられた報告資料を見て、状況の深刻さが理解できた。同時に「生徒・卒業生にとっても、母校消滅の深刻な危機だ……これを教材にしよう」と考えた。教材研究に取り組むと、大阪府下33市のうち、若年人口流出1位が河内長野市、2位が富田林市であると知り、両市の生徒を多く受け入れる本校の危機を実感した。

筆者は同年、文化祭のクラス学習テーマを河内長野の地域調査にしようと提案し、学級の了承を得た。2014年に日本創生会議が提示した「消滅可能性都市」論に照らしてみたときに、河内長野を含む南河内地域の多くの自治体が該当する。この危機感もあり、生徒たちは地域に着目したテーマ学習に同意したのである。

活動タイトルは「河内長野発見隊」。地域の課題に向き合い、独自の取り組みを進めている方々にインタビューをしながら、河内長野の魅力をさぐる、という方向性の活動を設定した。地域の魅力的な人々に会い、河内長野の良さをたくさん聞こう、という話を生徒としていた。実地体験を通じて地域の観光資源や地場産

業にも触れながら、生徒が未来への展望を描き、「豊かさ」の内実を考えてほしいという願いから、方法としてはフィールドワークと感想交流を重視した。

2．文化祭テーマ学習「河内長野発見隊」(2015 年度)

(1)活動準備

地域調査を展開するにも、着任 1 年目の筆者には実地学習のネットワークがあるわけではない。河内長野は林業の町であり、農村地域も有する。市役所農林課に相談し、取材可能な農家さんを紹介してもらうことにした。森林組合にも相談し、同団体の事務所が入る木根館での講話と体験学習をお願いした。なお、この時にお世話になった市役所および森林組合等の方々には、その後の地域探究Ⅰの活動でもお力添えをいただくことになる。

地場産業や地域おこしに関しては、天野酒（西條合資会社）の活動に注目した。河内長野市内唯一の造り酒屋である同酒蔵は、「酒蔵通りプロジェクト」等、地域活性化活動を展開している。蔵主の西條陽三氏を訪ね、依頼と打ち合わせの時間を頂戴した。筆者が販路拡大の工夫を尋ねた際の西條氏の答えが強く印象に残る。

「インターネット販売はしていますけど、あちこち売り歩いて商品を置いてくださいと頭を下げることはしません。大和川より南で勝負しています。たくさんつくって品質が落ちるよりは、この地域で愛されて生き残ることを考えています。河内長野市には 11 万人が暮らしています。この人たちに愛される、大切な酒蔵であり続けるのが、何よりも重要です」

筆者は西條氏の見識に感動を覚えた。西條氏は実地学習先についても相談に乗ってくれ、つまようじ会社・広栄社の稲葉修会長を紹介してくれた。

南河内にはだんじり文化もある。秋祭りの時期になると、元気の良い男子生徒たちはだんじり中心の生活になる。学級内の心配な男子生徒ほどだんじりに熱心で、中でもマサキは自他ともに認める「だんじらー」である。彼らが意欲的に取り組むために、だんじりにも注目したい。本校で渉外担当者をされている元中学校長（マサキの出身校長）が地車保存会顧問を務める桂聖市議を紹介してくれた。

このようにたくさんの方々に相談し、お力添えをいただきながら、フィールドワークの準備を進めた。

(2)フィールドワークの記録

夏休み期間も活用し、以下のフィールドワークを行った。

文化祭学習「河内長野発見隊」フィールドワーク先一覧

①河内長野駅前商店街
②西條合資会社「天野酒」
③広栄社・つまようじ資料館
④大阪府森林組合「木根館」
⑤河内長野市役所農林課
⑥種三きのこやま農園（現・善三きのこ山農園）
⑦奥河内くろまろの郷ビジターセンター
⑧河内長野市地車協議会/長野神社氏子地車保存会

①は河内長野市の現状を把握するために実施した。河内長野駅前は、すべての高野街道が合流する交通の要所であり、古来より栄えてきた地域である。しかし現在、商店街を歩くとシャッターが降りたままの店舗が多い。生徒を受け入れ、説明してくれた塔本勝氏によれば、同商店街はかつては南河内最大の商店街であり、戦後しばらくは空襲で被害を受けた堺の人々もこの商店街まで足を運んでいたという。アーケード化し、有線放送を流し、大いに賑わっていた河内長野駅前商店街であるが、大店舗法による規制緩和や、モータリゼーションの進行による商業中心地の移動により苦戦が続くようになった。

②では西條氏から、住民参加型の魅力創造事業「酒蔵通りプロジェクト」(杉玉づくり、和風建築の保存運動、ライトアップ事業等)、「蛍の宴」(蛍鑑賞を兼ねた飲食イベント)、「奥河内コレクション」(酒蔵通りを歩行者天国にし、フード&クラフトフェスティバルを開催）等を語ってもらった。西條氏は、自然豊かで人情に厚く、軽犯罪件数も少なく、治安が良いと南河内の魅力を具体的に語られた。

③では、稲葉会長がコレクションした世界各地のつまようじ等を展示している「つまようじ資料館」を見学し、河内長野市のつまようじ産業の歴史と現在をご講話いただいた。伝統産業としての側面を大切にしつつも、デンタルケア全般への営業展開を実現する発想の柔軟さに生徒は感心しきりだった。

④ではブランド材「おおさか河内材」の特徴や、間伐等林業の仕事内容、森林の公益的機能に関する説明を聞いた後、実際におおさか河内材も使った木工体験

に取り組んだ。生徒にとって、「山」は見えていても、林業の仕事内容や、それらの仕事により町の安全や綺麗な空気・水質が保たれるという公益性は意識されておらず、驚きながら聞いていた。木工体験にも楽しそうに取り組んでいた。

⑤では河内長野市の農林業の現状や取り組みを聞いた。農業ではイチジク生産を奨励しているという。樹高を低くし枝を広く伸ばせば収穫が容易になり、果実が柔らかく流通のハードルが高いイチジクだからこそ、大阪市や堺市といった消費地との近さを生かせると教えてもらった。新規就農者を応援する制度もあり、その制度も活用して就農したのが、⑦種三きのこ山農園の裏部貴司氏である。

裏部氏の農園見学後、インタビューの時間をいただいた。裏部氏はかつて東京の外資系企業で経営コンサルタントをしており、河内長野にＩターン就農している。質問と回答の一部を紹介する。

Q.東京で働いていた時と現在で、年収の差はありますか？
A.年収は減りましたが、家族と過ごす時間が増えました。私にとって家族の時間も収入も、どちらも大切です。3.11 原発事故のあと、関西のきのこを買いたいという人が増えています。今のところ、ありがたいことにお客さんからの要求に追いつけないほど、ニーズがあります。東京からも注文が入ります
Q.前の仕事と今の仕事、どちらの方が楽しいですか？
A.どちらも楽しいです。共通点があります。ひとつの方向に向かって人をまとめ、何かを成し遂げるのが好きなのです。転職の不安はありましたが、不安よりも子どもに胸を張れることをやりたいと思いました。今は家族と朝晩一緒にご飯を食べることができます
Q.なぜ河内長野を選んだのですか？　河内長野の魅力は何ですか？
A.岡山や徳島等、色々なところを見ました。そのうえで河内長野を選んだのは、森林面積が広く水が綺麗。そして消費地が近いからです。うちのきのこ栽培用の水はミネラル豊富な山の湧水です。河内長野や大阪府内には消費者がたくさんいます。大阪府は人口が多く、大阪市への配達も可能です。その地理的なバランスが絶妙です。かつて河内長野はきのこの名産地で、しいたけ農家が 50 軒以上いました。今は私を含めて 3 軒です。河内長野をきのこの名産地にし、教科書を書き換えたいと思います

他地域と比較検討したうえで河内長野を選んだ裏部氏の語りは説得力と確信に富む。地域の良さと同時に、価値観や労働観に関する語りでもあり、生徒はその内容と自身のこれまでの認識を往還させつつ考えを深めていた。感想を紹介する。

裏部さんは河内長野のことを「水が綺麗で、森林が多くて、消費地が近い」と言っていました。このことは知りませんでした。一番印象に残ったのは、「お金が減ったけど家族と過ごす時間が増えた」と言っていたことです。お金も大事だけど、「近くにいる家族が一番大事」と改めて感じました。私はお金をより多く稼げる職業に就きたいと思っていたけど、もし自分に家族ができて忙しい仕事だったらどう思うのか、それも含めて将来を考えてみようと思いました。

（裏部貴司氏[左]の農園にて　2015.9.2　永田太氏撮影）

⑦では奥河内くろまろの郷（現在は道の駅に認定）を訪ね、一次産業の六次産業化について学んだ。B 級品のトマトやミカンをジュースに加工・販売するお話を聞き、トマトジュースの試飲もさせてもらった。奥河内くろまろの郷の目の前には石川が流れ、夏は川遊びをする親子連れでにぎわう。「子育て世代にとって魅力的な街・場所だ」と、対応してくれた柏本祐介氏は語った。

⑧は、地車保存会顧問をされている、桂聖市議の事務所にて行った。桂議員は、泉州と南河内のだんじりの違いや、だんじり祭りを通じた町の活性化への思いを語り、「河内長野でもだんじり会館のようなものをつくる等、行政が金を出し、指導・支援もしていくのが望ましい」と、政策に関しても考えを示された。

フィールドワークから帰校後、感想交流もあわせて実施した。また、学級通信で共有するとともに、後日のホームルームにて、参加生徒による報告も行った。

(3)文化祭模造紙展示とその後の反響

フィールドワークや感想交流の一方で、文化祭当日に向けた食品バザーの準備や、ポスター作製も役割を分担して進めていった。教室入口には市のキャラクターであるモックルを描き、文化祭の正式テーマも「河内長野発見隊！」と決定した。

模造紙に学習成果を書き、写真やイラストも用いながら展示物づくりを行った。工作好きな生徒は、紙粘土を用いてリアルな原木しいたけ模型をつくった。模型を置く丸太は森林組合よりお借りした「おおさか河内材」である。

（2015 年　文化祭模造紙展示「河内長野発見隊」）

食品バザーでは天野酒の甘酒サイダー等を販売した。一連の活動を河内長野市も注目し、市のキャラクターであるモックルが見学に訪れた。後日、模造紙展示物は市役所のロビーに飾られ、広報誌『かわちながの』（2015 年 11 月号）にも活動の様子が掲載された。地域を調べ、地域の課題と向き合う人々と出会い、成果を社会に発信する、社会参加につながる学びの萌芽がこれらの活動には見られる。すべての活動の終了時、ある生徒は「終わるのがもったいない」と語っていた。こうした生徒の意欲に大きな手応えを感じた。

（河内長野市役所ロビーでの模造紙展示の様子）

2015 年度文化祭テーマ学習模造紙展示「河内長野発見隊」目次

1.河内長野の現状と可能性
(1)何が問題なのか…「河内長野が消える？！」
(2)河内長野の現状と可能性
(3)河内長野駅前商店街を調べてみて
(4)河内長野はもう「手遅れ」なの？―「天野酒」の挑戦
(5)酒蔵通りプロジェクト
(6)杉玉づくり
(7)蛍の宴
(8)奥河内コレクション
(9)西條さんに聞く、河内長野の魅力
(10)感想　西條さんのお話を聞いて
2.自然・林業を中心に魅力をさぐる
(1)こんな人に移り住んでほしい！3 つのターゲット
(2)河内長野の林業
3.裏部さんへのインタビュー
(1)「長期的に大切なもの」を探して
(2)裏部さんが河内長野を選んだ理由
(3)「お金」だけじゃない、「大切なもの」
(4)私たちには教科書を書き換える力がある
(5)裏部さんのお話の感想
4.だんじり祭りと街の活性化
(1)河内長野の文化・産業
(2)河内長野のだんじり文化
(3)河内長野のだんじりの歴史
(4)河内長野のだんじりの特徴
(5)みんなで参加できるだんじり祭り
(6)だんじりで地域を元気に、だんじりを観光資源に

一方、課題としては、実地学習への参加は有志生徒（毎回 5~8 名程度）であり、全体で共有しつつ進めたものの、参加形態に限界があった。これらの手応えと課題意識は、2017 年以降の地域探究の授業づくりに生かされていくことになる。

３．「教育・人間探究の時間」における地域探究の開始（2017 年度以降）

2017 年に教育探究コースが開設され、筆者は 1 期生の担任を 3 年間つとめた。2015 年「河内長野発見隊！」と、2016 年現代社会「極寒の暁光町を救え」（第 1

部第10章参照）を土台に、「教育・人間探究の時間」にふさわしい形でリメイクを試みた。隔週設定の土曜授業は4時間連続で「教育・人間探究の時間」に充てる時間割を組み、フィールドワークを行いやすいようにも工夫した。

初年度は、地域探究入門として「極寒の暁光町を救え」を授業で扱ったうえで、河内長野駅前エリアフィールドワーク（河内長野駅前商店街）、「おおさか河内材学習」（座学、おおさか河内材の森の散策と間伐体験、木工体験）、くろまろの郷見学、の各体験学習に取り組んだ。次年度以降も、高校1年時の2学期にこうした地域の体験学習を設定している。具体的な内容を以下、紹介していく。

(1)河内長野駅前エリアフィールドワーク

2015年度と同様、河内長野駅前商店街と、酒蔵通りを見学する。

河内長野駅前商店街学習では、2020年度以降は商店街活性化に取り組むNPO法人にぎわいプラ座や、醤油蔵のスペースをイベント時に提供している上堂醤油蔵、商店街の空き店舗のリノベーションを進めるNPO法人 AREA Renovationにも協力してもらい、ワークショップ形式での学習にも取り組むようになっている。2022年度はグループを分け、商店街内で店主へのインタビューや、リノベーション活動の体験等を行ったうえで、感想発表会を実施した。

（商店街を散策）

（西條氏のお話を聞く生徒たち）

河内長野駅前商店街での学習後は、酒蔵通りに移動し、「天野酒」酒蔵を訪問する。西條氏から天野酒の地域おこしの取り組みをお話しいただき、質疑応答の時間も設定する。2022年には酒蔵内も見学させていただいた。サイクリストでもある西條氏は自然豊かな河内長野の優位性を生かすためにも、サイクルマップ作製にも取り組んでいる。甘酒サイダー等、サイクリストに楽しんでもらえるノンアルコース商品も開発している。生徒も甘酒サイダーを購入し試飲する等、五感で河内長野エリアを学ぶプログラムで実施している。

(2)　森林・おおさか河内材学習

2017年、地域探究実施の相談にうかがったところ、大阪府森林組合から「おおさか河内材の川上から川下まで」をテーマにした体験学習をご提案いただいた。事前学習は筆者が行う。年輪幅が密で粘り気が強い杉・ヒノキ材である「おおさか河内材」の特徴や、森林の公益的機能について学び、地元木材の活用が与える地域への好影響についても、グループワークを交えながら学ぶ。

フィールドワークは、時間割を調整し、終日の活動として設定する。スクールバスで市内小深地区にある山林へ。専業林家の奥埜寿一氏より、河内材の生産や間伐についてお話いただき、その後間伐体験に挑戦する。順番に鋸を引き、その後力をあわせてロープで木を倒す。樹齢40年程の杉の木を間伐し、達成感と感動が共有される。森林散策の時間もとる。倉橋陽子氏の指導の下、森で寝転んで目を閉じて、森の時間を感受する。沢の音や木々が揺れる音が心地よく響く。森の保水機能についても、実際に土を触りながらお話を聞き、実感する。

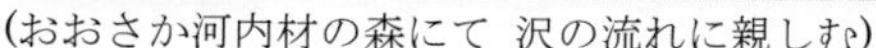

(おおさか河内材の森にて　沢の流れに親しむ)

(間伐体験)

森の中で昼食をとった後、競り市見学。巨木が並ぶ風景に圧倒される。多くが樹齢100年以上の木材であり、何世代も後の人々が使う建材を育てる林業の営みに生徒は感動を覚えていた。しかし同時に、それだけの労力が注がれた育林のすえ競り市場に並んでいる巨木につけられる価格を知ると、生徒の表情は曇る。間伐を重ね、巨木を伐採し、それを運搬する一つ一つにコストがかかると考えると、あまりにも安い価格である。

(競り市場にて)　(製材所にて)

その後、製材所へ移動。木材を乾燥させ、加工し、板材として完成する行程を見学する。杉や檜の芳香と、製材専用機械の迫力に驚く生徒たちである。

こうしておおさか河内材の森から板材の加工までを見学した生徒たちは、日を改めて木根館にて、おおさか河内材を用いたオリジナル時計を制作した。

(3)地域探究発表会

2020年度以降の活動である。2学期の地域探究の活動を模造紙発表物にまとめ、3学期に報告会を開催する。この取り組みは、より動的な学習機会をもたらした。発表準備にあたり、理解が曖昧な点や追加調査の必要性を自覚した生徒が、改めて現地に赴き視察・調査を行った。おおさか河内材学習の担当グループは、店舗におおさか河内材を活用するスターバックスコーヒー河内長野高向店に注目し、取材し、模造紙発表物に仕上げた。同作品は発表会後、同店にて展示された。河内長野駅前商店街担当グループも、お店を訪問し食レポする等、創意工夫をしつつ追加取材を展開した。最初のフィールドワークが教師により設定された活動であるのに対し、発表準備を通して自ら「聞き/見に行きたい」と希望し実行するこれらの取り組みに、生徒の主体性の高まりと自律性の獲得がみられる。

(2021 年度　地域探究発表会の様子)

４．本実践の特徴と今後の発展課題

以上、本章前半は 2015 年度の特別活動（文化祭）の実践を、後半は 2017 年度以降の「教育・人間探究の時間」における、体験ベースの地域学習＝地域探究Ｉを紹介してきた。これらの活動は、筆者に実地学習の効果を実感させるものでもあった。第１に、現地での学びを通して、教室以上に生徒の能力や意欲を実感した。積極的に質問しながら、主体的に取り組む姿や、メモを取りながら取材する姿等、調査者・探究者としての高校生の姿が見られた。第２に生徒の訪問を地域の方々が歓迎してくれた。肯定的に受容される経験が、生徒の自信を育んだ。こうした人との出会い・交流は、地域への愛着形成にも結び付いていくものであり、地域探究発表会での生徒の主体性として表現されている。

一方、本章で扱った 2015 年度文化祭学習～地域探究Ｉの内容のほとんどが大人によりプログラムされており、生徒の自律性という点では課題を残す。また、あくまで体験学習の範囲にとどまり、地域への参画という視点はみられない。それらの点は、地域探究Ⅱにて追究する課題となる。

第２章　【地域探究Ⅱ】文化財を活用した地域参加・参画

１.「中世と出逢う町」で学ぶ高校生たち

河内長野市には「中世と出逢う町」のキャッチコピーがあり、文化遺産や文化的景観の宝庫である。役行者が開き空海が修行した観心寺や、南朝御座所がおかれ北朝三上皇が生活した金剛寺が特に有名である。また高向玄理ゆかりの地とされる高向地区は、石川河岸段丘が形成した昔ながらの景観が残る。

2021 年度より、河内長野市教育委員会文化財保護課との協働でこれらの歴史遺産を活用した学習に取り組んでいる。2022 年には近世のため池である寺ヶ池を題材に、千代田公民館との協働にも取り組んだ。それらの活動は、単なる体験にとどまらず、作品制作とその活用を伴う社会参加がみられる。また、生徒たちが自ら案を出し合いながら地域貢献に取り組む等、自律的学習や地域参画の視点をもつ。こうした高校 2 年時の地域学習を本章では地域探究Ⅱとして報告する。

２. 世界かんがい施設遺産「寺ヶ池」学習と公民館講座の運営

2021 年 12 月、寺ヶ池及び同水路が世界かんがい施設遺産に登録された。寺ヶ池水路は石川上流の取水口から寺ヶ池までの 8km と、寺ヶ池から市内を通り再び石川へと至る水路の総称であり、一部は生徒の通学路と交差する。

(寺ヶ池の風景　筆者撮影)

(通学路にある水路　筆者撮影)

2022年度、寺ヶ池の世界かんがい施設遺産登録を記念した全３回の講座が千代田公民館で企画され、筆者と生徒に対して、講座参加及び講師依頼があった。授業で寺ヶ池学習を行った後、第３回の講座運営を筆者と生徒が担うことにした。

(1)寺ヶ池公園に親しむ

高校生にとって学校所在地域の理解には大いに個人差がある。小・中学区の範囲内から通学する義務教育段階との大きな違いである。一方で、高校教育の場合はカリキュラムマネジメントによる学習時間の確保に融通が利く。地域探究Ⅱにおいても、「教育・人間探究の時間」と特別活動を連動させて実施している。

まずは寺ヶ池という学習対象に生徒が愛着を形成するためにも、寺ヶ池散策の時間をとった。単に散策するのではなく、「わたしがみつけた現在（いま）」という課題を設定した。寺ヶ池公園を歩き、印象的な光景を各自がスマホで写真に撮る。その写真に題名をつけ、可能であれば詩を綴る。実施日は５月中旬。小雨交じりの天気であるが、新緑が美しい。たとえば次のような作品がある。

トトロがあるくみち
サクラ
緑を掻き分けて
ルリ
人間がつくりだした青に
息をのむような美しさと
雰囲気をもつ場所である
自然の緑が混ざる
何かが住んでいるような

(2)都市公園としての機能への着目

本校教育探究コースは高野山大学教育学科との高大連携教育を構築中である。その一環として、柳原高文特任准教授による授業を寺ヶ池公園で実施した。寺ヶ池公園にはユリノキが多数生えている。いくつかのグループになり、ユリノキを1本選び、その木が吸収する CO_2 量を計算した。広葉樹であるユリノキは針葉樹よりも CO_2 吸収量が多く、成長したユリノキ1本で自家用車をもつ4人家族が1年間排出する CO_2 を吸収する。都市公園の樹木が持つ意味を確認するとともに、それでも CO_2 過多になる現実を生徒は目の当たりにした。

(3)寺ヶ池の歴史学習

夏休みを前に、紙芝居劇「中村与治兵衛と寺ヶ池」の読み物課題を生徒に課した。同紙芝居は、観念寺（大阪府河南町）の宮本直樹住職がライフワークとして取り組む「お寺の出前」の一環であり、データ使用許可を得て、プリントアウトして配布した。また、宮本住職の上演を筆者が動画撮影し、教室で上映した。

寺ヶ池の歴史研究の第一人者は、河内長野図書館アーキビストの鎌田和栄氏である。鎌田氏は市内小学校でも寺ヶ池学習の出前授業を行っている。高校生向けに、寺ヶ池の歴史に関する授業をお願いした。同授業は寺ヶ池公園管理事務所で実施し、その後学習内容もふまえつつ、現地解説もお願いした。

(寺ヶ池の歴史を学ぶ)

(鎌田氏による現地解説)

寺ヶ池水路の整備をされている、連合井堰の新谷博一頭領のご案内で寺ヶ池水路を歩いた。学級全員での実施は困難であるため、有志を募って、放課後に行った。寺ヶ池水路の出発点である滝畑地区の石川上流の取水口は生徒が立ち入るには危険があるため、市内日野地区周辺の水路から下流を歩いた。

１日目は日野地区の水路散策である。寺ヶ池水路が供給する水量は豊富であり、荒天時には水門調整により水を放出しないと市内各地で水害が生じる。また、水路が詰まっても水害が生じる。そのため新谷氏は昼夜を問わず、天気や水流の状況を見ながら、取水口～寺ヶ池までの 8km の水路を行き来し、整備・調節を行っている。用水確保と水害防止のために水路を回る新谷頭領の努力を知り、生徒も筆者も衝撃を受けた。現地に赴き語りを聴くことで、治水・農業・景観を立体的に把握する。情動を伴うこの認識の獲得は大きな成果である。

(新谷頭領と生徒たち)

２日目は市内上原地区から水路に入り、寺ヶ池まで歩いた。河内長野の地形は石川河岸段丘により段々に形成されている。その最も高い段丘沿いに水路は走る。そのため、下の段丘へ急こう配で水を落とす「水落」が設置されている。水路は赤峰トンネル上を通っており、そこから見下ろす市内の景観が美しい。新谷頭領のお話を聞きながら、水路を歩き、寺ヶ池に到着した際には生徒たちは感動と達成感を覚えていた。2 日間を通して参加した生徒の感想を紹介する（抜粋）。

> 最初はどこにでもあるただの池やと思っていたけど、みんなで深めていくとすごい歴史のある池と知って驚いた。寺ヶ池には様々な人が関わっていた。いろんな人の努力、苦労の上に、寺ヶ池があると知れた。今回みんなと深めていったことで、僕が今まで見てきた池にもすごい歴史があるんじゃないかって、知りたいなって思った。実際水路にいってみて、新谷さんは千代田の田畑のために危険な道を行き来しているって知ってすごいなって思った。僕は一回往復しただけでめっちゃ危なかった。でも楽しかったし、良い経験ができた。

繰り返し足を運び、親しみ、学習する中で、寺ヶ池の歴史を実感したこの生徒は、その背後に多くの人々の「努力、苦労」があると気付く。新谷頭領との出会いは、それをより強く実感するものであった。彼は寺ヶ池学習を通しての発見をもとに、自らの生活地域のため池への関心も高めているのがわかる。

現地学習後は水路散策時の写真も交えて、約 7m の水路図を作成し、文化祭にて教室展示を行った。同水路図はその後、千代田公民館にも展示された。

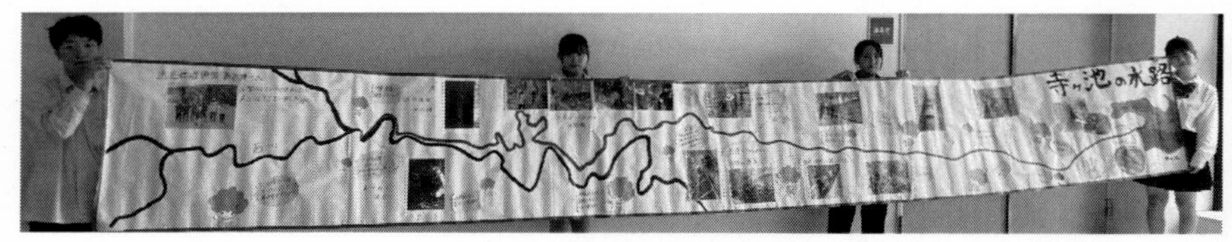

（約 7m の水路図　筆者撮影）

(4)中間報告としての文化祭展示

本実践は特別活動と連動させて展開している。文化祭では、寺ヶ池学習及び後述する高向地区の学習の中間報告をかねて、教室展示を行った。活動記録と感想、上記水路図等を展示した。

(5)千代田公民館市民講座での発表

11 月 22 日、筆者と生徒 10 名が千代田公民館講座に参加し、運営を担った。筆者が学校紹介と地域探究の趣旨を説明後、生徒が寺ヶ池学習の様子を報告した。

続いて 5 グループに分かれて寺ヶ池を活用したイベント案を作成し、参加者と交流した。一連の活動に生徒は楽しみながら、生き生きと取り組んだ。新谷頭領も飛び入りで参加され、生徒の発表や作成した水路図への温かい講評を下さった。

(千代田公民館講座のワークショップで進行役を担当。市民と交流し、発表する生徒たち)

３.「ぐるっとまちじゅう博物館」への参加・参画と地域貢献活動

河内長野市教育委員会文化財保護課主催のイベントに、「ぐるっとまちじゅう博物館」[1]がある。市内の文化財や文化的景観に参加者が親しむ企画である。2022 年度は 11 月 25～27 日にかけて、高向神社を拠点に実施され、文化財特別公開・まちあるき企画「ブラタコウ」・「高向小学校区ひと・まち・ゆめづくり会（ひまゆ会)」による展示・高向小学校児童による地域学習発表等が行われた。この企画の連携団体のひとつとして、本校生徒も 8 月下旬から学習を重ね、11 月 25 日のイベント初日には授業の枠内で参加した。

(1)高向地区散策と中世高向庄の歴史学習

生徒が高向地域に親しむ初発として、太田宏明氏（現河内長野市立ふるさと歴史学習館長）による案内で高向神社を見学し、ふるさと歴史学習館での高向の庄の歴史に関する特別授業を受けた。残暑が厳しい 8 月下旬であったものの、高向神社の木々の間を風が吹き抜け、さわやかな印象である。平安時代からこの場所に神社があったと知り、生徒は驚く。段丘面を下りながら水路を確認する。ふるさと歴史学習館への道中、高向地区ならではの地形を生徒は実感した。

(2)高向まちあるきと地図作成

10 月に入り、丸一日を「教育・人間探究の時間」に充ててフィールドワークを実施した。高向地域を 3 区分し、本校生徒と市職員、ひまゆ会、和歌山大学佐久間研究室、龍谷大学木許研究室のメンバーでまち歩きを行った。大学生と市職員が高校生を案内し、ひまゆ会の方々がサポートしつつ、段丘沿いの細い路地や集落を練り歩く。散策中、生徒は印象的な風景をスマホで撮影する。そのデータを昼休み中に筆者が印刷し、午後は高向公民館にて高向地域の地図を作成した。風景写真を加え、コメントも書き込み、オリジナルの地図が完成した。

（完成したオリジナル地図）

高向地域を歩き回った。狭い道が多かった。車がない時代、人が歩く道として作られたため、狭いらしい。鎌倉時代に作られた道もあるらしい。何年前とかはわからない。めっちゃ昔にできた道が今も普通にあることがすごいと思う。誰が作った道なのかわからない。そういう道は「里道」として管理されているらしい。道以外にも神社もあって、それも“誰が”管理するとかではなくて、その地域の人たちみんなで管理をしている。そんな長い月日を地域の人々がみんなで協力して、昔からの歴史のあるものを守っていることにすごく感動した。

そのあとの地図作成はとても楽しかった。大学生の方たちがとても優しく丁寧に教えてくれた。3 つの班の地図が綺麗に繋がり嬉しかった。それぞれ良いところがあって個性が出ていて、とても面白さもあった。いろんな人と交流してする作業は、良い意味でにぎやかで楽しい。もっとしたい。

今回のフィールドワークは高向地域のことはもちろん、地域の繋がりがどれだけ大切かも学べた。それだけでなく、小さなことでもいろんなことに興味を持って考えるのが大事だと思った。

ある生徒の感想である。「誰が」管理するというのではなく、「みんなで」管理する。そうした人々との繋がりのなかに彼女は「地域」を発見し、感動したのである。そしてそのような発見・感動を通して彼女は、「いろんなことに興味を持って考えるのが大事だ」と実感したのである。

この活動で作成した地図は、寺ヶ池学習の水路図とともに、「ぐるっとまちじゅう博物館」期間中、高向神社の社務所に展示された。

イベント当日、高向神社内に設置した屋台は「魅力発見屋台高向庄」。天野酒のノンアルコール商品等、地場産品やこれまでの学習で接点のある企業・団体の商品を販売した。メインの商品は、高向小学校区（市内日野地区）にて裏部貴司氏が育てた、善三きのこやま農園のしいたけである。当初は既製品のみの販売予定だったが、「せっかくだから来場者には温かいものを食べてほしい」「調理もしたい」との声が生徒からあがり、地元農園の焼きしいたけの販売を企画した。生徒の選択・決定は、まさに地域探究の趣旨に沿うものであった。

高向小学校児童による地域学習発表のタイミングで、ご当地キャラ（モックル、くろまろくん）も登場。この登場に高校生たちは一役買っている。児童や参観者は喜び、屋台も大好評であった。児童の学習発表時に高校生が参観するのも含めて、生徒はイベントの成功に向けて主体的に取り組んだ。

高校生や小学生が高向神社に活気を生み出す原動力となり、幅広い年齢層の方々が高向神社に集った当日の様子は、地域の中心としての神社の機能を再現させたようにも感じられた。筆者としても、教育活動と地域貢献との連結を強く実感した瞬間であった。

次の生徒の感想が、達成感や臨場感を伝えている。

> この一年でたくさん高向のこと学んでいろんなこと知った。現地に行って学ぶこと、感じることって大切だと思った。みんなで一つの大きな地図をつくったり、みんなで意見を出して工夫した「ぐる博」、本当に貴重な経験できたな。「ぐる博」はお客さん来るんかなとか、しいたけとか売れるんかなとか、不安もいっぱいだったけど、たくさん人が来てみんな「しいたけおいしい！」って言ってくれて嬉しかったし、達成感があった。テスト前だったり、いろいろスケジュールかつかつの中での学習だったりでバタバタだったけど、それもある意味思い出だし、やればできるんだなぁって思えた。なんやかんやすごく楽しかった！

(左：モックル&くろまろくんの登場。右：生徒が運営した屋台。写真提供：河内長野市)

4. 河内長野市文化財保護課主催シンポジウムへの参加

2022年3月11日、学級を代表して5名の生徒が河内長野市文化財保護課シンポジウム「みんなで残そう　私たちの文化遺産」へ参加した。2名はパネリストとして登壇し、3名はポスターセッションを担当した。地域探究Ⅰ・Ⅱの、2年間にわたる活動を振り返った登壇生徒は、意識の変化を次のように語った。

> 活動を通して感じたのは、「人と人との繋がり」です。全てにおいて1人でできるとかはないんじゃないかと思いました。小さなことでもどこかの誰かに支えられていて、私たちはこうやって発表をしたり出来ているんだなと思いました。正直、学ぶまでは「地域なんて...」と思っていました。でも色々な場所を散策して、色々な人と語り合い、たくさんのものと触れ合い、「今私たちが普通に生きているこの地域はたくさんの人が繋がって支えてきたものなんだな」と考えさせられました。「たかが地域」と思っていたけど、その「たかが」にたくさんの思いやたくさんの繋がりが隠されていて、私たちはその「たかが」をひたすらに追究していくことが、今後の学びなのかなと思いました。

「地域」とは単なる空間を指すのではない。そこには固有の人々が暮らし、固有の生活がある。ただその場に「ある」ものとしてではなく、たえず人々が作用を及ぼしながら現在に至っているものである。そうした連続性の上に、今回の一連の学習や発表、交流の機会がある。時代をも越えつつ、それらとの「つながり」を実感することに地域探究の奥深さと面白さがある。

5. 地域探究の実践原理

前章と本章では、地域探究の設置過程や活動概要をみてきた。これらを総合して小括するにあたり、筆者はそれぞれ重なり合う次の５つの原理を提示したい。

第１に課題の焦点化の重要性である。「インターネットで地域を調べよう」といった漠然とした地域学習ではなく、個別具体のひと・もの・こととの出会いを設定していった。また、第１部第10章にみるような、地域や学校の持続可能性という切実なテーマ設定も、地域探究Ⅰでは行った。このことにより、生徒の当事者性を刺激しながら、活動を展開し、意欲的な活動姿勢に結び付いている。

第２に身体性と表現を伴う活動形態の選択である。現地に赴き、そこで利他的精神ももちつつ課題に向き合い活動する人々に出会う。その場所ならではの時間を味わう。間伐体験等、多彩な体験をする。これらの活動には身体性が伴う。加えて、それらの活動を作品化する姿勢が重要である。写真詩集作成や発表会実施も含め、キーワードは身体性と表現である。

第３に肯定的に受容される経験が地域への愛着を育む。訪問先で温かく受け入れられる経験が、生徒の自己肯定感を高める。同質性が強まりがちな教室と異なり、多様な年齢・多彩な人々との交流機会の創出は、生徒の生活環境を鑑みるに、改めて重要な意味をもつ。

第４に、「他律から自律へ」である。課題の焦点化にしても、フィールドワークにしても、初発は教師が設定しており、他律的活動である。しかし当事者性の芽生えや活動へのやりがいの自覚、肯定的に受容された経験による地域への愛着形成等の要素から、生徒が徐々に主体性を発揮し、「もっとこのような活動をしたい」という自律性の獲得に結び付く傾向がある。地域探究発表会の準備や、地域探究Ⅱの諸活動で生徒がみせた自律的な動きに、市民としての頼もしさを感じる。

第５に、「探究から貢献へ」である。これは富田林中高の改革を推進した易寿也氏の「探究と貢献」[2)]に学んだ表現である。本実践においては、高校生がもつにぎわいづくりのエネルギーと、社会教育上のリソース化の２点に力点を置く。活動を通して地域への愛着を育み、利他性を伸長した生徒たちは、高向神社での活動にて学習と活動の蓄積を土台とし、「自身も楽しみながらにぎわいづくりに貢献したい」「世代を超えて地域の方々に喜んでもらいたい」と相談・実践した。千代田公民館講座の運営や各種作品展示、河内長野市文化財保護課主催シンポジウムへの登壇は、高校生の学習が社会教育におけるリソースとなる事例と評価できる。生徒が生き生きと取り組む地域学習は、自ずと地域貢献性を帯びるのである。

資料：地域探究Ⅰ・Ⅱ　フィールドワーク・体験学習の記録（2021年度入学生）

■2021年度　地域探究Ⅰ

月　日	活動内容（活動場所）
11.5	おおさか河内材森林学習 ・間伐体験＆森林散策（河内長野市内小深地区） ・競り市見学（大阪府森林組合木材総合センター） ・製材所見学（大阪府森林組合ウッドベースかわちながの）
11.20	河内長野駅前商店街フィールドワーク（にぎわいプラ座、上堂醤油蔵他） 酒蔵通り散策・天野酒訪問（西條合資会社）
12.8	奥河内くろまろの郷見学(道の駅奥河内くろまろの郷) おおさか河内材　木工体験（大阪府森林組合「木根館」）
3.11	地域探究発表会（大阪暁光高校講義室）

■2022年度　地域探究Ⅱ（★は代表生徒による参加）

月　日	活動内容（活動場所）
5.13	寺ヶ池散策・写真詩集作成（寺ヶ池公園）
6.17	樹木が吸収した二酸化炭素量の計測（寺ヶ池公園）
8.26	高向神社現地学習（高向神社）中世高向荘歴史学習（ふるさと歴史学習館）
9.13	寺ヶ池の歴史学習・現地解説（寺ヶ池公園）
9.16	★寺ヶ池水路フィールドワーク（日野地区）
9.21	★寺ヶ池水路フィールドワーク（上原町-小山田町）
10.1	文化祭展示　大阪暁光高校２年３組
10.19	高向地区まち歩き（高向神社、道の駅くろまろの郷　他） 高向地区地図作成（高向公民館）
10.31	天野小学校6年生「文化財子ども解説」リハーサル参加　（天野小学校）
11.4	天野小学校6年生「文化財子ども解説」見学（天野山金剛寺）
11.22	★千代田公民館講座「世界かんがい遺産を活かす」(千代田公民館) 活動報告・ワークショップ
11.25	「ぐるっとまちじゅう博物館」(高向神社境内) 作品展示・屋台運営・小学生の発表見学
3.11	★シンポジウム「みんなで残そう 私たちの文化遺産」(ゆいテラス) パネルディスカッション登壇とポスターセッション参加

1) 同イベントにおける連携団体の関係構築過程を明らかにした論考として、山本大智、佐久間康富「文化財活用イベントにおける主催者と協力者の活動構築過程とその評価－大阪府河内長野市ぐるっとまちじゅう博物館を事例に－」(日本都市計画学会「都市計画報告集」22号、2023年) がある。

2) 易寿也「大都市周辺部の伝統校が変わる－「総合的な学習の時間」を軸にした「学びの改革」(序論)」大阪芸術大学『芸術と教育(2)』、2018年

第３章　高校生の教育実習

「高校生は“児童・生徒”のプロである」。筆者は生徒に対して、しばしばこう表現する。高校生は不思議な存在である。高校１年生で考えても、大人のようでもあるが４年前は小学生。人間の成長や発達のダイナミズムに改めて驚かされる。

教育探究コースでは、小学校への観察実習を実施している。2017年以降、１年生時は高校から徒歩３分の位置にある、河内長野市立楠小学校にて実習を受け入れてもらっている。１学期に最初の訪問がある。３・４年生の教室を訪問し、児童と交流し、授業の観察を行う。２学期にも同じ学級を訪問する。

２年生では、特色のある教育活動に取り組む学校を訪問する。2021年からは、河内長野市を代表する寺院である天野山金剛寺を題材とした学習発表に取り組む、河内長野市立天野小学校を訪問している。

本章ではこれら小学校訪問（観察実習）の様子と生徒たちの学びを紹介する。

１．高校１年次の小学校観察実習

最初の小学校訪問（観察実習）を１年生１学期に実施する。生徒にとって、教育探究コース入学を実感する活動である。当日のスケジュールは次の通りである。

教育探究コース１年生の動き	楠小学校３・４年生の動き
11:55～12:15　直前指導	
12:15～12:45　昼食等（食事は教室内）	12:35　4限目終了
12:50～　諸注意・楠小学校へ移動	12:35～13:15　昼食
13:10～13:25　校長先生のお話	13:15～13:35　清掃
13:35～13:55　昼休み　児童と交流	
13:55～14:40　5限	授業見学・児童の学習サポート
14:50～15:35　6限	授業見学・児童の学習サポート
終礼見学・下校の見送り　16:00頃終了	

(1)事前学習

①自身の小学校時代の思い出の交流

楠小学校は１学年２学級(2023年現在)。３・４年生の学級を訪問するため、４グループに分かれて実施する。事前学習では、訪問グループを発表後、グループ内の交流を伴う活動を設定する。自身の小学校時代の思い出をベスト3形式で書き出し、語り合い、聴きあう。項目は、授業・遊び・友達・先生・給食。思い出を書き出すうちに懐かしさがこみあげてきて、この交流だけで大いに盛り上がる。

続いて訪問学級を決定する。当日の時間割も提示し、どの学級に入るかを相談して決める。なお小学校は頻繁に時間割の変更がある点もあらかじめ伝えておく。

②見学時の「注目ポイント」の設定

訪問学級を決めたら、グループや個人の注目ポイントを設定する。イメージが湧きやすいように、筆者がいくつか教授技術を実演する。例えば板書の際、中学校や高校の教員は黒板に書きながら生徒に背を向けたまま説明する場面がままみられるが、小学校教員は基本的にそれをしない。児童にとって書く時間・読む時間・聞く時間、等がはっきりとわかるように、動作を分けながら授業を展開する傾向が強い。児童に発問し、対話しつつ板書する場合でも、体は黒板に横向きにして、児童の様子を確認しつつ行う等の工夫がみられる。そうした点を実演しながら紹介すると、生徒は「確かにそうだった！」と納得する。筆順を覚えるための空書の実演を生徒に促すと、多くの生徒は鏡文字での空書の難しさに気づく。こうして具体的に授業や小学校内での場面を想像してみると、各自の中に、「こういうときはどうしているのだろう」といった問いが生まれてくる。

「グループとしてこの部分は必ず確認しよう」という1つのポイントと、個人として注目したい5つ程度のポイントを設定し共有する時間をとる。なお、2回目の観察実習では生徒の中にも小学校現場のイメージが湧くため、イメージマップを作成しながら注目ポイントを決める活動を設定する場合が多い。

③安全配慮や守秘義務等、教職者・実習生の服務上の義務

訪問時の留意点や個人情報の守秘義務について学ぶ。架空のケースをいくつか設定し、その中にある問題発言や守秘義務違反の部分を確認する等して、これらの点も丁寧に学習する。訪問時の服装や持ち物も確認する。

(2)訪問当日の活動

当日は午前中の授業を早い目に切り上げ、昼食をとったのちに、小学校へと向かう。生徒の表情には緊張の色が見える。

小学校到着後、校長先生や教務担当の先生方からお話を聞き、いよいよ教室へと向かう。教室に入ると、児童は高校生に興味津々である。同時に、すぐに声をかけてくれる。「おにご（おにごっこ）しよ！」「ドッジボールしよ！」等、児童が高校生をリードするような形で、交流が始まるのが毎年の様子である。

おにごっこやドッジボールで高校生が威厳を見せるかと思いきや、外遊びは小学生の方が上手な場合が多い。高校生が先に疲れ果て、「小学生の体力、すごい！」と感嘆している。一方で、運動部で鍛えてきた生徒は児童の尊敬のまなざしを集めている。事後学習時に生徒は「自分たちも小学生のころ、早く走ったり強くボールを投げたりすることへの憧れが強かった」と振り返る。「小学生に戻ったつもりで遊んで楽しかった！」という感想も多く寄せられる。

昼休み終了のチャイムが鳴ると、全力で走って校舎に向かう児童の姿に生徒は驚く。教室に入ると、完全に「授業モード」になる児童の様子に、「自分たちよりも切り替えができている」と反省しつつ感心する生徒の感想も、毎年恒例である。

授業中の教室では、メモを取りながら児童の学びの様子（活動・表情・発問・発言等）を観察・記録する。

（1年時小学校観察実習の様子）

机間指導をしつつ児童の学習活動をサポートする等、役割を与えてもらえる場合も多い。小学校の担任教諭から「高校生の先生」と呼ばれ、笑顔で児童とかかわりあう生徒の姿は、微笑ましく、美しい。

最後は昇降口にて、「さようなら」「ありがとう」と声をかけながら児童の下校を見送る。「また来てや！」と声をかけてもらう生徒がたくさんいる。短い時間の交流に関わらず、手紙や折り紙のプレゼントを用意してくれる児童もいる。

交流や発見、感動が、生徒の教職への関心を高めるのである。

(3)事後学習

大きくは3つの活動を設定している。第1は、引率者による講評である。引率者が撮影した活動写真もモニターに映しつつ、講評を行う。印象的な場面を生徒が語れば、カンファレンスのような形でその場面・活動を検討する。

第2は、実習レポートの作成と共有である。各自が観察実習・児童との交流で学んだ内容を文章で叙述する。レポートは文集にし、学級内で読みあう。

> 楠小学校訪問は、私にとって良い経験となりました。それは先生や児童の様子を知れたからです。
>
> 私が小学生の時の先生のイメージは、「勉強を教えてくれる人」という軽い印象しかありませんでした。でも、その印象は変わりました。先生は児童一人ひとりをよく見て、できていない児童がいたら、遅れが出ないようにすぐに注意していて、さらに児童も大きな声で返事していました。他にも、先生が話に加わるだけで、それまで少しグダグダしていてなかなか進まなかったのに、スムーズに話し合いが進んだり…。先生はとても偉大な存在だと気づかされました。
>
> 児童はメリハリをつけていました。休み時間は学年関係なく元気に鬼ごっこをしていたのに、チャイムが鳴ると一斉にダッシュしだして、教室に入って、静かに座っていました。
>
> 教室をみていると、宿題が山積みになっていて、「先生はいつも児童を見て、授業もして、いつ丸付けをしているのだろう」と思いました。まだまだ疑問があります。次会うときに質問とかできたらいいなと考えています。
>
> 本当に良い経験をさせていただきました。ありがとうございました。

このレポートを書いた生徒は、児童としてではなく観察者として教室に入ることで、「先生」の仕事の多層性に気づいている。常に児童の状況を把握し、適切な声掛けにより学習のリズムを生成する、教師の暗黙知を彼女は発見したのである。

> 小学校訪問で一番印象に残ったのは、子どもたちの元気な姿だった。昼休みにグラウンドに出ると、笑顔で子どもたちが「一緒に、鬼ごっこやろう」と誘ってきた。僕は誘われて、すごくうれしかった。人数は 15 人ほどだった。女の子のほうが多く、みんな無邪気でかわいかった。昼休みが終わると、みんな一斉に教室に帰っていった。僕は「みんなかしこいな」と思いながら、「僕も昔あんな感じだったなぁ」と思いかえした。
>
> 昼休みが終わり、5 時間目の楠フェスティバルの話し合いが始まった。先生はあまり口を出さず、小学 6 年生が中心となり、児童だけで話し合っていた。小学 6 年生がまとめている姿はすごくかっこよく見えた。先生は話し合っている人などの横についてあげていた。「前を向きなさい」とか、「今のどう思う」と問いかけることで、全員で意見が出せるように促していた。全員を楽しませたいんだなと考えた。
>
> 次の時間は図工である。黒板には「暖色」「寒色」という文字があり、マグネットでいろいろな色の紙を貼れるようにしていた。先生は、「誰かひとり、寒色と暖色に分けてくれる人はいますか」と問いかけた。複数の児童が手を挙げた。先生は一人を指名して、その児童は暖色と寒色に分けた。その子の発表に対して、クラスの子たちは「その色は暖色だ」など、積極的に自分の意見を言っていた。僕はそれを見て、「小学校と比べて、中学や高校は発表する人が少ないな」と考えた。僕は小学校のように、みんなが発表などをし、意見を積極的に言う方がいいなと思った。なぜならば、みんなが勉強に取り組めるからである。
>
> 授業時間が半分を過ぎたあたりで、図工の先生が、「君たちも一緒にやらない」と声をかけてくれたことがとても嬉しかった。僕たちも授業に取り組めて、とても楽しかった。
>
> 今回の小学校訪問でさまざまなことに気づくことができました。ありがとうございました。

彼は小学生の学習風景と、自身の過去や現在とを往還させながら気付きを綴る。図工の先生の配慮により、授業に参加したことを喜び、楽しむ様子も含め、各場面に思いをもちながら取り組んだことが良く伝わる。「楠フェスティバル」は、縦割り特別活動の取り組みである。そこで発揮される児童相互の教育力や、話し合いの環境を整備する教師の動き等をていねいに観察し、気付きを綴っている。

第 3 はグループ内での気づきの共有と作品化である。グループで設定した注目ポイントの確認をする。また、「児童」と「教師」について、観察実習を通して気づいたことや感じたことを付箋紙に各自が書き出し、グルーピングする、KJ 法のような形式で作品を作成し、発表しあう。

観察実習は引率教員の学びの機会にもなる。ユニバーサルデザインを意識した授業や、児童へのきめ細やかな支援を前に、高校教員は個に応じた指導への思いを新たにする。校種をこえた見学・交流が持つ意味を感じる。

2．2～3年次の学校訪問

2年次以降は、「特色のある学校訪問」の機会を設定している。

コース設定当初は、学級の問題意識に応じて訪問先を設定するとしていた。

例えばコース1期生の場合は、1年次の文化祭で壷井栄『二十四の瞳』を主題材にしつつ戦前日本教育史を学んだ（詳しくは、第3部第2章）。その際、大正自由教育の理念を最も体現していたといわれる、池袋児童の村小学校の事例を検討し、一定数の生徒たちが自由学校に関心をもった。そこで2年次に、きのくに子どもの村学園（小学校・中学校・国際高等専修学校）への学級単位での訪問を申し込み、受け入れていただいた。事前学習ではデューイやニイルの教育思想を学び、きのくに子どもの村学園の教育の特長や歩みを学習した。訪問時には、小・中学校のプロジェクトを見学後、きのくに国際高等専修学校（「きの高」）のみなさんと交流し、きの高のプロジェクトにも部分参加した。学校の多様性を実感する、貴重な実習であった。

自由な学校ときいていたので、楽しみに当日の朝を迎えました。

いざ行ってみると驚きの連続でした。「学校なのかこれは」というのが第一印象でした。小中高と学校という場で学んできましたが、そのどれにも当てはまらない独特な、感じたことのない、どちらかといえば家庭に近いような感じが印象的でした。個人的に面白かったのが、教室です。教室という感じが全くしなかったからです。ミーティング部屋みたいで新鮮味があり、とても面白かったです。こういう場で学ぶのも、自分たちの学校とは違ったものを学べそうで、いいなと感じました。また来たいです。

お昼ご飯の時から「すごくフレンドリーだな」という印象を受けました。学年の壁を超えて交流しているから、初対面の人とでも気軽に話すことができるのかな、と感じ、コミュニケーション力が他の学校より高いのではと考えました。とても素晴らしいことです。特に交流会ではその印象を強く受けました。中でも司会者はすごくはきはきしゃべるし、知らない人でもすぐにフォローできていたし、進行がすごく上手で尊敬しました。役割分担もとても上手だと感じました。日ごろのミーティングの結果なのだろうと感じました。

彼は自由学校におけるミーティングの重視、という事前学習の内容を踏まえながら観察し、実感を綴っている。

> 自分たちの授業と全然違った。教室に教卓がないし、黒板ではなくホワイトボード。先生も座っていてびっくりした。テーマを決め自分たちで話し合い、そこに先生も入って一緒に授業を創っていく感じだった。高校生の授業では、中学生の授業と違うところがあった。授業で使うプリントを生徒がつくるのもすごいし、みんなの前でしゃべるのも生徒。先生はそれを見守っていた。
> 今思うと、きのくにではチャイムの音も聞こえなかった。
> 自由でいいなって思ったけど、私には今の授業のやり方の方があっていると思った。自由だと自分に甘くなるかもしれないから。
> 次はきの高の人たちに暁光高校に来てほしい。探究とか他の学校にはないし、きの高の人たちも「こんな学校あるんや」と思うと思う。

彼女はきのくに子どもの村のおとなの役割をよく観察し、理解している。また、自分たちの「教育・人間探究の授業」をきの高生に見てほしいという願いも綴っている。彼女の見学を通した気づきと同時に、自身の成長感の表明でもある。

コース２期生はやはり文化祭テーマ学習と関連性をもたせながら、夜間中学校への訪問と学習支援を実施した。

近年は、2 年次の観察実習は河内長野市内の小学校の「ふるさと学」への参加もかねて実施している。2021 年より、天野小学校への訪問を行っている。同校 6 年生は、南北朝時代に南朝御座所がおかれ北朝三上皇幽閉の地としても知られる、天野山金剛寺の学習に取り組む。河内長野市教育委員会文化財保護課職員による出前授業・現地学習の後に、児童は学習・調査内容をもとに説明やクイズ、寸劇等をつくり、発表会準備を進める。発表は金剛寺で行われ、観光客や保護者を対象に児童は発表・文化財解説を行う。一連の活動を「子ども文化財解説員」と呼ぶ。

生徒は訪問に先立ち、①地域における学校の役割、②総合的な学習の時間の目的、をテーマに事前学習を行う。児童の発表グループと同数の実習グループをつくる。リハーサル時に小学校を訪問しグループごとに児童の発表を聴き、アドバイスを送る。当日は金剛寺を訪問・拝観し、「子ども文化財解説員」の発表を見学する。リハーサル時からの児童の上達ぶりに、生徒は小学生の力を実感する。

（左：リハーサルにてアドバイスを送る　右：金剛寺での児童の発表を見学　筆者撮影）

とてもはきはきしてる子も恥ずかしそうにしてる子もいた。画用紙の工夫や劇にする等の工夫がすごくて、高校生でも思いつかないことを堂々とやっていて良かった。小道具をたくさん使っていたり、話し方を工夫したり、クイズのときに○×の札を使ってみたり、相手側に問いかけるような工夫がどこの班も多くて聴いていて飽きない発表が多かった。私が一番印象に残っているのは、発表が終わってすぐに失敗したところの言葉を変えて喋りやすく工夫する等、すぐに話し合っていた班。ちゃんと話し合いをして、もっと発表の出来をよくしようと班の皆で頑張っていた姿がすごく印象に残った。「私より前に発表を聞いた高校生に言われたこと、悪かったところは何？」ってきいたときに「声が小さいって言われた」「だから、声を大きくしてみたんだ」と言っていて、偉いなと思ったし、素直にアドバイスをきいて、すぐにそれを直そうとするのがすごいなと思った。

リハーサル参加時の生徒の感想である。発表会に向けて改善のために努力する小学生に感心する様子が伝わってくる。児童・生徒ともにグループ分けしてリハーサル発表を実施したため、児童は何組もの高校生に向けて発表練習を行う。高校生の参加が、児童の発表練習に貢献しているのもこの感想からわかる。こうした努力を目の当たりにしたうえで、発表当日も足を運び、児童の学習発表を参観した生徒たちは、発表後の児童に賛辞を送っていた。

2022年度は、4月にコースの企画として、大阪市立大空小学校を舞台としたドキュメンタリー映画『みんなの学校』の上映会を開催した。2・3年生は、木村泰子『みんなの学校が教えてくれたこと』（小学館、2016年）を購入し、ゴールデンウィークの読書課題としたうえで、授業内で読書会も実施した。各自が印象に残る部分を選び、読み上げ、その部分を選んだ理由や連想した事柄を発表する。それを聞き、質問や感想も語り合う。相互理解を深めながら、「みんなの学校」の実践の価値を深く認識する学習となった。そのうえで、3 年生が大空小学校にて学習ボランティアとして参加した。グループでの見学・交流ではなく、各学級に1名ずつ生徒が入り、より積極的に児童とかかわった。

教育探究コースでは、2 年次末に 10 日間の海外研修を設定してきた。ニュージーランドを訪れ、現地でのホームステイと語学学習に取り組むのは一般的な短期留学と同一であるが、大きな特色として現地学校・保育現場でのボランティアがある。幼稚園・保育園での実習を 2 日間に分けて行う。現地の自由な保育に生徒は刺激を受ける。また、現地の小学校を訪問し、和文化プレゼンテーションや交流を行う。これも部分的な関わりではあるが、教育実習のひとつである[1)]。

（オークランドのプライマリースクール（小学校）にてボランティアを行う生徒たち）

3．高校生の教育実習がもつ多元的な意味

教育探究コースは教師等、発達援助専門職者育成を視野に設立したが、学級の大多数が教員志望者というわけではない。教員養成系学科に進学したり、教職課程を履修したりする卒業生は、毎年 5~6 名程度であろうか。それでも、教員離れが言われる現在において、30 人に満たない学級から毎年 5 名以上が教員を志して進学するのは、一定の成果といえる。また、決して教員志望者に限らずとも、学校現場への実習は青年期教育において意味をもつと考えている。大きく 4 つの側面からその意味を整理したい。

第１は、自己との対話である。生徒にとってこれまでの学校での経験は大きな比重を占める。だからこそ、教育や学校に関する学習に生徒は関心をもって取り組むし、実習では体感も通じながら自身と往還させた学びを自ら紡ぎ出す。そうした活動は、自らの成長に気づくきっかけになる。

第２はキャリア意識の形成である。教員志望者にとって学校現場への訪問・実習は大きな楽しみであり、実際に参加して教職への意欲を高める。また、諸活動を通じて、新たに教職を進路の選択肢として意識する生徒も出てくる。体験の蓄積は自身の得意に気付き、キャリア意識を形成するにあたり有意義である。

第３は自己効力感の向上である。観察実習といっても、「お客さん」ではない。児童に慕われ、児童の学習を支える経験は、生徒の自己効力感を高める。そもそも高校生という段階そのものが、社会の担い手としての側面ももつ。社会から物理的に切り離され、与えられた抽象的課題をこなし、評価されるといったステレオタイプの授業ではなく、慕われ頼られ、そこで責任を自覚しながら試行錯誤する経験そのものが、高校生の成長を引き出す。

第４は多様性の把握である。本来、学校や教育は多様なものであるのだが、往々にして人は自らの被教育経験を一般化しがちである。特色のある学校への訪問には、そうした意識を相対化する意図がある。児童が協働しながら自律的に学習するきのくに子どもの村の事例や、地域の方々を含め、多様な人々が教室の中で認め合い支えあう大空小学校の事例、そして多文化共生社会であるニュージーランドの子どもたちとの触れ合いを通じて、生徒は学校・教育のステレオタイプ像から一定の距離をもつようになる。そうした意識の変化は、学校をより動的に把握するとともに、自分たちが学校づくりの主人公なのだという意識への回路を拓く。

こうしてみると、小学生時代の自身を思い浮かべながらの自己内対話や、職業体験としての側面等、多面的な意味をもつ小学校への観察実習・交流は、社会と出会う・自立を目指すという青年期の学びとしても意味をもつものなのである。

1）ニュージーランド研修であるが、燃料費・物価の高騰等の事情により、2024 年度の実施をもって中断が決まっている（廃止、とはしていない）。また、コロナ禍以降は、小学校・保育園へのボランティアも実施できていない。

第4章　「綴方的」に学ぶ

1．ヒデユキの作文と忘れられない授業

ヒデユキは、作文が苦手な生徒だった。しかし、ある作文の授業がヒデユキの可能性を大きく開いた。

2020年。3年間持ち上がったコース1期生を送り出した翌年、筆者は教育探究コース2期生（3年生）の担任を務めることになった。ちょうど新型コロナウイルス感染拡大を受けての一斉休校の最中であった。担任発表は手紙にて行い、その後、教員は各家庭への電話挨拶や生徒の状況の聞き取りに追われた。

並行して、休校期間中の学習課題を各教科で準備した。多くはプリントや教科書を用いる自習課題であるが、筆者はそうした「お勉強」だけではなく、少し毛色の違う課題を出したいと感じた。早く生徒の様子を知りたいという思いが強かったのだ。そこで原稿用紙をレターパックに同封し、「教育・人間探究時間」の課題として一枚の自由作文を課した。「自由作文」と言われて戸惑う生徒への配慮として、新聞記事数枚のコピーと、10程度の「論題一覧」も同封し、「論題自由。論題一覧から選ぶのも、新聞記事を読んでの感想を書くのも大歓迎」とし、返信用のレターパックも同封した。

しばらくして返信が届いた。提出された諸課題を見てみると、ドリル学習の類は、「一応、気が進まないけどやりました」という感情がにじみ出ている。一方、作文課題はそれぞれの生徒の持ち味が出ていて面白い。そこで筆者は、自習課題郵送の第二弾で次のような課題を出した。

1日1回、作文を書きましょう。3日分書いたら、返信用封筒①に入れて、返送してください。4日目~7日目は、返信用封筒②に入れて、投函しましょう。

教職員も在宅勤務を指示される日が多かったうえに、筆者はこの年から滋賀県高島市に転居しており、片道3時間の通勤となっていた。そこで返送用封筒には筆者の自宅住所を印刷した。

数日後、次から次へと返送用の茶封筒が届く。開封して読んでみると、傾向と

しては、最初の2枚くらいは、「ちゃんと書こう」とした印象が伝わってくる。3枚目になると、「なんでこんな課題なんだ」という抗議が2名程度。とはいえ、全体的に、作文作成を苦痛とは思っていないようである。数日置いて、第二弾（4~7日目）の記述からは警戒心が消え、素直にのびのびと綴っている印象を受けた。一日一枚の作文が、生徒の感性を柔らかくしている気がした。

作文を活用した学級通信を発行し、6月から始まった分散登校時には、作文を活用した意見交流もできた。何より対面の時点で、それぞれの生徒の問題意識や人柄がある程度把握できていた。コロナ禍における作文の可能性を実感した。

さて、冒頭にあげたヒデユキである。彼は「作文を書けない」生徒であった。気になったのは論題例のうち、「得意なこと、苦手なこと」を選び、「苦手なこと」だけを短く書き、「これから頑張りたいです」と、とってつけたようにして終えている作文である。「得意なこと」を一切書かないヒデユキの心中を思った。

やがて、通常登校が始まった。3年生なので進路についても各生徒と相談する。ヒデユキは「特別支援学校の先生になりたい」と語る。ただ、思いや関心はあるものの、要領を得ない語りである。おしゃべりを続けていると、「自分、中学の時にいじめられていたんです」とヒデユキが語り始めた。教師から目を付けられ、仲間からも軽視され、いじめられ、被害を伝えても教師には取り合ってもらえず……。彼はそうした経験をぽつりぽつりと語った。聞き取ったうえで私は、「いま語った内容を作文に書いてみないか」と促した。彼は1時間、一心不乱に原稿用紙に向かい、書き上げた。その大筋は、次のようなものである[1)]。

> 小学校時代は楽しかった。僕は期待をもって中学校へ入学した。入学初日。集合して最初に聞こえたのは先生の怒鳴り声だった。恐怖を感じた。
>
> 最初の授業。途中で気が緩みあくびが出た。先生がにらんできた。後で「お前、あくびしとったやろ」と怒鳴られた。ひたすら謝った。「汚名返上しないと」。緊張して受けた最初のテストで結果が出なかった。頑張っても無駄だと感じた。その態度のせいか、よく怒られた。「目ぇ見て話さんかいボケコラァ！」と何度も言われ、怖かった。そんな僕は、いじめのターゲットになった。机を蹴られ、椅子を隠され、靴もなくなった。先生に相談したら、「お前、管理悪いからなくしたんじゃないか」と言われ、悔しかった。もう何をやっても無駄だと思った。でも、不登校にはならなかった。僕なりの抵抗だった。
>
> 受験の年になった。でも僕は何をすればいいのだろう。「普通わかるだろ」。先生

> も周りのみんなも口をそろえた。「その『普通』ができない僕はなんなんだ」「『普通』って、なんなんだ」。心の中でつぶやいた。
> 　僕のように、SOS を出せずに悩み、苦しんでいる人がいる。「理解してもらえない」「自分が嫌だ」「何をしても怒られる」、そんな思いをさせたくない。だから僕は将来、特別支援の先生になりたい。ともに学び、助け合い、だれでも楽しく、個性を大事にした教育をしていきたい。

ヒデユキにとって、中学校でのつらい日々が、「特別支援の先生」への動機と結びついていたのだ。「何をしても怒られる」経験が、彼に「得意なこと」を書けなくさせていた。

ヒデユキの親友に、マサツグがいる。彼も中学時代にいじめられ、心に傷を負っていた。卒業作品制作に向け、マサツグが選んだテーマは、「いじめ」。彼もまた、作品づくりの過程で自らのつらい経験を綴った。

筆者はヒデユキとマサツグに、「嫌でなければ、『教育・人間探究の時間の授業』で 2 人の経験を語ってみないか。この作文も読んでもらって、みんなの経験や感想、意見を寄せてもらうのはどうだろう」と提案した。担任は変わったとはいえ、クラス替えなしの学級で 3 年目。生徒たちの作文に目を通し、普段の様子を観察するに、きっと学級として 2 人の経験を受け止め、語り合い、「いじめ」を題材にその心理構造や人間関係について考察を深めていくだろうと予想できた。2 人は作文を公開し経験を語るのを了承してくれた。

授業当日。学級全員で 2 人の作文を読み、語り合った。多くの生徒にとっていじめは身近で深刻な問題だった。「いじめられていても親には言えない」「助けを求められなくなる」心理状況が語られ、共感を集めた。何人もの生徒がいじめ被害経験を語った。集団心理の中でいじめの加害者になったことを告白し、「なぜあんなことをしてしまったのだろう」と、自問自答をする生徒。いじめを止められなかった悔いを今も持っている生徒。2 人の作文を呼び水に、各々が自身の経験を語り、耳を傾け、考える。忘れられない授業空間になった。

この授業の後、ヒデユキとマサツグは変わった。学級への安心感が高まり、積極性が伸長した。特別活動でも積極的に役割を引き受けるようになった。いま彼らは大学 3 年生。ヒデユキとマサツグは教員養成系学科で学んでいる。

２．「綴方的学習」と文章表現講座

ヒデユキに限らず、本音を綴り、それを仲間に受け止めてもらうことで、劇的に自身の可能性を開花させる生徒に多く出会ってきた。こうした活動や成長が、その学級ならではの学びを生み出す。これは筆者が生徒から学んだ原理である。

かつて、自由に作文を書き、それを教材にして学ぶ、生活綴方教育が盛んに展開された。ここに挙げた例は綴方教育の伝統に連なるものである。そして「教育・人間探究の時間」では、綴方的な学びを大切にしている。このような活動を継続し3年生になると、多くの生徒は書くことを苦にしなくなる。むしろ、文章表現を楽しみ、没頭しながら生き生きと取り組むようになる。表現の喜びや楽しさを実感する生徒は、仲間の記述を読むのも好きである。

多くの生徒は入学時点では、作文に苦手意識をもっている。「これまでたくさん、作文を書かされてきたけれど、『見ました』のスタンプのみで返却され、成績をつける道具に使われるだけだった」「成績のためにはいいことを書かないといけない。でも、『いいことを書こう』とすればするほど、何を書いていいのかわからなくなる」。生徒の回想である。この意識を払拭し、書く喜びを実感できるようにしたい。そのために、2 つの取り組みを重視している。ひとつは生徒の記述へのコメント記入である。肯定的に受け止め、感想を返す。教師のコメントはモチベーションにつながると、生徒は口をそろえて語る。

もうひとつが、1 年生を対象に毎月 1 回設定する文章表現講座であり、コース創設時は新妻義輔氏（元朝日新聞大阪編集局長)、2020 年からは中川謙氏（元朝日新聞社編集委員）に講師をお願いしている。特徴的なのは教材が生徒の作文であることだ。中川講師が最初に生徒に語るのは、「のびのび書いてこそ良い文章」。提示される論題も、生徒が自身の思い出から連想可能で親しみやすいものが多い。例を挙げると、「これに決めた」「少し大人になれた」「私のふるさと」「おいしいね」等。等身大の表現で書いた作文が教材になるのだ。自身の作文が教材に選ばれた生徒は大喜びである。この活動は重層的な言語活動でもある。最初に各自が作文を書くのはもちろんだが、授業当日に関しては、[作文を読む・聞く→作文に対する感想・評論を書く→グループのメンバーの感想・評論を聞き、語り合う→講師の講評を聞く]の活動が繰り返される。クラスメートを理解する機会にもなり、学級づくりにも役立つ。もちろん、文章表現の技法も身につけることができる。

文章表現講座の流れ

事前準備	①事前にお題が与えられ、作文を書く。作文は講師が添削する。 ②講師が授業で扱う作文を３編程度指示し、添削済み作文を高校に郵送する。 ③作文到着後、指示された作文を先頭に配列し、全員の添削済作文を印刷する。 ④授業前日をめどに、作文集を生徒に配布する。事前に配ってある文章表現講座用のファイルに綴じさせる。授業日までに作文に目を通すのを奨励する。
授業の流れ	①１つ目の作文を講師が読み上げ、作品の特徴を簡潔に講評する。 ②作文の感想や、「きらりと輝く一文」を抜き書きしての講評を生徒が書く。 ③書いた感想・講評をグループで評論しあう。 ④講師より文章技法上の特長について、具体的に講評する。 ⑤２つ目の作文でも、前述の①～④と同様の流れで深めあう。 ⑥講師が３つ目の作文を読み上げ、講評しつつ、次時の論題を提示する。

（文章表現講座の授業風景。右は中川講師）

文章表現講座にはじまり、その後も活動ごとに感想を書き、通信にして学級で共有する。その蓄積を経て本音を語り合える学級が形成される。

日常的な感想記入用に罫線用紙を教室に常備している。フィールドワークや授業時のメモ用紙としても活用している。「教育・人間探究の時間」の授業プリントや感想交流用の通信も合わせて、各自が同時間専用ファイルに閉じ込む。学期末には、自己評価表を記入する。生徒は同時間の学習・活動を改めて振り返り、そこで学んだ内容や自身にとってのそれらの学びの「意味」を記述する。学校生活全般を振り返り、各自が総括を記述する欄もある。これらの記述に対しても、担当教員はコメントを返すとともに、その記述内容を通信にして終業式で読みあう。

「教育・人間探究の時間」の構想を立てるにあたり、福井雅英氏（滋賀県立大・臨床教育学）から「世界に一冊の本をつくる学びがいいね」と助言をいただいた。「教育・人間探究の時間」の学びの記録である専用ファイルは、生徒にとって「世界に一冊の本」である。

先日、卒業生のユリナが、教育実習生として母校に戻ってきた。彼女が「綴方的学び」を振り返り、文章を寄せてくれたので紹介したい。

> 高校生活3年間を振り返ると、生徒が取り組んだものを一つ一つ大切に扱ってくださる先生方が多かったように思う。なかでも、3年間担任だった和井田先生は、私たちが書いた文章を毎回クラス全体で共有し、それを書いた本人に読ませ、多様な文章の表現があることを教えてくれた。
>
> 私が在学中、外部から講師をお招きし、生徒が書いた作文や感想文をクラスで共有するという時間があった。私の作文も紹介され、私が体験したある日の出来事を一つ一つ丁寧に読み解いてくれた覚えがある。出来事を上手くまとめることができず長い文章になってしまったが、作文は伝えたい事や気持ちを自由に書くことができるものだ、ということを改めて学んだ。
>
> 高校へ入学した当時は、中学時代に褒められた経験が少なく、文章力に自信が無かった。しかし、生徒が書いた文章に的確なアドバイスを添えてくれたり、褒められたりした経験は、今もまだ私の中で文章を書く際の力となっている。

ところで、ユリナが「外部から講師をお招きし」と、印象に残る授業場面を描いている。その授業の様子を紹介しよう。

3.「こころの作文」綴方の授業

地域に根を張り教育活動を展開してきた本校には、心強い「サポーター」ともいうべき方々がたくさんいる。大阪綴方の会の代表的実践家である勝村謙司氏（堺市立小学校教諭）もそうである。筆者が勝村氏の存在を知ったのは、2018年。その2年程前、朝日新聞に「こころの作文」と題した、堺市立安井小学校での綴方教育の連載記事が掲載されていた。筆者は現在において「綴方」の語を自覚的に用いていることも含めて、関心をもった。勝村氏は本校卒業生の保護者でもある。当時の担任教諭を通じて連絡をとり、ご挨拶にうかがい、高校生を対象にした「綴方」の授業を依頼した。それが先ほどユリナが触れている授業[2)]である。

この授業では、ユリナを含む3名の生徒の作文を読みあい、語り合った。ここではリョウタの作文に焦点をあてて、その場面を振り返ってみたい。

勝村氏と相談し、まずはゴールデンウィーク明けに、「心にグッと来た瞬間」の題で生徒が作文を書き、勝村氏に送ることになった。数日後、作文に目を通した勝村氏から「この子の作文が気になる」と連絡が入った。勝村氏が注目したのは、リョウタの作文だった。作文の大筋は、以下のようなものである。

離婚し別居している父から日帰り旅行に誘われたリョウタは、母の心情を慮り葛藤をもちつつも、父に会いたい思いから旅行にいくことにする。しかし旅行は父の愛人と連れ子と一緒であり、リョウタは父以外の２人に気を使いながら過ごす。途中、リョウタは連れ子の相手を任される。最後に４人で食事をして、帰る。作文の末尾には、「楽しかったです」と書かれていた。

勝村氏との打ち合わせで、最後の「楽しかった」がひっかかる、言葉が浮いていると意見が一致した。そこで授業で扱いたい旨も含め、筆者が本人と話をした。

筆者「この作文で授業をしたいのだけど、少し気になるところがあって。『楽しかった』とあるけど、もう少しこのときの気持ちをきかせてほしいんだ」

リョウタ「本当は楽しくなかった。せっかく父さんに会えるのに、子守をさせられて寂しかった」

筆者「授業で扱うのをやめてもいいし、このまま教材にしてもいい。書き直しても構わない。リョウタの思いを尊重するよ」

リョウタ「授業で扱ってほしい。僕のことを知ってほしい。どう思ったのか教えてほしい。書き直していいなら、直します」

こうしてリョウタが「本音」を書いた作文が、以下である。

印象に残ったこと

とても印象に残っているのは、GW に親と旅行にいったことです。この旅行に行くことになったきっかけは、父親からの LINE の連絡でした。最初はすごく悩みました。父親に会いたいという気持ちと、母親と自分のことを裏切ったことに対してのいらだちがありました。やっぱり父親と会えるという嬉しさが強くて、旅行に行くことを決めました。

父親と連れ子の親と連れ子で旅行に行きました。元旦にあってから約５か月の間、連絡を取り合うだけで、会う機会がありませんでした。久しぶりに会えた時は嬉しかったです。潮干狩りをすることになって、約３時間、車で姫路へいきました。行き道で結構喋りました。学校のこととか、色々喋りました。でも、連れ子の親と連れ子がいてるので、複雑な気持ちになりました。そして、潮干狩りをする場所につきました。連れ子から「一緒に探そ」って誘われたので、一緒に探しました。自分は楽しんでいたのかもしれないけど、目一杯楽しんでいたかというと、そうでもありませんでした。やっぱり、連れ子ということもあり、自分とはあまり親しい関係じゃないので、一緒に楽しみながら探すことに対して抵抗があったんだと思いました。
帰りにショッピングに行くことになったけど、正直あまり行きたくありませんでした。でも連れ子が行きたいって言っていたし、行きたいという気持ちを踏みにじるのは良くないかなと思ったので、何も言わずそのまま行きました。連れ子の親は、買い物に行きたい、連れ子はゲームセンターに行きたいと、意見が分かれてしまって、自分は連れ子と一緒にゲームセンターに行くことになりました。連れ子はすごく楽しんでいたけど、自分はまったく楽しくなかったです。何か月に一回しか会えないのに、連れ子の行きたいところを優先して別行動になったことに対して、すごくイライラしました。そして買い物が終わって、晩御飯を食べに行きました。
家に帰る前に、父親から「いつでも遊びに来ていいよ」って言ってもらったことが一番印象に残っています。

リョウタは中学時代、家庭環境に苦悩した。母を DV で追い出した父が、愛人と連れ子を連れてきた。その家庭でしばらく過ごしたリョウタは、離婚成立後に母・祖母との同居となった。ただでさえ、思春期・青年期はアイデンティティ形成とそのクライシスの波の中にある。「こうでありたい」自分を思い描く一方で、そのようにふるまえない日々。そこに、家庭環境の大きな変動が加わった。葛藤は身体症状にもあらわれ、腹痛での遅刻が増えていた。そうした中で、彼は「自分の現在を知ってほしい」「本音を投げかけてほしい」と願い、作文を書いた。

授業当日。リョウタが自身の作文を読み上げた。読み上げ前に彼は、「思ったことを教えてほしい」と意思表示した。読了後、感想や質問を促すと、次々と手が上がる。学級の約半数はひとり親家庭で過ごしている。共感を示したり、質問をしたりする級友たちに、リョウタは誠実に答えた。

アヤナ「最後の、『一番印象に残っています』っていうところ。私だったらこう言われたら頭に来ると思うけど、リョウタはどんな感情をもったの？」

リョウタ「正直、ムカついた。母さんの気持ちも考えて、迷いながら、それでも会いたくて行ったのに、連れ子の子守をさせられて。でも、父さんに会えてうれしい気持ちもあったし、また会えると思うとうれしい気持ちもあって。それがまざって、よくわからない気持ちで。印象に残った、しか書けなかった」

深刻な語りも出るのだが、学級の空気は温かくなっていく。「語ってもいいんだ」という安心感がそうさせるのであろう。勝村氏の指示や発問を待たずに、生徒たちの間で次々と進行する授業を前に、勝村氏は「あの子らが自分たちで授業やっとったなぁ」と感嘆していた。いくつか、生徒の感想を引用しよう。

- 僕が生まれたときに両親は離婚して、だから今までお父さんの顔は見たことがない。リョウタの話を聞いているときに、同じ気持ちやと思うところがすごく多かった。でもお父さんと会えるのがうらやましいなとも思った。
- リョウタの作文を読んで。お父さんと会う決断を自分でしたことに対してすごいと思った。やっぱりお母さんの気持ちもあるし、本人も裏切られて傷ついている。その中で会うのはきっと勇気がいる。その勇気があるのも、自分の気持ちに素直に行動できたところもすごい。作文の中で、リョウタが傷ついてイライラして、それでもお父さんの最後の「いつでも遊びに来ていいよ」っていう言葉が印象に残ることが、自分だったら悔しいと思った。勇気を出して話してくれたリョウタ、そして境遇が似ているといって話してくれたみんな。ありがとうございました。
- 今回の授業で一番印象に残ったのは、リョウタの作文です。「この作文をクラスのみんなに聞いてほしいし、思ったことは言ってほしい」って言ってくれて、勇気があるなと思ったし、信頼されているんだなと思うととても嬉しかった。そして文章を読んでいくと、リョウタの優しさがとても見えた。特に「行きたいという気持ちを踏みにじるのは良くない」という部分だ。複雑な気持ちで絶対つらいはずなのに何も言わないリョウタは本当に優しい。リョウタにクノンが言っていた、「後悔してても後悔せんでいいと思う」の言葉がとても心に残っている。
- リョウタの話、共感できる。自分も親が離婚していてこういう状況になったことがあったから。お父さんの方には、連れ子とかその親とかはいないけど、「出かけよ」と言ってくれることがたまにある。でも、お母さんに怒られると思って、行きたくても素直に行けない。こういう話は感情移入をしてしまって涙が出そうになる。クノンの「今が大事」という言葉にもっと涙ぐみそうになった。なんか自分が言いたかったことをみんなで言葉にしてくれた感じ。何かはちゃんとわからないけど、大事なもの・ことに気づかされた。
- すごく優しい子なんやなって改めて思った。私もお父さんがいないから共感できる部分がいっぱいあった。母子家庭の子とかそんなにおらんと思っていたけど、意外といっぱいおって、みんなそれぞれつらい思いとかしてて、自分だけじゃないねんなって思った。この授業はいろんな人のことを知れてとてもいいと思った。もっと他の学校にも広がっていってほしいな。

この授業後、リョウタは変わった。腹痛による遅刻も減り、ホームルーム委員会議にも参加するようになる。等身大の自分を示し、それを本音・本気で受け止め、受容してくれた学級への信頼感がリョウタを変えたように感じられる。

本音は出さずに、「空気」を読んで中学校時代を過ごしてきた生徒は多いが、綴方による自己開示は、生徒同士の緊張関係をほぐす。生徒の感想をみるに、わたしだけではないんだという発見や共感。自分を信頼して自己開示してくれたという喜び。そして本音を語り合う教室空間そのものへの安心感の醸成が見られる。

ただしこうした自己開示は強制的に行うものではない。日常的な紙上対話や意見交流の蓄積がなければ、生徒は本音を開示しない。「みんなはきっと受け止めてくれる」と感じた時に、危機にある生徒は本音を綴る。本章冒頭で示したヒデユキも、リョウタも、綴り、語ることで自らの安全基地を確認したともいえるかもしれない。教室は戦場ではなく、“ホームルーム”なのである。

勝村氏はこの日の教室を象徴する言葉に「共鳴」を挙げた。授業を見学した大阪綴方の会の T 教諭からは、「あんなに温かい高校の授業をはじめてみた」という感想を聞いた。

4．綴方的諸実践の特長と実践原理

以上みてきたように、筆者は生徒がのびのびと思いを綴り、それを学級で読みあう活動に力点を置いてきた。日常的な綴方的学習と、とりたてて行う綴方授業を本章では紹介した。それらを通じて、生徒は文章表現による自由の獲得を体感し、作文を学級で読み・語り合う活動を通じて相互理解を深めながらラポールを形成する。書く・読むことを通じてエンパワーメントされていくのである。

綴方・作文教育の多くは、小学校で実践されている印象が強いが、筆者は高校での綴方的実践の面白さ、奥深さを実感する。「第二の誕生」ともいわれる青年期。社会と出会う時期ゆえに、生徒はよく悩む。高校時代の数多くの葛藤は、成長の証であり、社会との摩擦の表れでもある。その成長を励ましつつ負担を軽減するのは、言語である。「ちゃんと、きちんと、上手に」書くのではなく、自身の状況を「ありのまま」綴り、それを仲間が読み、語りかける。その繰り返しの中で「自分」を形成することが、青年期教育としての綴方の原理であり醍醐味なのである。

1) ヒデユキの作文全文は、勝村謙司・川地亜弥子『続・こころの作文』かもがわ出版、2021 年、160-163 頁に載録されている。

2) 本章第 3 節の授業記録は、倫理上の配慮から、当事者の了承のもと、生徒名はすべて仮名を用いている。

第 5 章　生き方を創造する卒業作品

教育探究コースには卒業作品制作の取り組みがある。いわゆる卒業論文だが、その名称には、論文だけではなく、多彩な表現の可能性を想定してもいる。

コースの準備時に、福井雅英氏（滋賀県立大学・臨床教育学）は、「世界に一冊の本をつくる。そんな学びがいいね」と筆者らに助言した。この助言は、2 つの形で体現している。ひとつは、学習資料や感想、自己評価表等を綴じ込んだ分厚いファイル。もうひとつが、自らテーマを設定し、調査・叙述し作品化する卒業作品である。

作品の最初の項目では、自身にとってのそのテーマの切実性の叙述を求めている。卒業作品は研究発表と自分史の表明との中間的存在ともいえる。構想発表会や中間発表会、それ以外にも生徒によっては適宜、学級内で中間報告を行い、自らの探究経過を語る。これら発表に対しては、口頭での質疑応答や感想交流に加えて、コメントを綴り発表者に渡す時間もとる。このように、考え、語り合い、綴り、読みあう一連の活動が、「このクラスならではの学びの空間」を形成する。

この取り組みは、自らの歩みを振り返り未来を展望する、青年期教育かつ進路指導としての意味を有する。なお、「教育課程改革試案」においても、第 4 階梯（高校教育）の総合学習の到達として「卒業研究」への期待が記されている[1)]。

1．構想発表～卒業作品発表会までのロードマップ

卒業作品制作は 2 年生 1 学期に始まる。高校の図書館で関心のあるテーマの本を探しつつ、担任やコース主任との面談を進める。この段階での支援者の最大の仕事は、そのテーマへの関心に繋がっている生徒固有の物語を丁寧に聞き取ることにある。対話を通して、自身の問題関心の所在が見えてくる生徒がたくさんいる。7 月には校内にて構想発表会を実施する。その後は、地域探究Ⅱや海外研修があるため、本腰を入れた卒業作品制作は授業内では行わないが、教師は個別で追究する生徒を励まし、情報を提供する。構想発表会により各々が問題関心を自覚するため、生徒は関連する情報に気づきやすくなる。

3 年生では卒業作品制作が活動の中心になっていく。情報教室やタブレットを

用いて、調べた内容やそこから感じたこと、考えたことを綴っていく。授業終了後、教師は保存されている生徒のデータに目を通し、次時の助言を準備する。

探究の方法は文献研究が基本となるが、実際に現場へ行きお話を聞く・体験する・アンケート用紙を作成し調査を実施する等の「足を使う」調査も奨励する。下の表はコース1期生の論題及び調査方法を示したものである。

3年時の7月に中間発表会を実施し、その後は適宜、教室内で「○○さんの中間発表」と、経過報告を重ねていく。学級の仲間の作品テーマにも関心をもちつつ、頑張りを認め合う空気感が醸成される。

教育探究コース1期生「卒業作品」タイトルと調査方法の一覧

論題（サブタイトルは略）	①	②	③	④	⑤
教育実践の原点を探る	○	○	○	○	
葛目己恵子先生の教育論	○		○		○
教育の方法について	○		○		
Newspaper in Education	○				○
世界言語・英語習得に関する一考察	○				
校則と法解釈	○				
国定教科書「修身」の変遷と分析	○				
食と安全性	○	○	○		
グミの商品開発時のコンセプトとグミ市場の可能性	○		○	○	○
美容師の仕事内容とやりがい	○	○	○	○	
メイクアップと社会貢献	○				
「嫌韓」「嫌日」とサブカルチャー	○	○	○		
韓国史と日韓歴史交流	○				
ユーゴスラヴィア内戦の歴史的検討	○				
河内長野市と都市開発	○				
書道の魅力を探る	○			○	○
高校俳句・エッセイ集	○				○
子どもたちとサッカー	○				
中高生の人間関係論	○			○	
人間理解・生きるということ	○				
助産師の仕事内容とやりがい	○		○		
子どもの成長・発達と乳児院の役割	○	○	○		
いのちのつながり	○		○		○

（①文献調査、②現地調査、③インタビュー、④質問紙調査、⑤その他）

（学級内での中間発表　筆者撮影）

１月中旬までに原稿を完成させ、印刷業者にデータを送る。ソフトカバーで製本された「卒業作品文集」が届くと、教室から歓声が上がる。２月初旬に卒業作品発表会を開く。学内だけではなく、これまで学習を支えてくれたゲスト講師の方々、保護者にも案内を送り、公開実施する。系列校の大阪千代田短期大学や関連校である高野山大学の先生方も、発表を聞きに来てくれる。

（卒業作品発表会　筆者撮影）

２．卒業作品をめぐるドラマ

卒業作品は、まさに自らの在り方・生き方を自問自答しつつ進めるものでもある。したがってたくさんのドラマがある。本書執筆時点で、５学年約 120 名の卒業生が作品を仕上げていったが、それぞれ印象的な思い出が浮かぶ。ここではコース１期生の取り組みから、３名のエピソードを紹介したい。

(1)地道な調査結果が新聞に掲載されたチサ

チサは「Newspaper in Education－朝日新聞『声』欄投書の収集と分析を中心に」のタイトルで作品を執筆した。

彼女は 1 年時、「もっと文章力をつけたい」と筆者に相談してきた。以来、筆者は毎日 1~2 枚、新聞記事の切り抜きを渡し、彼女はその要約と感想記述に粘り強く取り組んだ。渡した記事は、筆者が購読している「朝日新聞」の切り抜きである。渡した各種記事から、「うち、こういう記事が好きや」と語ったのが投書だった。筆者としても、チサが関心を持ちやすいテーマや、チサと同世代の投書を中心に選んでいた。チサにとって投書の切り抜きは、文章に親しむ回路になった。

その経験をもとに、チサは学校の図書館にある 2017 年度の「朝日新聞」を譲り受け、「声」欄の収集と分析を始めた。NIE（Newspaper in Education）という取り組みを知ったチサは、新聞投書をもとに「教材」をつくり、クラスメートに授業をするという目標を設定し、「声」欄の収集と分析を続けた。

世代別に分けると 60 代の掲載が圧倒的に多く、大学生や 20 代の投書が少ないこと等を確認し、各世代の投書内容の内訳をカテゴリー化してその特徴を示した。また、それらの中から特に自身が考えさせられた投書を厳選し、発問を設定して「教材」を作成し、実際に授業を行った。チサが選んだものは 5 つの投書である。

①「選挙より災害報道の優先を」（大阪府　16 歳）」

≪投書概要≫ 大雨で大和川の氾濫が危惧された。河川事務所のページはアクセスが集中し繋がらない。テレビでは選挙速報ばかりで、台風情報は小さなテロップだけである。突然の災害で避難している人や命の危険にさらされている人がいるかもしれないのに、ずっと選挙速報を流し続けている。テレビ報道は非常時こそ、伝えるべき内容をきちんと判断してほしい。

≪提案≫ 考えたことを交流しあう。メディア報道の在り方を考える。

②「電車の座席　どちらに譲るか」（福岡県　30 歳）

≪投書の概要≫ 日頃から電車内で座席を必要とする人がいれば席を譲るように心がけている。先日、東京で地下鉄に乗っているときに、杖を頼りにゆっくり歩くおばあちゃんと、赤ちゃんを抱っこしている女性が、同じタイミングで乗ってきた。私はいつものように黙って立ち上がったのだが、隣に座っていた大学生風の男女 2 人が横に広がり、3 人分の座席を 2 人で占有してしまう。「みなさんはこのように席を譲りたい人が複数いた場合、どちらに優先すればいいと思いますか」。

≪提案≫ いくつかの選択肢を提示しながら、問 1「あなたはどのような行動をとりますか」、問 2「6 人掛けの座席を 5 人座っています。あなたならどうしますか」

の２つの問いで意見交流をする。意見交流後、②への返答として投稿された、「最も座りたかったのは妊娠初期」（東京都、30 歳）の投書を紹介する。
③「心の声　言葉にするの難しい」（大阪府　28 歳）
≪投書の概要≫ 人に本音を話せず、相手に合わせて生きていた。ある時、彼から「自分の気持ちはどこにあるの」と問われた。私は答えられなかった。彼は釣りや登山、花火大会など、いろんなところに連れて行ってくれた。心の底から笑える日々。しかし同時に、彼が離れていく恐怖が心に生まれてくる。自分の気持ちを文字にするのはとても簡単なのに、言葉にするのはとてつもなく難しい。
≪提案≫ この投稿者に手紙を書いてみよう。

「教育・人間探究の時間」を用いて、チサはこれらの投書を活用して、意見交流の場を設定した。そのときのクラスメートの声も加え、チサの作品は完成した。

彼女は一連の取り組みを「声」欄に投書した。すると、彼女の投書を掲載するという知らせが届いた。担当者は、「発表会の日までに掲載できるように努力します」と言ってくれた。発表会の３日前、チサの投書が掲載された。

（声）投稿欄を活用した NIE を

高校生　橋元千茶（大阪府 18）

私が通う高校の教育探究コースには「卒業論文」があり、NIE（教育に新聞を）に関する論文を作成しています。声欄を活用し、2017 年度の大阪本社版に掲載された投稿を年代別に分類しました。60 代が多く、政治への思いをつづった投稿がたくさんありました。80 代以上ならではの戦争体験が書かれた投稿は、戦争の記憶を受け継ぐためにも大切に保存すべきです。

最も印象的だったのは、高校生の投稿です。私自身と重ね合わせ、進路への悩みが多いのかなと予想しました。ところが、政治や社会についての投稿が多く、共感を重ねました。同世代の投稿は政治に興味を持つきっかけになりました。投稿欄は数字で表せない国民の声が集まります。投稿が政治の改善のきっかけにつながればと願います。

投稿欄を活用した NIE を提案し、投稿をもとに公共性・倫理性を考える学習などを実践しています。多くの高校生に魅力を知ってほしいし、多くの学校に NIE が広まればと思います。

（2020 年 1 月 29 日　朝日新聞朝刊掲載）

発表会当日、彼女は「追加資料です」と言い、掲載紙面のコピーを配布、紹介した。チサの表情には、自信があふれているようにみえた。もう、「文章が苦手」なチサではないのである。

(2)いくつかの「気になること」が結び付いたトモキ

トモキはアニメと K-POP が好きな生徒である。平和ゼミナール部に所属するトモキは、生野コリアンタウンにて在日 2 世の女性のお話を聞いた。「お母さんがチョゴリに墨をかけられ、泣きながら洗濯していた」という語りにトモキはショックを受けた。同時に、「スポーツや文化の交流が進み、コリアンタウンを肯定的に見てくれる人が増えて嬉しい」の語りに、「文化」の力を改めて実感したのである。

一方でインターネット空間には差別的表現が多くある。そうした表現にもショックを受けたトモキは、サブカルチャーに起因した「嫌韓」「嫌日」言説や、逆にそうした対立感情を超えるサブカルチャー事例を調べるようになっていった。すると、嫌韓言説がより強く女性に向けられがちな事実から、ジェンダー等、他の差別・偏見との関連性も浮かび上がってきた。

トモキは小熊英二他『在日二世の記憶』(集英社新書)等の文献も読み込み、自律的に探究活動を継続した。毎日放課後に「情報教室を使わせてください」と言いに来て、8 時まで論文を書いている姿に、探究者としての高校生の輝きを見た。

ある日、トモキは朝鮮学校の公開授業の情報を持ってきた。「土曜日で学校のある日やけど、こっちは朝鮮学校を見学に行きたくて。高校の時間割は 4 時間連続で『探究』やし卒業作品の調査やから、探究の時間の『欠課』にはしないでほしいねん」。とても嬉しい申し出だった。相談のうえ、トモキの希望に沿うこともできた。その後もトモキは研究を続け、彼の作品は最終的に次の論題になった。

「サブカルチャーと『嫌韓』・『嫌日』－差別・偏見言説の問題点を明らかにし、国際理解を目指すための小論」

卒業作品制作と並行して自身の問題意識を見つめたトモキは、韓国文化を学べるコースがある大学を選び、進学した。

(3)「忘れられない先生」を追究したサキ

サキはもともと、美容師に関心があったが、1 年時の小学校訪問を経て、教職にも関心をもった。その時に彼女が連想したある先生がいた。出身小学校の音楽専科の K 先生である。彼女が思い出す K 先生の授業はとても楽しい時間だった。授業開始と同時に音楽が流れ、合唱やリズム遊び、合奏等がテンポよく展開する。音符や楽典知識も、「覚えさせられる」という意識もなく、自然と定着していく。

「魔法のような授業」だったとサキは気づいた。同時にサキの中に「K 先生はなぜ、そのような音楽授業を生み出したのだろう」という疑問が生じ、「きっとそういう授業を目指した『原点』があるはずだ」との仮説も生まれた。また彼女は、日頃接している高校教員の教師としての原点も知りたいと考えた。

彼女が設定した作品タイトルは「教育実践の原点をさぐる」である。

サキは、K 先生に依頼し、授業を見学し、インタビューも行い、K 先生のライフヒストリーや哲学を聞き取っていった。本校の教員にもアンケートとインタビューを実施し、見えてきた気付きを作品に叙述した。

K 先生はサキの作品をとても喜んでくれて、発表会にも来場し、コメントしてくれた。サキにとっても、K 先生にとっても、大切な作品になったのである。

なお、彼女はぎりぎりまで、小学校教諭を目指すか美容師を目指すか、迷い続けた。立派だったのは、それぞれ経験者に話を聞く等、足を使って情報を収集し、考え続けたことである。最終的に彼女は美容師を志し、現在はその夢を叶え、活躍している。先日、「新規店舗のオープニングスタッフに採用された」とあいさつに来てくれた。小学校教諭の道に進まなかったとしても、彼女の中で「教育・人間探究の時間」や卒業作品の取り組みは、大きな意味をもっていると語っていた。

３．自分のために、そして他者のために―卒業作品制作が生徒に与えた意味

卒業作品制作を通じて生徒はどのような成長を実感したのか。また活動にどのような意味を感じたのか。コース２期生の３名の記述（抜粋）から考えてみたい。

セイラは地域に密着したサッカークラブである「FC 大阪」に注目し、同クラブへの取材も行い、作品を執筆した。彼は生徒会本部役員もつとめ、行事が多い秋は忙しい。受験への準備もある。同時並行で複数の事柄に取り組みながらも、放課後の時間も活用しながら、作品を仕上げていった。

セイラに限らず多忙な高校３年生の秋。励ましあいながら作品制作は進む。自律的に選んだテーマと格闘する中で、作品への愛着が高まる。同様に努力し、試行錯誤し、自己表現しているクラスメートの作品にも愛着が生じる。

発表会当日は９‐17 時にわたる長丁場であるが、セイラをはじめ、生徒たちは集中力を切らさず発表を聞き、質問や感想を語っていた。

発表会の翌日、セイラは取り組みを振り返り、次のように綴った。

最初はやる気だったが、壁に直面。途中は心が折れかけた。危機感から頑張ろうと思い、必死で仕上げた。何回も発表練習を重ねていくうちに自分の伝えたいことが明確になり、発表会を迎えた。自分の番が回ってきたとき、心臓がバクバクして緊張していた。けど始まればもう大丈夫だった。終わった！と思う反面、なにかさみしい気持ちもあった。みんなの3年間の成長が見えた。

テーマの設定、探究方法の決定、地道な調査・執筆…。思うように進まないときには、「心が折れかけた」と彼は綴る。しかし、周囲の生徒の頑張りにも刺激されながら、モチベーションを高め、「必死に仕上げた」。論文は枚数制限なく書くことができたとしても、発表会には時間の制限がある。15分程度の発表時間で、作品のどの部分に焦点化するか、自分は何を伝えたいのかを模索し練習を重ねるうちに、彼は自身がこだわってきた思い、ともに学んできた仲間に伝えたいメッセージに気づいていく。彼は自身の発表終了時の達成感と同時に、「なにかさみしい気持ち」も感じる。また、「みんなの3年間の成長が見えた」と綴る。クラス替えなく過ごした3年間の集大成。クラスメートとの学びと育ちの思い出を重ね合わせながら、卒業作品の発表を終えたのである。「教育・人間探究の時間」も含めて、お互いに高めあってきた実感が表現されている。

ヒナタは弟がしょうがいをもつ「きょうだい児」である。弟は放課後等デイサービスに通っており、彼女も同施設でアルバイトをしている。彼女は放課後等デイサービスに関する先行研究を探し、読み込んでいく中で、放課後等デイサービスがもつレスパイト効果を自覚する。また、アルバイト先の施設の協力を得て、職員数名へのアンケートとインタビューを実施し、利用者（家族）である母や自身の語り・綴りと、職員の想いを重ね合わせながら、放課後等デイサービスのもつ意味を明らかにしていった。

最初は、なんで3組だけこんなめんどくさいのしないといけないのかと思っていたが、論文の引用や質問紙調査を通してやる意味が見えてきた。
自分の好きなことや気になっていることを調べ、まとめて卒業作品にしていくのは、不思議と苦痛ではなかった。やり切った時の疲労感が心地よかった。一つのものを深く掘り下げていくのは楽しく、力がついたと思う。

ヒナタが綴る、自分で選んだテーマだと頑張れる、大変だけど不思議と苦ではない、という感覚は、「学問」の喜びそのものでもある。

看護師を目指すレナは、「看護観の形成」をテーマに文献研究とインタビューに取り組んだ。そのいずれにも共通するのは、「看護観は患者さんとの出会いの中で形成される」「患者さんに学ぶ」要素の大きさであった。卒業作品制作を通じて、「患者に寄り添い学び続ける」看護師の存在を実感したレナは、その実感を原動力の一つとして、AO入試で看護大学に進学した。彼女は卒業直前、クラスメートに呼び掛けるように、このように綴った。

> みんな進学でそれぞれの道に行くけれど、クラスで学んだこと、卒業作品で学んだことを生かしていけるように、今は、自分のために、将来的には他人のために頑張ろうネ。

真言宗における「利他」は「自利」と一体という（自利利他円満・自他)。レナの学級にゲストとしてお招きしたある研究者は、「自分の『好き』を追究することと、誰かの役に立つことは、矛盾しない」と語りかけた。つながる力を彼女たちは、学級活動で学び、探究活動が自利と利他に結び付くことを卒業作品制作から学んだ。そして高校を卒業し、社会の中で生きていくのである。

(1期生~4期生までの卒業作品文集)

1）日本教職員組合編『教育課程改革試案』一ツ橋書房、1976年、246頁

第６章　カリキュラムマネジメントと学校文化

１．「特色のある学校づくり」と教育コース

2018 年度公示高等学校学習指導要領では「総合的な探究の時間」を筆頭に総合・探究科目群が創設された。同時に、「社会に開かれた教育課程」の実現も強調される。これらは、特色のある学校づくりとも並行しながら、各学校にカリキュラムマネジメントを促すものでもある。

中央教育審議会「新しい時代の高等学校教育の在り方ワーキンググループ（審議まとめ）」は、教育課程のさらなる特色・魅力づくりを普通高校に求めている。同報告では、予測困難な時代、「人生 100 年」と言われる時代において、よりよい社会と幸福な人生のつくり手を育てる必要性を指摘し、そのためにも「高等学校の出口のみを目標とした学習ではなく」、「大学等において学びを深めたり、実社会で様々な課題に接したりする際に必要となる力を身に付けるための学習が高等学校教育の全体を通じて行われなければならない」とし、「一つの学校ですべてを完結させるという『自前主義』からの脱却が必要であると指摘する [1)]。

「自前主義」を脱却し、探究学習に力点をおきつつキャリア形成を励ます特色ある高校教育課程のひとつに、これまでみてきた「教育探究コース」を含む、高校「教育コース」がある。「教育コース」とは、特色ある学校づくりのひとつとして、高等学校において将来教師になることを希望する生徒に対して開設された、「教育」に関連する科目・学科・コース等を指す [2)]。学生の教職離れが指摘される昨今だが、教職に憧れを抱く生徒は多い [3)]。そのニーズに応えるためにも、また自律的・探究的な学習や社会に開かれた教育課程の未来の担い手を育むためにも、多様な高校教育の一環として、教員養成を視野に入れた高校教育の試行が求められよう。

高校「教育コース」のカリキュラムデザインの特徴について可児みづきは、①知識獲得を目的とするよりも、教育について考える思考方法を鍛えるような取り組みがなされている、②グループ学習を多く取り入れ、目的を共有する協働的な学習を展開させている、③小学校への訪問や小学生を高校に招く等、子どもに関与する機会を意図的に組み入れ、子どもと遊ぶ経験や子どもに教える経験を与えている、④小学校での「先生体験」を学習事項として設定している、という共通

点を見出した。また、「これらの学習内容の選定・決定、教授活動が内部の高校教員のみでなされるのではなく、教育委員会、他機関である大学・大学教員、小学校、幼稚園、法人団体などとの連携が図られている点」にも特徴を見出している。教育活動全体でのねらいとして可児は、「教員という仕事のイメージと、それを目指す自己理解・自己省察の具現化」と「『教員になるための資質』を得ようとする学習の展開」を指摘する。「『資質』は総じて『人間力』といわれる、コミュニケーション力などである」とも論じており、こうした性質から「教育コース」は師範学校の現代版ではなく、高校教育の目的と合致するものであると評価する[4)]。

原清治・芦原典子は「教育コース」を設置する奈良県立高校 1 校、京都市立高校 1 校の卒業生計 7 名へのインタビュー調査を実施した。「教育コース」を卒業して教職課程をもつ大学に入学した学生には、①刺激の多さ。大学教員の授業や、さまざまな学びの場があることで、子どもとの向き合い方や子どもとの関係といった「教職の原点」ともいうべき現実を高校段階で学んだ、②「先生」と呼ばれること。憧れへの接近と同時に、その重みや責任を実感し、自身を見つめ直すきっかけになる、③教職を目指す時間が長くなることで、教職への自身の適性を見極める客観的な目を養う、の 3 点のアドバンテージを看取する[5)]。

「教育コース」は 2000 年代半ばに先駆的に設置され、その後廃止や設置が続いてきた。牧瀬翔麻・大西圭介・寝占真翔の研究では 25 校の「教育コース」を挙げているが[6)]、諏訪哲郎によれば小・中学校の教員養成を目指すコースは 15 校という[7)]。ただしこれらの量的把握は公立校に限定されており、新規開設コースの未反映もある。おおよそ 15~30 校程度の「教育コース」が存在すると考えられる。

これら先行研究から次の諸点を指摘できる。第 1 に活動の類似性である。第 2 に大学や教育委員会等の諸機関との連携不可避性である。多彩な実習や学習の場の確保のためにも、諸機関との連携・協力関係は不可欠であり、「教育コース」の設置と実践は、同時に社会に開かれた教育課程の推進であるといえる。第 3 に青年期教育としての側面である。第二の誕生とも称される青年期は、社会と出会い、自立と自律に向き合うライフステージである。教育や教職への憧れを動機としつつ、実習を重視する活動や対話的な活動、自らテーマを決めた研究活動等、「教育コース」で共通してみられる諸活動は、自身の在り方・生き方をみつめるものでもある。また、学校以外の多種多様な人々との出会いは、キャリア形成の意味ももつ。第 4 に検討対象が公立高校に限定されている。この点については再考が望まれる。私立高校には独自のミッションや明確な学校文化がある。予算や人的資源が限られる中で設置された私立高校の「教育コース」には、内発的学校改革という側面も含め、有用な視点が内在している。第 5 に実践研究の不足である。「教育コース」の経年的実践に着目し、記録し、考察した論考の蓄積が望まれる。

上記のような視角から、私立高校であり教育コース（教育探究コース）を設置している大阪暁光高校の事例は、検討に値するものである。私学ならではの内発的学校改革の側面もふまえつつ、同コースのカリキュラムデザインを検討しよう。

2．大阪暁光高校の成立・改革からみる学校の特色

大阪暁光高等学校（以下、本校）には現在、看護科（五年一貫課程としての看護専攻科を含む）と普通科があり、普通科は、教育探究コース・幼児教育コース・進学総合コースの 3 コースがある。教育理念と教育目標は表 1 のとおりである。

本校の前身は 1950 年創設の千代田高校であり、その時代からの実践の蓄積のうえで、教育探究コースのカリキュラムは形成されている。活動内容に関しては先行研究が明らかにしてきた他校（公立校）の教育コースのカリキュラムとの類似性をもつが、行政の指示によるものではなく、内発的な学校改革として設立された点に大きな特徴がある。これは私立高校の独自性とも関連している。

表 1：大阪暁光高校　教育理念と教育目標

教育理念	人の生命を大切にし、平和で民主的な社会の実現を願って、誠実に生き、一生懸命努力する人間を育てます。 そのために保護者と教職員が手をたずさえ、生徒一人ひとりが豊かな心をはぐくみ大きく成長する学園づくりをめざします。
教育目標	1.主権者となるにふさわしい学力と個性を伸ばし、自らの進路を切りひらく力を培う。 2.自然や芸術を愛し、豊かな感性、人間性を育む。 3.心身とも健康で学業に集中できる力を培う。 4.自主性を伸ばし、仲間への温かく思いやりのある心をはぐくむ。 5.異文化を理解、尊重し、平和でよりよい世界の実現のため、国語力・英語力を伸ばし、国際理解を深める。 6.看護に関する専門教育を通して、豊かな人格（心）、確かな知識や技術を修得し、地域社会に貢献できる看護師の養成をめざす。

(1)「一人一人を珠玉のごとく大切に扱う」"千代田の教育"の成立

千代田高校の創設者は、盛松寺（高野山真言宗）住職、高橋道雄である。高橋は、戦後の混乱した社会にあって、新しい寺院や僧侶の在り方を考えるなかで、教育事業による社会への寄与を決意した。将来、子どもを産み、育てる女子の教育こそが大切と考え、女子高校として設立。「良妻賢母」の教育を志向すると同時に、「教育を広く庶民に」という弘法大師空海の理念をもとに開校時より「人間教育」をかかげた千代田高校は、生徒数30名で出発した[8)]。便宜上、開校からの約10年間の期間を初期千代田高校と記す。

千代田学園40周年記念誌『若き命の輝き』に、設立10周年の段階で記された「建学の精神・教育方針」が所収されている。同文章は高橋と初代校長木川美子を中心に作成され、高橋の教育思想および初期千代田高校の様子がうかがえる[9)]。

高橋らは、仏教教育と調和する形での「全人的教育」を強調する。そこでは、まず高橋らの現状認識が示される。「自然科学の急激な伝道が、人類の精神的進歩を引き離して独走した結果」「その中に生きる人間の視野」は「ますます狭く」なり、「個人は大機械の中の歯車の一つとなり、自主性を失」い、「歪み、ひずんだ人間が造り出され、制作と労働の喜びを持たず、個人と独自性の誇りを持たぬ。統一した均整のとれた人格を持たぬ」と教育の荒廃を嘆く。この現状認識の後に、次のように学園の使命が謳われる。第1に「母として子女の養育教導に当る使命を思う時、分裂せざる母性、調和せる温き人間性を涵養することの重要性を逸することができない」とし、女子教育の使命が示される。第2に「十九世紀に既に早く、シラーが予言した通りに、理性の偏重が今日の人類の不安を招いたのである。ラスキン、ペスタロッチらが唱えて、モリス、ハーバード・リードらの唱道するごとく、肉体と精神、知識と情操、個人的欲求と社会的責任とが分裂することのない、統一した人間を作らねばならぬ」と全人的教育が強調される。第3に「個性化教育」が強調される。そこでは、「各個の本質を発見するの努力を忘れて、流行的な時代的風潮に流されたり、模倣や、盲従に陥らぬよう、一人一人を珠玉のごとく大切に扱いたい」とある。高橋らのいう「人間教育」とは、個性の伸長を重んじつつ展開される全人的教育であり、その実践者たる教師には生徒を珠玉のごとく大切に扱う姿勢を要求している。その後、千代田高校は課題を抱えた生徒を受け入れ、粘り強く指導・援助する教育実践を蓄積していく。生徒に寄り添い大切にする思想は、初期千代田高校時代に基礎づけられていたとも見て取れる。

(2)危機のなかでの学園改革―民主化と新たな学園文化の創造―

やがてこの小さな学園に、第一次ベビーブームの波が訪れる。入学者が急増し、1966年には、55学級、在校生数2974名を数えた。プレハブ校舎が敷地内に乱立し、「在学中三年間、工事、工事につきまとわれどおしだった」と卒業生は語る。必然的に、当初実践されていた小規模で手厚い教育への困難が生じる。学級人数は60名に、生徒名簿は十数頁から百頁に。特別教室はなくなり、学校行事や式典はすべて二部制になり、教育条件、学習環境の悪化に直面したのである[10)]。

校舎増築により社会の急激な変化への対応を試みた千代田高校だが、ベビーブームは瞬く間に消え去っていく。ピークから4年後の1970年には生徒数が750人まで減少し、高校は五億数千万円の負債を抱え経営危機に見舞われた。この状況下において、理事会、教職員、PTAの各代表による再建委員会が設置され、教職員組合も結成された。教職員組合では、1969年の臨時総会にて、学園の民主化のための課題として、「8つの誓い」(表2)を提示し、学園再建方針を示した。この「8つの誓い」を指針として学園は、「民主教育」路線へと歩みを進めていく[11)]。

表2：千代田高校教職員組合臨時総会「8つの誓い」

①理事会・評議員会の民主的施策
②理事者・教職員・父母・生徒・学生・卒業生からなる学園協議会の設置
③校長以下、教頭、各主任・部長の公選制の実施
④生徒の自主活動の推進―生徒集団の確立
⑤すべての生徒にわかる授業を、そのための教研活動の強化
⑥授業料値上げ反対と公費助成運動のいっそうの強化
⑦教職員の生活と身分の保障
⑧経理公開と学園経営の正常化

ベビーブームの退潮による生徒急減を機に、民主教育路線による学園改革に向き合った教師が第一世代だとすれば、この方針に沿いながら、新たな教育実践を創造していった教師たちは第二世代となる。この世代の代表的実践家でもある柏木ひとみと小川祥子は、生徒の低学力や「荒れ」の背景に関する洞察と、自主活動の支援や授業づくりへの展開を次のように記す[12)]。

生徒の「荒れ」の原因と責任が生徒の中にあるのではなく、今の社会と教育のゆがみの中からであること、またそれを克服し発達していく力も生徒自身の中に存在していること、しかしながら、その力を引き出すのは教師一個人の力ではなしえないというものでした。それはどんな生徒の内面にも潜む「勉強がわかりたい」という人間としての要求に依拠して、生徒が自らの学習権を自らの手で守っていけるような、「自主・自立の力をそなえた生徒集団を目指そう」という指導の中で貫かれてきた観点でした。そこには教科書裁判杉本判決に学んだ「発達可能態」としての存在という生徒の捉え、「国民の教育権・子どもの学習権」思想に裏打ちされた、生徒への深い信頼と、人間洞察の高い見地があったと思うのです。…（中略）…このようにして生まれた本校の自主活動は、生徒の学力回復を第一義的な課題として出発しました。私が千代田にきた頃は、生徒会の方針といえばいつも第一にくるのは「授業の充実」、教師の方は「自主編成でわかる授業を追求しよう」というものでした。こうして各クラスの指導の中で、生徒に自分から勉強しよう、わかろう、やってみようという自主的な気持ちを引き出すために苦闘の模索をしながら、さまざまな生徒会方針を編み出してきました。

千代田高校はながく、受験競争・偏差値により傷つき、またその評価を内面化し、あるいは反発しながら入学してくる生徒たちを受け止めてきた。彼女たちを受容する教師たちは、「荒れ」の背景を競争原理が跋扈する社会や、受験競争をけん引・加担しがちな学校教育の現状に見出し、同時に生徒たちが「勉強がわかる」経験を通してエンパワーメントされていく高校教育の在り方を模索していった。もちろん、傷つき反発する生徒が多くいる中で、その指導は時に困難を極めたが、「生徒一人一人を珠玉のごとく大切に扱う」姿勢を持続するように努め、その実践のためにも低学力や荒れを生徒の自己責任に帰さぬよう、「発達可能態」論に拠りつつ、「わかる」授業づくりに奮闘する姿が、浮かび上がる。

実際、1970 年代以降、千代田高校教職員は「自主・自立の力をそなえた生徒集団をめざそう」の観点を堅持し、生徒会活動を中心とした学校文化を創造する。学習活動を重視した生徒会活動や、それと連動する形での授業改善例を挙げよう。

文化祭は学級単位のテーマ学習に取り組む機会として編成された。教師と生徒が相談し、学級としての学習テーマを設定する。文献を読み進めながら「文化祭ノート」に感想を綴り、読みあい、語り合う活動や、専門家を招いての講演、現地学習等が、学級単位で自律的に展開される。その成果は、文化祭当日に模造紙発表、ステージ発表等で披露される。

生徒総会に向けた学級討議では、学校や授業の在り方に関して意見を出し合い、学級単位での要求として取りまとめる。特に学級としての授業要求に関しては、生徒会本部により集約され、授業担当者に手渡される。この取り組みは教師が自らの授業を内省する機会となり、生徒目線で考えた際の「わかりやすい授業」づくりの契機として機能してきた[13]。

生徒の学習習慣および基本的知識定着のための「家庭学習ノート」(KG ノート)の取り組みも、生徒会活動の一環として実施された。生徒会より提供されたノートを用いて、授業の復習や自学・自習に取り組む。KG ノートは朝礼で回収され、教科担当者が内容を確認し、助言や励ましのコメントを記入し、終礼で生徒に返却される。また、地歴・公民科の授業を中心に、学習内容のまとめに加えて感想を記入する自主学習ノートの取り組みも生徒会役員から呼びかけられ、学校文化として定着していった。授業を充実させるノート、という理由から、「充実ノート」と呼ばれている。放課後の教室空間を開放し、KG ノートや充実ノートを活用して放課後学習会を開催する取り組みも定着した。放課後学習会では生徒同士が教えあうのに加え、担任教諭や教科担当者も参加し、個別対応もしながら、生徒たちとの対話を重ねた。この時間は生徒同士の社会関係資本を強化するとともに、生徒-教師間のラポール形成を補助する機能も有した。

これら諸活動は、いずれも各々の生徒の感性や表現に教師が寄り添うとともに、生徒同士も励ましあいながら行われる。「一人一人を珠玉のごとく大切に」扱う「千代田の教育」の思想水脈として、受け継がれてきている学校文化である。

以上の、1970 年代以降の「わかる授業の創造」や「自主・自立の力をそなえた生徒集団」の育成を目指した実践の特徴を筆者なりに集約すると、次の 3 点があげられる。第 1 に自律的学習の成立と展開である。生徒会活動の重視は、生徒が自律的に意見表明し、民主的手続きを経て学校という空間に参加する活動の尊重である。また、家庭学習の推進や授業の感想を書く取り組み、他者の記述を読みあい、深め合う活動は、テーマの自己選択や、自ら価値を創造するという点において、いずれも自律性を有する。第 2 に向社会的学習の蓄積である。前述の文化祭のテーマは、いじめ、貧困、差別、戦争、環境等、人間の尊厳や社会問題を扱う場合が多い。これらは、自らの生活や実存、将来にかかわる諸課題である。また、自分たちの「生きづらさ」が社会構造や社会矛盾に起因するという気づきや、それら諸課題に向き合い行動する人々との出会いは、生徒たちをエンパワーメントする。第3にこれらを合わせる形での、総合的な学習の蓄積である。教育課程上、かつて選択科目として設定されていた「自由研究」（学校設定科目）では、橋本市の産廃処理場に足を運び、住民への聞き取り調査を行い、橋本市内で発表するといった実践も展開されている[14)]。この実践では、自律的テーマ設定、向社会的学習、それにともなう重層的な社会参加を実現している。

現在、教育探究コースでは地域へのフィールドワークや、卒業作品の制作・発表等の活動に力点を置いているが、それらの活動が学校内で受容される背景として、自律的・向社会的な授業実践を蓄積してきた学校文化がある。1970年代以降の千代田高校は、高校総合学習の先進校のひとつでもあったといえるのである。

(3)対人援助職育成を視野に入れた特色ある高校教育の創造へ

千代田高校は2013年、看護科・看護専攻科を設置するとともに、学校名を大阪暁光高校に変更した。人口急減を見据え、学園の実践蓄積を生かしつつ、より特色のある高校をつくるための改革であった。この改革の過程および方向性を、2012年3月26日付の「将来構想検討会議[高校部門]」による、「高校の将来構想について（最終報告）」から、整理して提示する。なお、検討会議の構成員は、管理職・教務部長・学年主任・委嘱を受けた教員で構成され、2012年1~3月にかけて5回実施された。うち2回は、拡大会議として専任・常勤教職員にも参加を呼び掛けている。日程から改革の喫緊性がわかる。他方で、内部の教員で案を出し合い、拡大会議も経て合意形成を図ろうという意識も窺える。

同報告では、改革の必要性に関して「2012〜14年の3年間は中3人口下げ止まりの時である。その後の減少期に備え、安定的な募集につながる“学校づくり”の方向を明確にする必要がある」とある。この安定的な生徒募集の主軸が、看護科の創設であった。ただし教学の改革・発展において強調されているのは、「普通科の改革」である。そこには、「学校づくりの土台として、普通科の発展は欠かせません。……時代のニーズに合った新たな取り組みに挑戦します」とある。同報告では、「教育内容改革に向けて - 8つの提案」として、教学関連の改革の方向性が示されており、「1.普通科の改革（重点課題）」「7.現代青年の人間的な発達を追究するキャリア教育にとりくみ、地域の人びととの交流をはかります」等がある。

「普通科の改革（重点課題）」内には、さらに各項目が設定されており、「進路を意識した選択科目・『総合学習』等での多様化を進め」るともある。「8.校名変更について検討します」には、「2013 年開設の看護科は、医療系専門学科・五年制という点で、千代田高校にとって新たな挑戦分野です。また、女子高から男女共学校（文理・国際）となって 18 年、いよいよ全学共学化に踏み出します。これを機に、時代の要請にこたえて新たな教育内容を追求するにふさわしい校名を検討します」とある。そして翌年、学校名が「大阪暁光」と決まる。「最終報告」では、学園が蓄積した実践財産の継承も強調される。同報告書の末尾には、「教学の理念に立ち返り、学園あるいは高校の社会的使命を共有」し、「日本国憲法や教育基本法、『子どもの権利条約』の立場に立つ教育を推進」することも記されている。

改革の第二弾として、2014 年度より、特色のある普通科コースの検討を開始した。キャリア教育の側面を重視し、その方向性としては、対人援助・発達援助専門職養成課程への接続が構想された。1970 年代以降の千代田高校では、自律的・向社会的な実践を蓄積し、対人援助・発達援助に関する専門職者や諸機関との関係性を拡充してきた。また、多くの「しんどさ」を抱えて入学し、「人間教育」の中で育つ生徒たちが獲得する見方・考え方は、弱者への想像力や共感性を土台としながら、利他的行動への動機に結び付く傾向があった。こうした学園の蓄積を生かした普通科改革が追究され、2017 年、大阪千代田短期大学との五年一貫教育を前提とする幼児教育コースと、教育探究コースが発足した。

2012 年以降の一連の学園改革に際して、具体的検討は高校教職員を中心に行われたが、全体の方向性を提示したのは、髙橋保（現理事長）である。学園の実践蓄積に依拠した改革を前提としつつ、髙橋には、地域や社会の要請と生徒の自己実現を統合したキャリア教育の構想があった。看護科、普通科幼児教育コース・教育探究コースの開設は、ひとを支える職業に就く卒業生の輩出を学園の社会的使命と自覚する学園づくりの方向性を明確化した。それは同時に、地域に根差した学園構想の表明でもある。五年一貫看護科を設置する高校は全国に 70 校以上あるが、卒業・修了生は地元志向が強い傾向があり、地域の医療・福祉の担い手として活躍している。幼児教育コースも、地域の保育・幼児教育の担い手の育成を念頭に置いている。教育探究コースも同様である。教職者は子どもの成長・発達を援助するだけでなく、地域のシンボルとしての学校を運営する主体である。

対人援助・発達援助専門職者の輩出は、地域貢献に直結するのである。加えて、看護師や教師の夢を抱く中学生に向けて、その自己実現につながる教育課程と進路保障体制を提供することは、地域への貢献でもある。人口減少地域かつ深刻な高齢化地域である南河内において、対人援助・発達援助専門職を志す生徒の学び舎となることこそは、千代田学園としての地域貢献の具体化でもあった。

3．教育探究コース（2017年～）の設置過程とカリキュラムデザイン

(1)教育探究コースの検討・準備過程

教育探究コース設立に先立つ議論がはじまったのは、2014年度である。直接的には、当時入学者数が低調であった文理特進コース改革の一環として議論された。文理特進コースは、大学進学を目指す特別進学クラスとして、1学年に1学級のみ設置していた。進学対策として予備校のサテライト授業を導入する等したものの、それらは教室にいる生徒の要求と合致しきらず、学園の実践蓄積とも乖離しがちな側面があった。そこで、新コース創設に向けた検討が開始され、「教師をめざしたい」中学生を受け入れる方向での再編が明示された。2015年度には、校務分掌上にも新コース準備委員会が設置された。永田太（教頭）が会議運営の中心を担い、校長・教務部長・入試広報室長・進路指導部長と、委嘱を受けた教員数名の委員にて検討が進められた。筆者も委嘱を受け、この年度途中から準備委員会に参加し、「教育・人間探究の時間」の原案作成を担当した。

コース名称の決定は、文科省による「論点整理」にて「総合的な探究の時間」の名称が示されるよりも早い。「探究」という名称は、学園の蓄積を生かした教育課程づくりの視点から準備を進める中で、必然的に浮上するキーワードである。学級ごとにテーマ学習に取り組む文化祭や、自律的学習としての「充実ノート」等の学校文化を包摂する学習の態様は、「探究」である、という合意である。

新コース準備委員会では、このコースに専門科目を常設し、発達援助専門職者としての資質を育む、という大まかな方向性をもった。特に、隔週で午前中授業が実施される土曜日は、全時間をこの専門科目の時間に充て、フィールドワークや作品づくり、外部講師による特別授業を実施できるように設計が進められた。

コース専門科目「教育・人間探究の時間」の活動内容づくりは、3方向からの見解を統合する形で進められた。第1は教員による原案作成である。学園の実践の

継承を意識しつつ、教員養成大学のカリキュラムも一部参考にして、筆者が試案を提出した。そこでは1年生段階での小学校観察実習や、地域フィールドワーク、3年時の卒業作品制作が提案されている。「教育・人間探究の時間」に関しては定期テストを実施せず、自らの学びを振り返り、文章で記述し、それを教師もコメントを記入して返す。この方向性は千代田高校時代から蓄積してきた綴方的な学びの文化（「充実ノート」等）を意識した。また、筆者の前任校である自由の森学園「自己評価表」の取り組みも先行事例として参照した。「教育・人間探究の時間」用の罫線用紙を教室に常備し、レポート作成・感想記入等はその用紙を活用し、ファイルに綴じ込み、3 年間の学びの履歴としてポートフォリオ化する構想も同会議で明確化した。専用用紙については、看護科の実習事前学習用紙から着想を得た。ニュージーランドへの海外研修は永田を中心に立案が行われた。英語学習に加えて、多文化共生社会を学ぶという点を重視した。

第2は研究者からの助言である。福井雅英（滋賀県立大・臨床教育学）を教育顧問に迎え、ヒアリングの機会を設定した。福井は、「『教師』と限定するよりも、教師・カウンセラー等を『発達援助専門職』と把握したほうが良い」、「重要なのは、学びと自己との往還関係を大切にすること。教育・地域・自分自身の3つの探究のイメージ」、「学びの内容を蓄積し、最後には自分でテーマを決めて深める。『世界に一冊の本をつくる』ような学び」等の助言を行った。この「世界に一冊の本をつくる」発想は、卒業作品制作および、生徒の学習記録が綴じ込まれたポートフォリオファイルの作成を勇気づけた。また福井は、「教師になるための勉強ではなく、生徒が人間理解を深めるような学習を重ねていくのが大切だ」と助言した。「教育・人間探究の時間」の名称に、この議論の精神を刻んでいる。

第3に「綴る」活動とアクティブラーニングの関係性の洞察である。新妻義輔（元朝日新聞大阪本社編集局長・元帝塚山学院大学教授）へのヒアリングを実施した。新妻は、「書く・読みあう」活動を根本に位置づけるべきだと語った。「声の大きな子の言い分が通る、強者のアクティブラーニング」ではなく、「書く・読む」を通した深い対話（紙上対話）を重視する視点である。新妻は大学での実践経験もふまえ、自由作文の読みあいと教師の励ましが、生徒の相互理解を深めるとともに、生徒のエンパワーメントの観点でも非常に重要であると力説した。

これらの議論を経たうえで、活動に十分な時間を保障するためにも、「教育・人間探究の時間」は3年間計11単位時間で設定された(2022年度より10単位)。

なおこの改革は特進コースの再編という側面も有するため、進路保障も重要な論点であった。探究学習が自らの進路の方向性を明確に意識するきっかけ（自らの在り方・生き方に向き合う視点）として、また生徒の探究活動実績やパフォーマンスを活用した入試突破のすじ道として、結果的に進路保障につながるという期待も、作成したカリキュラムには込められている。

(2)専門科目「教育・人間探究の時間」の構造

総合的な探究の時間の実施に伴い、学習指導要領解説の「探究の構造」図式に当てはめて教育活動を展開する事例が散見される。そこで陥りがちなアポリアは総合学習のハウツー化である。本来、学校や地域の特性を踏まえ、実社会に根差したテーマ性をもとに追究が行われるのが総合学習の精神である。生徒の各段階に寄り添いながら学びを深めるに際しては、緩やかに「探究」を把握し実践する自由度が重要になる。そのうえで、後に振り返れば「探究の構造」にも往々にして合致するというのが実践者としての筆者の実感である。

こうした問題意識から、新入生に対しては、「探究」を体験とスキルで整理・説明している。1・2年は学校現場への観察実習、高野山学習合宿、地域フィールドワークなど、体験学習を特に多く設定する。3年では卒業作品制作の取り組みを中心に、スキルベース（調べる・発表する）の活動比率が上がる。「スキル」といっても、初発は感想文を書く・読みあう活動から始まる。やがて高野山学習合宿や文化祭における模造紙発表を皮切りに、プレゼンテーションの機会も設定していく。2年時の情報の授業と並行しつつ、パワーポイントによる発表も練習する。最終的に卒業作品を制作・発表し、3年間の学びを終える。

和井田清司は、自律的・探究的な学びの位置を示すにあたり、学びの4態様モデルを提示する（図1）[15)]。同モデルを援用して「教育・人間探究の時間」における3年間の学習展開を論じる。1年時では、教師がテーマを設定し（＝他律)、活動するが、それは知識伝達を目的とするのではない。体験・思考・表現し、共有しあう営みを通じて、問題的状況を認識し、解決的場面に至る学びが重視される。つまり他律的テーマ設定の上での探究的学習が展開される。2年時以降は卒業作品制作が始まる。自らテーマ設定をし、資料収集や調査、考察を行う点において、自律的かつ探究的な学びの要素が増加する。B[他律・探究]から D[自律・探究]という回路を経て、資質・能力を高めていくモデルになる(図 2)。

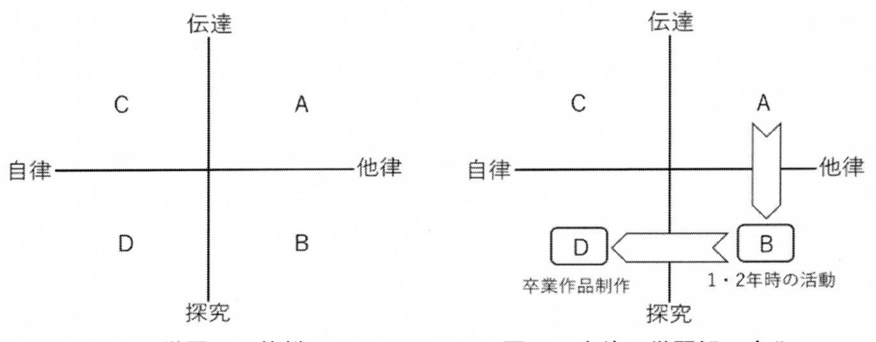

図１：学習の４態様　　図２：生徒の学習観の変化

卒業生の進路指導に関しては、教師を含む発達援助専門職・対人援助職を念頭に置きつつも、生徒の問題関心に寄り添う指導を前提に、幅広い進路方向を想定している。春日井敏之（立命館大学・臨床教育学）は 2020 年、「自分の好きなことを追究することと、他者の役に立つことは、矛盾しない」と生徒に語りかけた。自らの関心を追究し、理解を深めたり技能を高めたりすることは、将来的にその知識・技能を活用して他者を支える営みの土台になる。

コースの取り組み全体を通じて重視するのが、綴方的な学びである。レポート（感想等）を日常的に書き、教師がそれらに目を通しコメントを記入するとともに、通信を作成し学級で共有する。これらは学習指導要領における「問いを表現する」活動に対応するとともに、発達支持的生徒指導としても機能している。

４．教育探究コースの現在と今後の課題

本章では、本校教育探究コースにおける高校総合学習（教育・人間探究の時間）の位置づけを明らかにするためにも、高校「教育コース」の先行研究を概観し、その特徴と課題を指摘した。その後、教育探究コースの設立背景や過程を追いつつ、「教育・人間探究の時間」のデザインがどのように描かれたのかを確認した。同時間のカリキュラムや教育探究コースのデザインには、学園の蓄積に依拠した

学校改革としての側面が強く表れる。

本章冒頭で示したように、高校教育改革は加速度的に進展しており、その背景には先行き不透明な時代における社会変動への対応がある。それらの教育改革は、生徒が実際のひと・もの・ことにふれながら、真正性のある学びを追究する可能性を高め、高校教育の活性化に資するものであるだろう。しかし、行政から下された命題・改革を粛々と実行する教師の幸福度は、果たして高まっているのだろうか。多忙化に拍車がかかったという嘆きの声は、他校で高校教員をしている仲間からも頻繁に聞く。教育活動の面白さは、目の前の生徒との応答性や問題意識の共鳴により生じる印象的場面の出現や、教師の想定を超えた生徒の成長に立ち会う瞬間にある。高校教育改革は必要である。他方で、上意下達的に与えられた計画に粛々と従うような「改革」は、有機体としての学校の危機である。

いまこそ、学校文化の蓄積に依拠した自律的・内発的な学校改革が求められる。そして、私立高校はそうした自律的・内発的実践事例の宝庫なのである。

さて、ここまでみてきた本校教育探究コースであるが、決して順風満帆なわけではない。本書刊行時の卒業生を思い浮かべれば、各々が各自の問題意識と向き合いながら、素敵な青年に育っている印象がある。高橋道雄が提示した「人間教育」＝個性の伸長を重んじつつ展開される全人的教育、の具体化に一定の手応えを覚える。一方で近年、設計者と実践者の分離に伴う困難が生じているとも感じる。コース設立初期段階は、筆者を含め、設計者が直接教育活動を担った。設立から７年が経過し、教員の世代交代も進む中で、構想・設立段階の思いをいかに次代の教員に引き継ぐかが課題となる。この点は、千代田高校の教育遺産の継承という側面においてもいえることである。

教育実践に完成形は存在しない。これまでの到達と課題を明らかにしながら、南河内の小さな私立高校の挑戦はこれからも続いていく。

1)「新しい時代の高等学校教育の在り方ワーキンググループ（審議まとめ）～多様な生徒が社会とつながり、学ぶ魅力が育まれる魅力ある高等学校教育の実現に向けて～」中央教育審議会初等中等教育分科会・新しい時代の初等中等教育の在り方特別部会・新しい時代の高等学校教育の在り方ワーキンググループ、2020 年 11 月 13 日

2) 原清治・芦原典子による「教育コース」の定義を援用している。「教育コースをもつ高等学校と大学との連携に関する研究 - 教育コースを卒業した高校生にはどのようなアドバンテージがあるのか - 」『佛教大学教育学部論集』第 25 号、2014 年、51-64 頁

3) ソニー生命「中高生が思い描く将来についての意識調査 2023」より。同調査の「将来なりたい職業」（ベスト 10）では、「教師・教員」は女子中学生で 8 位（8.0%）、男子高校生で 4 位（8.5%）、女子高校生で 6 位（8.3%）にランクインしている。
(https://www.sonylife.co.jp/company/news/2023/nr_230725.html#sec5)

4) 可児みづき「高等学校における「教育」関連コース等のカリキュラムに関する事例研究-教員養成の試みとしての特徴と意義-」『神戸大学大学院人間発達環境学研究科研究紀要』5(2)、2012 年、65-73 頁。なお、可児は「教育」関連コースの名称を用いている。

5) 原清治・芦原典子前掲論文

6) 牧瀬翔麻・大西圭介・寝占真翔「公立高等学校教育系コースの展開に関する予備的研究ー設置状況を中心に」『島根県立大学松江キャンパス研究紀要』Vol. 61、2022 年、95-99 頁

7) 諏訪哲郎「高等学校『教育コース』の拡充を」八ヶ岳 SDG s スクールブログ(2023.7.2)
https://yatsusdgs.com/blog/%E9%AB%98%E7%AD%89%E5%AD%A6%E6%A0%A1%E3%80%8C%E6%95%99%E8%82%B2%E3%82%B3%E3%83%BC%E3%82%B9%E3%80%8D%E3%81%AE%E6%8B%A1%E5%85%85%E3%82%92%EF%BF%BC/ （2023 年 9 月 20 日閲覧）。

8) 吉田博司編著『21 世紀への教育-かがやけ青春群像』清風堂出版、1985 年、240-241 頁

9) 学校法人千代田学園『若き命の輝き』学校法人千代田学園、1990 年、18-20 頁参照

10) 吉田前掲書、242-243 頁

11) 同上、245-250 頁

12) 柏木ひとみ、小川祥子「『大物・貴子』の生徒会長」、吉田博司編著・千代田高等学校著、『青春がはじける学園－仮面をはずす子どもたち』清風堂出版、2000 年、44-45 頁

13) 谷山全「学習権を要求して-『参加』の学習へ」森田俊男・小島昌夫・浦野東洋一編著、日高教・高校教育研究委員会『高校生の自主活動と学校参加』旬報社、1998 年、67-74 頁

14) 山田道弘「教室を出て調べた産廃問題－自由研究・時事問題」吉田博司・千代田高等学校、前掲書

15) 和井田清司「実践経験と研究主題」、武蔵大学人文学会『武蔵大学人文学会雑誌』53 巻 2 号、2022 年、37 頁

第３部　自主活動・自治的諸活動における諸実践

本書では自主活動（自治的諸活動）の語を意識的に用いている。日教組が委託した中央教育課程検討委員会(座長・梅根悟)による「教育課程改革試案」は、文部省「学習指導要領」の「教科・特別活動・道徳」のカリキュラム構造に対し、「教科・総合・自治的諸活動」の３領域を示した。「教育課程改革試案」は 1976 年に一ツ橋書房から出版されており、自治的諸活動については次のように記される[1)]。

> 教科外諸活動のうちで、子ども・青年が自治的集団の形成をめざして、あるいは、自治的集団として行う活動が自治的諸活動である。

「はじめに」にて、佐藤学による「学び」の定義を確認した(3 頁)。「学び」の要件に多層的な対話が求められる以上、集団の教育効果を意識した取り組みは不可欠であり、その観点からも自治的集団の形成は重要である。また、上に引用した「子ども・青年が自治的集団の形成を通して」の部分に注目したい。主語は「子ども・青年」である。約 50 年前に提示された自治的諸活動概念は、現在もなお、意識するに値する。いや、現在こそ着目が求められる。かつては、地域における子どもの遊びの中にも、自治的力量を形成する機会が多くあった。しかし地域の教育力や形成力の低下がいわれる現在ゆえに、学校生活の中で自治的な活動場面を設定し、自治的諸能力を涵養していく必要性が高まっている。

「教育課程改革試案」は、小学校から高校までを３学年ずつの４階梯として把握し、発達段階を踏まえながら初等・中等教育を貫くカリキュラム構造を提案した。同試案でいう第４階梯が高校教育に該当する。ところで、高校生の発達課題として何に注目すべきであろうか。ここでは３点を指摘したい。

第１に、高校教育は「後期中等教育」として中等教育の連続性の上に構想されるのと同時に、これまでの学校生活の総まとめとしての意味をもつ。生徒一人ひとりに「学校」での物語や葛藤がある。諸資料や探究活動とも切り結びつつ、「学校」や「学級」という空間ですごしてきた（いる）意味を問い直すことは、自分づくりとしても大切である。

第2に、青年期教育としての側面である。そのキーワードとして、筆者は2つ意識したい。ひとつは、「社会と出会う・社会とつながる」である。高校生段階になると、生徒は社会との接点が飛躍的に拡大する。学校・家庭を中心とした生活世界から、アルバイト先も含む多彩な社会へのアクセス権を獲得する、といっても良い。18歳選挙権が実現した現在、投票行動を伴う社会参加の権利も、高校生段階で与えられる。災害時の避難所では、高校生は保護される対象というよりは、弱者を支える役割が期待される立場になる。このように社会の担い手としての顔を持つ高校生という段階ゆえに、社会と出会い、つながる学びが求められる。

もうひとつは、「自律と自立」である。社会へのアクセス権を得たとはいえ、高校生は保護者や学校の保護のもとにある。だからこそ一定の安全な条件のもとで、自らの在り方・生き方をみつめ、葛藤し、自己選択・自己決定に集中することが可能である。自ら選び、自ら実行する「自律」は、大人としての「自立」へのステップでもある。こうした試行錯誤の時間が、社会人への離陸期間として機能するのである。この“2つのジリツ”は、不可分なものであるといえる。

高校生段階に求められる活動は、自治的力量を伸長させつつ、自分の学びと育ちを意味づけし、「社会と出会い/つながり」、自律を経て自立へ向かう歩みであると表現できよう。

第1部・第2部の実践はすべて、教育課程内における取り組みであり、学校教育を前提としている。他方で自律的学習者である高校生は、時に学校の枠をも越えて、教育課程外での豊かな実践を構築してきた。例えば、部落研活動や生徒会連合、高校生平和ゼミナール等である。日本高等学校教職員組合が設置した高校教育研究会の研究者たち（森田俊男・浦野東洋一・小島昌夫、等）は、これらの活動を含む高校生の自主的・自律的活動を指して、自主活動の語を積極的に用いた[2)]。こうした諸実践は、社会課題や地球的課題に生徒が自律的に向き合い、学習と意見表明による社会参加を実現してきたという点において、まさに青年期の特性・発達課題に即したものである。なお、森田らはしばしば、自主活動を論じる著書にて生徒会活動やホームルームでの取り組みも考察している。部落研、高校生平和ゼミナール、生徒会連合のいずれも、その成立・展開過程をみれば、学校内での自治的諸活動が基盤となっている場合は多々ある。森田らは自主活動を高校における自治的諸活動を含む拡張概念として使用していたとも考えられる。

第3部で扱う実践研究は、大きくみて2つの範囲のものである。

第1は学級単位での実践であり、ロングホームルーム運営や学校行事に関連するものである。学習指導要領でいえば、特別活動の実践である。

第1章「ホームルームは生徒たちの手で」は、ホームルームにて民主主義的プロセスを徹底し、生徒の自治的力量を育む試みである。

第2章「『二十四の瞳』で読み解く学校史」は、文化祭を活用した探究学習である。学習対象としての“ひと・もの・こと”との出会いは教師が用意するが、表現方法や行事づくりにおいては、生徒の自律性・主体性に拠って展開されている。

第3章「文化祭にて『学校』を問い直す」は戦後教育史の断章に注目しながら展開した生活指導論的な学びを通して、生徒が自身のこれまでの学校生活を洞察し、「学校」への思いを意見表明した実践である。

なお、第2・3章の実践は、第2部で叙述・検討した教育・人間探究の時間も活用しており、特別活動×総合的な探究の時間のクロスカリキュラム実践である。

第2は自主活動領域における平和教育実践である。特に、高校生平和ゼミナール活動(平和ゼミ)に重点を置いている。

第4章「平和ゼミナールの実践史」は、平和ゼミの成立・展開過程に着目し、整理・考察したものである。平和ゼミは1970年代に広島で誕生し、所属高校をこえた高校生の平和学習の形態として、全国に広まった。「頭と体と心で学ぶ」「学び・調べ・表現する」といった学習態様や、「高校生は世界史をつくる」に象徴される意見表明をともなう活動は、高校生の自律的・探究的学習の金字塔である。

第5章「大阪暁光高校平和ゼミナールの活動展開」は、筆者が関わる同部活の具体的活動を叙述したものである。

第6章「被爆画学生に思いを寄せて」は、窪島誠一郎氏の協力を得て実施した、戦没画学生絵画展の取り組みを報告する。実行委員会形式で実施した同取り組みでは、絵画作品・戦没画学生との“対話”を通した学びの深まりが確認できる。

1)日本教職員組合編『教育課程改革試案』一ツ橋書房、1976年、268頁

2)日高教高校教育研究委員会・森田俊男・小島昌夫・浦野東洋一『高校生の自主活動と学校参加』旬報社、1998年

第1章　ホームルーム運営は生徒の手で

1.「自治的諸活動」としてロングホームルームを認識する

「特別活動」と聞き、何を最初に連想するだろうか。体育大会・文化祭等の学校行事や、修学旅行等の宿泊行事、あるいは生徒会活動を思い浮かべる方が多いであろう。

筆者が真っ先に連想するのはロングホームルーム(以下 LHR）である。近年はコース主任という立場に専念しており、担任を外れているが、その状況に物足りなさを感じている。一方、「LHR は苦手」「何をやったらいいかわからない」という声を聞くことも多い。筆者自身、専任教諭になって最初の数年間は、LHR の1時間を“乗り切る”ことに汲々としていた。

高等学校学習指導要領「特別活動」の「ホームルーム活動」の目標は、次のように記されている。

ホームルームや学校での生活をよりよくするための課題を見いだし、解決するために話し合い、合意形成し、役割を分担して協力して実践したり、ホームルームでの話し合いを活かして自己の課題の解決及び将来の生き方を描くために意思決定して実践したりすることに、自主的、実践的に取り組むことを通して、第1の目標に掲げる資質・能力を育成することを目指す。

課題の発見・話し合いと合意形成・協力、といったキーワードがある。しかし、こうした目標やキーワードをみても、担任生活が浅いうちはあまりイメージを描けなかった。「課題を見いだし」というが、「さぁ、課題を見いだそう」と呼びかけても、生徒が積極的に思考し、見出した課題を熱く追究する姿は脳裏に浮かばない。かといって、「これが学校での生活をよりよくするための課題だ」と教師が提起しても、そこから豊かな討議が展開するとも思いづらい。

LHR への苦手意識を払しょくしたきっかけのひとつが、大阪歴教協でお世話になっている井ノ口貴史氏の言葉、「学級通信は議案書」であった。「こういうことをしたい」という生徒からの提案を「議案」として、民主的なプロセスを経て実際に取り組む活動を思い浮かべた。生徒が提案した「議案」とその討議過程、生徒の意見・感想が掲載されている学級通信を想像すると、そうした討議と決定による、民主的な空間づくりとしてのLHRを具体的に構想できるようになった。

こうして振り返ってみるならば、苦手意識を克服し、むしろそこに教職の醍醐味を感じるようになったのは、LHRを「自治的力量の形成」の場と意識したことによる。希望する活動の提案も含めて、LHRの時間に対して生徒たちが一定の裁量と責任を持ちながら、自らの手でその時間と空間をつくっていく。その過程で学級や学校の課題も明らかになるし、実践を通して結果的に役割分担や自己の課題解決等にも結び付いていく。そのような実感を先輩教師の言葉と、自身の試行錯誤を通じて筆者は獲得してきたのだと感じる。

2. ロングホームルームを“つくる”サイクル

大阪暁光高校（以下、本校）では、火曜日6限がLHRに充てられている。この日を迎えるまでの基本的な流れを示す。

年度当初に、「ホームルームを自分たちで運営する」ことを生徒に呼びかけている。本校には、千代田高校時代から「学級集団づくり」に取り組んできた歴史がある。かつては「班・核・討議づくり」も展開されていた。現在は班活動を行っている学級はほぼ見られないが、クラス役員を選出し、学級運営について話し合う放課後役員会議は継続的に行われている。会議設定のためにも、月曜日は45分授業で時間割を運用する等、高校としてこの活動を重視している。

筆者の場合は、着任4年目以降は、「クラス役員」ではなく、「ホームルーム委員（以下HR委員と略記）」の名称で役員を選出してきた。役割は「(ロング) ホームルームの原案を考え、運営する」とし、より活動内容を明確化した。立候補を募り、筆者も生徒に声をかけていき、HR 委員を決める。学期途中での立候補も可である。なお、体育大会や文化祭等の行事では、HR 委員とは別にクラス体育大会委員、クラス文化祭委員等を募集する。それらの役職をHR委員が兼ねるのも歓迎する。そして、行事に向けたLHRはこの両者が協働して準備・運営していく。

HR委員が決まったら、LHRに向けた準備のサイクルをつくっていく。主には次のような形式をとるようにしてきた。

ＬＨＲをつくる一連の流れ

①プレ HR 委員会（金曜日放課後） 　前回の LHR の総括、LHR の議題の相談 ②HR 委員会議（月曜放課後） 　＜事前アナウンス＞　朝礼にて、HR 委員が前日の会議内容の報告と放課後の会議の議題を提示。議題を聞いたうえでのオブザーバー参加も可。 　＜会議＞　翌日の LHR の議題の確認。進め方の相談。司会・書記等の役割分担。 ③LHR（火曜日 6 限） 　学級通信の配布・前日の HR 委員会議の報告・議題の提示・討議・議決 ④総括会議・準備（金曜日放課後・月曜日放課後） ⑤議決事項の実施

クラスレクを例に、一連の流れを説明する。筆者が担任をつとめる学級では、2 か月合同での誕生月祝いを兼ねたレク企画をよく行っていた。年間日程表や月間日程表をもとに、行事等の影響を受けずに自由に使えるLHRの日を示しつつ、基本的には生徒に考えさせながら取り組みをサポートをしてきた。

①プレ HR 委員会では、レク企画の原案を練る。誕生月生徒の好きなもの・ことや、学級全体で楽しめる内容等も考えながら、提案の原案を考えていく。クラス費も使用できるので、鍋パーティーや、簡単なプレゼント付きのゲーム等も提案可能である。火曜日の HR 委員会でオブザーバー参加者も含めて具体化や準備をするために、一定の方向性や論点を定めていく。

②HR 委員会を月曜日の放課後に行うが、HR 委員は必ず、当日の朝礼にて金曜日のプレ HR 委員会の報告を行う。ここで記しているような実践を始めたころから、筆者は「秘密会議はしない」を基本方針に学級運営を行ってきた。「集団づくり」における役員会議では、特定の生徒の問題行動を議題にあげ、討議し、理解を深めるといった実践も行われてきた。それらは社会関係資本を強化し、落ちこぼしをつくらないためのセーフティーネット構築において、有効性を示したのだろうと理解はする。しかし、知らぬうちに担任と役員生徒が自身の問題行動を話し合っていた、と知った当該生徒は喜ぶだろうかと考えてみると、率直にいって疑問である。この例に限らず、教師が意図的に形成する情報の非対称性は不信感を生む。そのため、「秘密会議はしない」という方針をもつようにしたのである。実際、情報開示を徹底した方が、学級の安心感が増している実感がある。

朝礼の報告では、この日の放課後のHR委員会での議題も提示される。「この内容なら話し合いに参加したい、という生徒は歓迎」というのが基本姿勢である。全体討議での議決がある以上、事前準備段階から関心をもつ生徒が参加し、意見を述べ、協力するのは、HR委員にとっても有益である。

放課後のHR委員会では、金曜日のプレ会議の内容を改めて共有後、具体的な準備を進める。LHRでの司会・書記等の役割等も決めていく。討議用資料としての意味ももつ学級通信の内容もここで会議参加者が確認する。

関連して、学級通信についても述べておこう。「学級」通信である以上、本来的には生徒が作成するのが望ましいが、筆者の実践はそこまで到達できていない。それでも担任通信にならないように、できるだけ生徒の文章・写真・LHRでの討議事項・会議の様子等を載せるようにしてきた。発行頻度は平均して週に2~3回程度で、LHRで討議する場合は、学級通信が「議案書」になるようにしていた。

HR委員会議には筆者も支援者兼構成員の一員として参加し、議題を提案する場合もある。

③LHRでは、HR委員会議の内容報告の後、提案が出され、討議等が行われる。司会・進行はHR委員が行う。クラスレク企画の場合、原案の提示（HR委員）、意見の表明と討議（学級全体）、投票と結果発表、企画でのクラス費の使用額・用途の提案と討議・承認、準備日程の相談と買い出し等の役割分担、といった議題・議論がある。「体育館を借りてドッジボールをしたい」「校庭でサッカーをしたい」等、スポーツ企画が出される時もある。その場合は、筆者はサポートしつつも、できれば生徒が体育科教員に相談に行くように促している。

④総括会議・準備は、ここまでの決定を具体化する段階である。金曜日の放課後会議で決定事項の確認をし、以降の時間を用いて買い出し等の準備を進める。こうした一連の合意・準備のうえで、予定のLHRの時間に企画を実施する（⑤）。クラス費を支出した場合は、後日、HR委員による会計報告を行う。

クラスレク企画を例にLHRの前後も含めた流れを叙述した。約2週間後のLHR日程を見据えながら運営することで、HR委員だけではなく、学級全体が参加しながら討議・承認し、生徒主体でLHRをつくりあげることが可能になる。

なお、LHRの議題はさまざまである。学校行事が近づいてくれば、行事に関する決定事項や、行事をより楽しむための学級での工夫等の討議がある。定期考査が近づけば、放課後の学習会企画等が議題にあがる。教育探究コースにはコース独自の取り組みが多くあり(第 2 部参照)、その準備のために時間を使った方が良いと生徒が判断し、提案する場合もある。

生徒総会に向けた議案書討議にも、時間をかけて丁寧に取り組んできた。本校の生徒会議案書は、生活綴方的観点をもちながら、生徒会本部役員が自らの生活状況や問題意識を綴り、それが生徒会本部による学校への要求や議案に先立つ基調報告となる。学級での議案書討議では、その基調報告としての作文を読み、共感的に討議をした後、そうした基調報告と生徒会本部の提案・要求の整合性も検討する。そして生徒会本部の提案に対する学級としての見解を決定し、代議員を選出して生徒総会に臨む。

生徒会本部役員選挙や、学校全体での行事練習、学年全体での取り組み等、やるべきことが決められている LHR の時間も一定数あるため、生徒が自由に討議し、構成する LHR の時間は案外少ない。だからこそ、生徒は HR 委員を中心に、この時間を豊かに構成・展開しようとしている。

3．ホームルームを通じた自治的力量の形成

ここまで示した LHR に至る過程をみると、準備・運営に時間をかけているのがわかる。教師が設計し、指示してしまう方が楽かもしれない。しかし、この時間をかける過程にこそ、教育的・形成的な意味があると筆者は捉えている。

多くの生徒は、学校生活を主体ではなく客体として過ごしがちである。活動内容が他律的に決められる。しかし、自分たちで取り組む自由度が与えられ、そこで試行錯誤する営みそのものが、「自立と自律」という青年期の課題に対応するものである。

自主活動・自治的諸活動といっても、教員の指導や働きかけが皆無ということはありえない。むしろ、自治的・民主的な運営のためのルール・枠組み設定において、年度当初、教員は意識的に働きかけ、指示・指導する必要がある。そのうえで、生徒が主体的・自律的に運営に関わる中で、自治的・民主的な視点からの学級への働きかけを生徒自身が行うようになっていくのである。HR 委員が LHR を運営しようとしたときに、私語が続いていたら、運営者である HR 委員は腹立たしさを覚える。最初、そうした場面は筆者が注意するのだが、やがて HR 委員

が注意を行うようになる。前述の流れにあるように、HR 委員会では常に情報を開示し、オブザーバー参加も認めている。会議は放課後の教室で行っており、その姿を目の当たりにしているクラスメートも多い。そうした経過が、「準備してみんなに提案しているのだから、私語はやめて」という言葉に重みをもたせる。

ある生徒は、HR 委員として LHR の時間を運営する経験をした後に、日常的な授業態度が改善した。また、学級全体の話し合いの技量も向上していく。

議題を全体で討議する時間に、ひそひそ話をするように隣り合う生徒同士がしゃべっていたら、「意見があるなら全体に聞こえるように話して」と注意できるように生徒が育っていくのである。あるいは、「全体だと話し合いづらいかもしれないから、グループで話し合う時間をとるのはどうか」と生徒が提案するようになっていく。教員が粘り強く、民主的・自治的な討議を求めていくうちに、生徒は相互に尊重しあうためのルールを身に付けていくのである。討議の姿勢や討議内容が深まっていくにつれて、学級に対する信頼感も醸成されていく。発言していない生徒に対して、「○○はどう思う」と声を掛け合う関係性も生まれてくる。

自分たちで話し合って決定し、実行していくことは、学級や学校への当事者性の向上にもつながる。何よりも、そのように行動しながら自らのコミュニティーを豊かにしていく経験こそが、民主主義の担い手を育む活動なのである。

（ロングホームルームでの採決　筆者撮影）

第２章　『二十四の瞳』で読み解く学校史

１．学習活動に取り組む文化祭

本校の文化祭では、学級ごとに学習テーマを設定し、探究活動に取り組む。文化祭当日は食品バザー等の模擬店やクラブ発表とあわせて、学級ごとの学習発表も行う。学習テーマはクラス役員を中心に原案を作成したり、学級の生徒の希望を集約したりして決める。初発の段階で教師の働き掛けもある。筆者の場合、学級の様子をみながら、大まかなテーマ案を複数用意しておく。HR 委員会で、提案者の一名として提案し、承認されれば LHR での提案、といった流れを大切にしてきた。

本校着任から 2021 年にコース主任となり担任を外れるまでの間、筆者は 6 年間学級担任を務めた。各年のテーマや内容を示したものが表 1 である。

表１：筆者が担任を務めた学級の文化祭テーマ

年度/担当学級	タイトル	学習の主な内容
2015/普通科 2 年 進学総合コース	河内長野発見隊！	学校所在地・河内長野市の各種フィールドワークを通じて当市の魅力を探る
2016/看護科 3 年	ペコロスの母に会いに行く	認知症ケアの基礎知識。ケア施設フィールドワーク。介護殺人事例の検討等
2017/普通科 1 年 教育探究コース	二十四の瞳	壷井栄『二十四の瞳』の感想交流、日本教育史（大正自由教育、軍国主義教育）
2018/普通科 2 年 教育探究コース	学校－私の中の青い鳥－	校内暴力・いじめ・学級崩壊の検討、新しい学校づくり、学校教育への意見表明
2019/普通科 3 年 教育探究コース	世界に一冊の本をつくる	卒業作品制作の中間発表会。途中経過を模造紙 3 枚に要約し、展示
2020/普通科 3 年 教育探究コース	夏の終わり祭り 私たちの卒業作品	卒業作品制作の中間発表会。途中経過をパワーポイントでまとめスライド上映

2015 年の内容は、第 2 部第 1 章にて詳述した。2016 年は看護科を担任しており、生徒は看護に関するテーマを希望した。岡野雄一『ペコロスの母に会いにいく』シリーズや、森崎東監督による同映画も用いつつ、認知症ケアに焦点化した学習を行った[1)]。これら作品の感想交流に加えて、介護施設と子ども園を併設し、

「老人の教育力と幼児の介護力」の活用として注目されるベルタウン(堺市)へのフィールドワークや、講師を招いての認知症ケアサポーター講習も実施した。「現代社会」の授業も連動させながら、①認知症介護に関する判例(介護殺人事件、2007年の認知症 JR 事故)を用いた討論授業[2)]や、②介護制度に関する学習(介護保険制度、北欧の介護制度)も行った。

2017 年以降は教育探究コースを担当し、2017～2019 年度は同一学級を持ち上がっている。2019 年度および 2020 年度は、学級として「文化祭学習期間も活用して卒業作品制作を進める」と議決したので、卒業作品の中間発表会と位置付けた。いずれもテーマごとにグループ編成し、グループ内での発表会や学級内での発表会も実施しつつ展開した。

以下は、壷井栄『二十四の瞳』[3)]をテーマとした 2017 年の実践を叙述する。

２．テーマ設定の背景

教育探究コース１期生を迎え、文化祭学習をどう進めるのかを４月当初から悩んだ。１期生である以上、教育に関連したテーマが望ましい。５月の小学校観察実習の姿をみるに、生徒たちは学校教育に対して一定の関心はあるようである。

６月。急遽、自習時間が生じたため、DVD『二十四の瞳』[4)]の視聴時間をとった。生徒は真剣に視聴し、エンディングシーンで涙を流す者もいた。手応えを覚えた筆者は、「『二十四の瞳』をテーマに昔の学校や教育を学ぶのはどうだろう」と提案したところ、HR 委員は賛同し、LHR でも承認された。

本校ではかつて集団読書の取り組みが行われており、図書館には 40 冊以上の『二十四の瞳』がある。夏休み中に読書を奨励し、何度か読書会も開くことにした。マンガ版『二十四の瞳』[5)]からも資料を作成した。

この作品を学びの対象とした理由は２つの観点から整理できる。第１は、戦時下の国民生活の描写にある。日常を静かに描く作品を通し、戦争がどのように人々を締め付けていくのか把握できる。主人公・大石久子の人柄も印象的だ。久子は英雄的な教師ではない。子どもに寄り添い、共に笑い、泣く。貧困・男尊女卑・長引く戦争・もの言えぬ社会。こうした状況に教師・母として胸を痛める。家族や教え子に生き延びなさいとメッセージを送りつつも、彼女は表立ったレジスタンスは行わない。この点については、梅野正信が次のように評している[6)]。

「二十四の瞳」で高峰が演じた大石先生は、綴方教育への弾圧に憤り、軍人に憧れる教え子やわが子に戦争は嫌いだと言い、教師を辞めてしまう。
　だが、大石は、子どもたちの不幸を前にして、ただ泣くばかりの女性である。奉公先で体をこわし、余命いくばもないコトエを見舞いに訪れて泣き、戦争で失明したソンキと小学校時代の写真をみながら嗚咽する。大石は、ただ涙するだけ、饒舌な言葉はない。
　それでも、自身の無力をかみしめて涙する一人の教師の姿は、戦後にあって、敗戦を経験した人々から広い共感を得ることになった。涙する大石は、ただ涙することで、日本国民の素朴な心情を代弁していたのである。

第2に教育史・教育方法学的接近である。映画『二十四の瞳』には、電車ごっこの場面や浜辺で児童が歌う場面がある。久子が岬の分教場に勤めるのは 1928 年。女子師範学校時代に新教育運動の理論や実践にも触れたと考えると整合性がつく。岬の分教場では、「男先生」が、女子師範学校出の久子の赴任を受け「困った」という。久子の休職後、男先生の唱歌の授業で歌う「千引の岩」は、天皇・国家に命を捧げる歌詞である。御真影に関する場面もある。やがて教育の自由は抑圧され、忠君愛国の教育が強化されていく。島の学校にも特高警察が訪れる。綴方教育は弾圧され教育の自由が奪われる。こうした変化が静かに描かれる。

生徒と出会わせたい人物もいた。戦後教師一期生の谷山清氏。谷山氏は忠君愛国教育を受けた軍国少年だったが、勤労動員で肺を患った後、国策への疑問をもつ。敗戦直後に平群西小で教壇に立ち、以後は奈良教育大付属小学校にて平和教育・作文教育の実践者として活躍した。戦争体験継承の緊急性がいわれる今、谷山氏をお招きできるテーマ性という点にも心惹かれた。

3. 学習の経過

(1)『二十四の瞳』に親しむ

抜粋したマンガ版『二十四の瞳』の合間にコラム形式で解説を挿入した資料を夏休み課題とした。小説も図書室より学級全員に貸し出し、読書を奨励した。文学作品の醍醐味に登場人物への感情移入がある。それは自身と登場人物との往還をともないながら、生徒の情動と理解を育む。そのための論点として「探究ポイント」となる問いを 21 個設定し、考えを書かせるようにした(表 2)。これも夏休みの文化祭課題である。表 2 をもとに、問いの意図や生徒の表現に触れてみよう。

表２：文化祭学習『二十四の瞳』探究ポイント　抜粋

【1】新しい学校、新しい先生、キラキラと瞳を輝かせる子どもたち…。あなたの「入学式」の思い出を文章で書いてみよう。

【3】岬の村の人たちは、大石先生の悪口をいう。なぜ大石先生をいじめるのだろうか。村の人たちの本音や不安を想像してみよう。

【4】「御真影」があったり、「千引の岩」を謳ったりする学校。どのようなメッセージを子どもたちに送っているか。表現してみよう。

【6】会いに来た子どもたちと大石先生で撮った集合写真。その後、この写真は子どもたちにとって大切な宝物になっていく。あなたにとっての大切な「記念写真」の思い出を書いてみよう。

【7】保護者の中でも最も厳しいコトエの祖母。コトエは、無断で大石先生に会いに行き、「怒られる」と覚悟して帰村した。しかし祖母は船にいち早く駆け寄り、コトエを抱きしめる。コトエの祖母はどのような思いだったのか。

【8】「当初は１年のしんぼうね」といって岬の分教場に赴任した大石先生だが、校長先生から「本校への勤務を」といわれ、戸惑う。あなたが大石先生だったら、岬の分教場へ戻るか、本校に勤務するか。

【9】大石先生にお見舞いを贈る村の人々。分教場をやめるために岬の村に行った大石先生を温かく迎え入れる。なぜ村の人々は大石先生へのいじめをやめてやさしくなったのか。

【10】生まれたばかりの子どもを残して、松江の母が死んだ。「赤ん坊が死なん限り、松江は学校にやれません」と松江の父。苦しそうに俯く松江。その思いはどのようなものか。どうすれば松江は救われるか。

【14】「つくづく嫌んなった。毎日毎日忠君愛国って…」「一生懸命教えてきたのに、男の子は半分以上軍人志望だし…」。学校への不信・不満や、教え子の未来への不安を語る大石先生。教え子を兵隊に送り出したくない大石先生は、学校をやめる決断をする。あなたが大石先生だったら学校をやめるか。

【15】徴兵検査に向かう教え子たちと偶然に再会した大石先生。ランドセルを買い与えると喜んで家へと駆け帰る大吉。その後ろ姿に、教え子の背中が重なる…。大石先生は大吉、並木を抱きしめ叫ぶ。「こんなかわいいやつどもをどうして殺してくれようか」。大石先生の苦しみを文章で書こう。

【17】「こんな病人も引っ張り出されるのでは…」と敗戦を予測しながら、応召した大石先生の夫。やがて大石家に戦死の知らせが届く。戦死の札を玄関にかけたがらない大石先生。大石先生が外出した隙をみて、戦死の札を玄関に飾る大吉。大石先生の苦しさと、大吉の苦しさを文章で書こう。

【1】・【6】のような問いは、作品に即してというよりは、自身の物語を綴る意味合いが強い。生徒同士の相互理解を深めるための問いである。

【4】は戦前日本における教育の目的に迫るもので、歴史学習の色彩が強い。

その他の問いは、社会状況を念頭に置きつつ、登場人物の心情も想像しながら自身の考えを綴るというものである。【3】の場合、生徒は「こんなに贅沢をしている人には私たちのしんどさはわからないだろうし、だからこんな先生に子どもをみてもらうなんて嫌と思ったんじゃないか」「おなご先生のくせに自転車に乗って、洋服を着ているのが、羨ましかったんだと思う。貧しい村だったからちょっと金持ち風な恰好をされるのが嫌だったのかもしれない。しかも若い新任の先生ということもあって不安もあったのかな」等、具体的に予想を綴っている。いじめの背景に、村の貧困や不安、それゆえに生じる嫉妬を読み解いている。

児童が久子を慕い、けがをした久子に会いに行く。その後の村人の変化等、節目となる場面ごとに自由に考え、語り合う・読みあう。(【6】~【9】)

やがて15年戦争の時代に突入し、戦時色がますます強まる中、久子は教師をやめる。この決断について、あなただったら…と問うたのが【14】である。この問いも意見が分かれた。「学校に残る。辞めるのは、先生としての仕事を途中で投げ出していることになる。苦しいかもしれない。でも、自分の大切な児童の進路なのだから、それを最後まで見送ってあげるべきだ」、「自分は弱いから学校をやめてしまう。『国が一番大切』と児童に教える罪悪感がすごい。もしそれで本当に戦争に行って亡くなったら、その後の戦争責任をずっと負い続けるのはとても考えられない。そうなるぐらいなら先生をやめてしまう」等の意見が出された。

【17】では、「大石先生は戦争で死んでも名誉あることじゃないから『戦死』なんて飾りたくない。大吉は『戦争に行って死ぬって名誉あるのになんでお母さんは隠すん?』と思っている」「人々からしたら『戦死と言うのは誇らしくてすごくよいことだ』と思う。なのに、その札を隠そうとするお母さんを大吉君は理解できていないんだと思う。お母さんからしたら戦争をすることは悪いことで、戦死がいいことだとも思わない。札をつけることによって、お父さんが死んだことを家に入るたびに感じてしまう悲しさが激しいと思う」といった記述がある。

これらの感想を読みあい(聞きあい)、語り合う。こうして、問いを介して物語の世界に入り込んでいくのである。

「探究ポイント」の記述をもちよる形で夏休み中に数回、感想交流会を行った。

2学期開始後は、LHRを用いて「探究ポイント」の記述をまとめた通信(「二十四の瞳通信」)を読みあい、感想交流を行った。

(2)歴史学習および教育史・教育方法学的諸学習

「教育・人間探究の時間」を活用しつつ実施した。TBS ドラマ『ブラックボード』第一夜「軍国主義[未来]」[7]を視聴し、教師の戦争責任に関する討論授業を行った。また、大正自由教育の理想を体現したともいわれる池袋児童の村小学校の事例や、綴方教育実践の紹介・検討も行った。そうした教育実践がやがて弾圧されていく経過も学習した。

9月16日には、「『軍国少年』から『平和を希求する人間』へ」と題し、谷山清氏にお話しいただいた。その内容は4つに分けられる。第1は自身が受けた忠君愛国教育の実際。谷山氏は今でも、教育勅語を暗唱できる。それほどにまで、子ども時代に教育勅語を叩きこまれたのである。谷山氏が教育勅語を暗唱する2分間、生徒は直立不動で頭を下げ続け、当時の小学校の式典の一場面を追体験した。第2は師範学校時代の経験。師範学校は最も軍国主義的教育が展開された校種であり、谷山氏はしばしば先輩から言いがかりをつけられ私的制裁を受けた。第3は軍国主義にひびが入った出来事。学徒動員を機に肺を患い入院した谷山氏は、同室の朝鮮人との交流が深まる。その後、軍隊に志願し健康上の理由から追い返されるが、その直後に召集令状が届き、国家のマネジメント機能への不信を覚える。応召した直後に、大阪大空襲に見舞われる。それらの経験から谷山氏は「忠君愛国」意識から脱皮した。第4は戦後派教師の願い。戦後教師一期生として教壇に立った谷山氏は、日教組が掲げた「教え子を再び戦場に送るな」のスローガンに感涙する。以降、平和教育と作文教育の実践家として教師生活を送っていく。谷山氏は講演の最後に、「だまされぬ力」「手をつなぐ力」「平和を守る力」の3つの力が大切だと力説した。

年	谷山清氏略歴
1925	生駒市で生まれる
1932	7歳　南生駒小学校入学
1933	8歳　小学校2年生
1934	9歳　小学校3年生
1941	16歳　師範学校2年生
1944	19歳 学徒動員で造船所へ
1945	20歳 陸軍入隊。大阪空襲。10月、小学校教師に（西平郡小学校）
1947	22歳　奈良師範附属小へ

2 時間連続で実施した授業であったが、生徒は集中してメモを取りながら取り組んでいた。生徒の感想を一部、紹介する。

今の日本と全然違うと思った。約 30 分の朝の会で、天皇に対しての国民意識を教え込まれている気がする。授業も、ヘイタイのこと、天皇のことをいっぱい学ぶ。教科書の最初の文字が「ハタ」と聞いて驚いた。全てが「忠君愛国」だ。1 月 1 日、まんじゅうをもらえるといっていた時の谷山さんの嬉しそうな顔に、なぜだか泣きそうになった。教育勅語を読み終わるまで立っていなければならない。約 2 分間、頭を下げているのを体験し、とても長かった。途中で頭をあげたり少しでもふざけたりしたら、すごく怒られるんだろうな。「日本が勝つ」や「負けない」と思っていた人々が突然敗戦を言い渡されたら、混乱だらけだと改めて思った。

(3)模擬店や展示等に関する学級討議

本実践は、特別活動の枠組みを活用したものであり、そこで育むのは自治的諸能力である。民主的手続きを重視しつつ、食品バザー・教室展示・クラス T シャツづくり等の提案や討議にも力を入れた。

食品バザーでは、SNS 文化も意識して「映え」るようにしよう、と生徒は話し合い、クッキーをジュース容器の上蓋にする「ダンボクッキー」が提案され、討議・承認された。『二十四の瞳』の舞台が小豆島であるのも意識し、レモンクッキーを試作し、試食会も行った。商品名、仕入れ量、価格等も、LHR で話し合った。音楽の授業でオカリナ演奏に取り組んでいたこともあり、音楽科教諭に「浜辺の歌」を教材にしてもらうように頼み、合奏を録音した。文化祭当日の教室で、録音した「浜辺の歌」が流された。これらの提案や討議は、HR 委員およびクラス文化祭委員が運営する形で進められた。

1 年生段階ということもあり、模造紙展示の原案は筆者が作成したが、その原案も HR 委員＆クラス文化祭委員の合同会議で提案・討議し、LHR でも確認した。文案に関しても「もっとこうした方が良い」という提案を遠慮なくするように伝えた。一連の討議の中で、「自分たちの小学 1 年生頃の写真を持ち寄ろう」との提案が出され、呼びかけに応じた生徒たちが持ち寄った写真も展示された。

模造紙展示の大項目を列挙したものが、表 3 である。合計 81 枚の模造紙を用いた教室展示となった。また、取り組みの記録を表示したものが、表 4 である。2021 年度までは、隔週で土曜日（午前中）授業があり、土曜日は 4 時間連続で

「教育・人間探究の時間」に充てていた。1 限目を事前学習、2-3 限をゲスト授業や映像視聴を交えた授業、4 限目をレポート作成・感想交流、とするとスムーズな学習が可能になる。それでも時間が足りず、日本史 B の時間を後日の LHR や「教育・人間探究の時間」と振り替える等して、弾力的に運用した。

表３：模造紙展示の大項目とその展示内容

大項目	展示内容
0.『二十四の瞳』のあらすじ	作品の大まかなあらすじの紹介
1.『二十四の瞳』の世界と私たち	入学式の思い出、持ち寄り写真の展示等
2.大石先生が教壇に立った時代	大正自由教育・池袋児童の村小学校等
3.教師としての大石久子	久子の教職在職中の【探究ポイント】記述紹介
4.忠君愛国・軍国主義教育の時代	谷山清氏のお話の概要と感想、教師の戦争責任に関する討論内容や感想
5.敗戦と生き残った人々	久子退職後の【探究ポイント】記述紹介
6.私にとっての『二十四の瞳』	登場人物への手紙 or 取り組んでの感想

表４：活動の履歴

月日	内容
夏休み期間：資料を読み、感想を書く（数回、読書会を実施）	
9.2	『ブラックボード-時代と戦った教師たち(1)　軍国主義「未来」』視聴と討論
9.5	食品バザーに関する話し合い・感想読み合わせ
9.6	「キグチコヘイ」を知っていますか？（軍国主義・忠君愛国の教育）
9.8	文化祭に向けての係決め・日程の確認・感想読み合わせ
9.12	大石先生の教育観と「大正自由教育」（池袋児童の村小学校など）
9.13	感想交流・文化祭課題（『二十四の瞳』）「探究ポイント」を進める。
9.16	谷山清氏「忠君愛国から平和を愛する人間へ」（事前学習・講演・質疑応答）
9.19	食品バザーの試作
9.20	食品バザー価格決定・数量確定等。
9.22	感想交流。展示物作成など開始。
9.27	３限目以降文化祭準備
9.28	終日文化祭準備
9.29～30　文化祭当日（一般公開日は 30 日）	

４．本実践の特徴

本章での取り組みを生徒はどのように振り返ったのか。感想をいくつか、紹介する。『二十四の瞳』や関連した歴史学習に関しては、次のような記述がある。

- 私が初めてちゃんと学んだり、感じたりした作品でした。今までは戦争の作品を見ても「大変そう」としか思わなかった。けど奥深く学んで、頭にどんな内容だったとか、映像が流れるくらい残っています。昔の先生はとても大変だと思った。正しくない戦争を「正しい!!」とか、将来の夢は軍隊に入ることとか、そういうのを聞くのも言うのも嫌だったと思う。戦争の作品といえば飛行機に乗っていたり銃を持っていたりするのが多いけど、学校の様子、その時の生活について学べるのは、この『二十四の瞳』ならではだと思う。戦争中のことを知れてよかったです。
- 『二十四の瞳』を読んで、当時の先生の気持ちとか親の気持ちがよくわかった。普通の人たちは「戦争はよいことだ」と教えられてきたから、子どもや生徒たちに「お国のために立派に死んでこい」と簡単に言えると思っていた。けど、やっぱり戦争に反対している人もいて、「子どもたちに死んでほしくない」という気持ちがある人もいるんだと思った。自分がその時代に生きていたら、絶対大石先生のように、子どもたちに「戦争に行って死んで来い」なんて言わない。子どもたちは「戦争に行って立派な日本男児になる」って言って自ら進んでやろうとしても、自分は絶対戦争なんかいかせてやるかと思う。この話を読んで、色々な人の想いなどが分かった。
- 戦争の時代の一人一人の苦しみだったり、小さな幸せだったり。周りから見たら不幸でも、その人にとっては幸せだったり。12人と、大石先生とその子ども。みんなそれぞれの考えがあって、それについてすごく考えさせられる話だった。今の自分たちの生活とは、真逆なところがたくさんあって、私たちの「ふつう」がその時代を生きた人たちは「幸せ」で、私たちにとっての「不幸」が「ふつう」で。時代によって人々の考え方、価値観の違いに気づかされたような気がする。

時代状況に感情移入しつつ学ぶ生徒の姿が多く見られた印象をもつ。

池袋児童の村小学校を紹介した関連で、自由学校や特色のある学校として、きのくに子どもの村学園の存在を生徒に伝えた。見学を希望する生徒が数名いたので、振替休日に4名を連れて訪問した。きのくに子どもの村の姉妹校である、りら創造芸術高校も訪問した。それらの活動にふれて感想を綴った生徒もいる。

『二十四の瞳』の作品と出会ったことから、大正自由教育について知り、教育史にも興味が出てきた。きのくに子どもの村とか、りら創造芸術高校にも興味がでた。「きのくに」と「りら」に行き、大正自由教育のような学校を見学できて、その学校の先生（「おとな」）たちや生徒たちと触れ合えるのは楽しかった。

この感想を綴った生徒は、きのくに子どもの村学園を見学した際、帰りの車の中で「野口援太郎さんの思いが今も生きているような気がして、嬉しい」と語った。野口援太郎は池袋児童の村小学校の設置者である。

本実践は自治的諸活動（特別活動）と総合学習（総合的な探究の時間）の枠組みでの実践であり、教科教育とは異なる。構造理解というよりは、生徒が自分たちで話し合い、行事づくりを実践するという取り組みであり、また文学作品を媒介としながら戦時下の社会・学校を学びつつ、仲間とつながる活動である。生徒の感想には、クラスメートの頑張りを称える記述や、文化祭の成功への充実感を表現した記述も多くみられた。学習の深まり、教室展示の反響、食品バザーの成功等が生徒の達成感に繋がり、自信を深めたように感じられる。

総合学習と自治的諸活動（特別活動）、それぞれの時間の特質を生かしながら、2つの時間を組み合わせて学びをつくることで、生徒の相互の関係性を深めつつ、各自が自己有用感を育む教育活動として展開できたように思う。

1) 岡野雄一『ペコロスの母に会いに行く』2012年・『ペコロスの母の玉手箱』2014年（西日本新聞社)、『ペコロスの母に学ぶ ボケて幸せな生き方』小学館、2014年、森崎東監督・岡野雄一原作・阿久根知昭脚本『ペコロスの母に会いに行く』東風、2013年、を用いた。

2) 朝日新聞社会部『母さんごめん、もう無理だ 今日も傍聴席にいます』幻冬舎、2016年、山口道宏編著『介護漂流—認知症事故と支えきれない家族』現代書館、2016年、等。

3) 壺井栄『二十四の瞳』新潮社、1957年

4) 自習課題として視聴したのは、日本テレビ「終戦60年特別ドラマ 二十四の瞳」(2005年、黒木瞳主演)。VAPより同年、DVD化されている。

5) 壺井栄原作・安部大代漫画『コミック版　二十四の瞳』ホーム社、2010年

6) 梅野正信『日本映画に学ぶ　教育・社会・いのち』エイデル研究所、2005年、17頁。筆者は修士課程にて、梅野氏のゼミで学んだ。時折、映画鑑賞と評論の時間があった。映画『二十四の瞳』(木下恵介監督、壺井栄原作、松竹大船製作所制作、1954年）を初めて観たのも、梅野ゼミにおいてであった。

7) TBSドラマ『ブラックボード〜時代と戦った教師たち〜』「第1話　未来」2012年4月5日放送。

第3章　文化祭にて「学校」を問い直す

1．「校内暴力」「学級崩壊」「いじめ」を追究する生徒たち

前章でみたように、2017年は『二十四の瞳』をテーマに学習した生徒たちである。学習後、有志生徒4名が、自由学校としてのきのくに子どもの村学園を、また同学園の姉妹校であるりら創造芸術高校を見学したことも前述した。4名は大いに刺激を受け、「学級としても訪問したい」と希望を語った。その要求も動力となり、2018年6月にきのくに子どもの村学園を見学し、同国際高等専修学校（通称「きの高」）の生徒と交流した。

2年生の文化祭のテーマをHR委員会で相談していると、「昨年と連続性があるといいと思う」と建設的な意見が出された。また、「きの高との交流も生かしたい」との声もあがった。そこで、前年を戦前日本教育史と捉え、2018年は戦後の教育問題を考えつつ、きのくに子どもの村のような特色のある学園がつくられていく背景も考える方向性になった。前年度の文化祭に充実感を抱いていたこともあってか、LHRでもこの提案は可決された。

前年と同様、大まかな学習デザインは筆者が描きつつも、展示や模擬店等、生徒の自治的な活動を重視することを心掛けた。加えて、生徒たちが調査したり、意見表明したりする機会をより増やしたいとも考えた。

検討対象として設定した教育課題は、3点ある。第1は、校内暴力。1980年頃を中心に学習するとした場合、ベテラン教員や家族への聞き取りも可能である。ちなみに、前年度の文化祭でみた、TBSドラマ「ブラックボード」は三部作であり、第二部のテーマが「校内暴力」であった[1)]。加えて、コース設立時に助言を乞うた福井雅英氏が臨床教育学や「子ども理解のカンファレンス」[2)]の実践研究に歩みを進めた背景も、中学校教師時代に直面した生徒の荒れにある。生徒たちは6月、福井氏の特別授業で、当時の荒れた中学生に対して福井氏らが寄り添い、また生徒集団を組織しながら中学校を立て直した実践を聞いてもいた。

第2は1990年代の「学級崩壊」。当時、学級崩壊に果敢に立ち向かった、堺市立宮園小学校の教師集団がNHKスペシャルで取り上げられ反響を呼んだ[3)]。その教師集団において中心的役割を果たしたのが、本校（千代田高校）の同窓会長

でもある葛目己恵子氏である。そうしたご縁から、葛目氏による特別授業を構想していた。なお、1990 年代と書いたが、生徒の中にも学級崩壊を経験した者が一定数いた。第 3 は「いじめ」。正確にいえば、2000 年代以降、「キャラ」化や「イジリ」の中で展開されるいじめである。

これらの教育課題を追究しつつ、子どもたちは何に葛藤していたのか、大人たちはどう立ち向かったのか、を検討していくことにした。

また、読書課題としては、重松清『青い鳥』[4)]を用いることにした。

２．学習の実際

本実践も、前年度と同様に特別活動(LHR)と「教育・人間探究の時間」をあわせて取り組んだものである。LHR では、食品バザーや教室展示等の決定事項に関する自治的討議を重視した。また、学習後に記入した感想を「青い鳥通信」として共有・交流した。加えて、本実践では生徒による調査活動もある。その発表・共有も、LHR の中で、生徒たちが進行しながら進めた。

文献や映像を用いた学習やゲスト講師による授業等は、「教育・人間探究の時間」にて実施した。時数が足りない分は、筆者が担当する世界史 B をはじめ、他科目を前借りする形で弾力的に時間割を運用し、活動時間を確保した。とはいえ、あまりに膨大な取り組みになったため、本章で紹介する活動はその抜粋にとどめる。

(1)「校内暴力」を追究する生徒たち

学級全体では、文献の検討と感想交流（紙上対話等）を行った。また、放課後を用いて、HR 委員やクラス文化祭委員による教員への聞き取り調査も行った。調査内容は通信として発行し、LHR や「教育・人間探究の時間」で共有した。

①尾鷲中学校事件を題材に、当時の新聞記事から考える

校内暴力に関する新聞記事を探したところ、毎日新聞が精力的に記事を出している印象を受けた。そこで、新聞記事を収集し、教材化した。特に校内暴力の典型例とされる尾鷲中事件(1980 年)は、事件報道記事(「荒れる中学、警官隊出動」10 月 28 日。記事【A】とする)の後日、有賀幹人記者による論説が掲載され(「記者の目　中学校の校内暴力事件　先生、強くなって！」11 月 21 日。記事【B】とする)、それに対する読者の反響も特集記事として掲載された(「記者の目　生徒と先

生に大きな隔たり 先生、逃げないで」12 月 25 日。記事【C】とする)。この【A】～【C】の記事を生徒が読み、感じたことを綴り、紙上対話と討議を行った。

事件のあらましは、次のようである。1980 年 10 月 27 日、三重県尾鷲市立尾鷲中学校で、教師が授業をボイコットする 3 年生数名に注意したところ、約 30 名が職員室に押しかけ、教職員を殴る等して暴れまわった。学校側の要請で警察官 50 名が駆け付けた (【A】)。【B】にて有賀記者は、事件当日の状況をより詳細に描き、注意して激高した生徒が入ってこないように教室に鍵をかけた教師の行動が事態を悪化させたことや、教員集団としての対応がなされなかったことを示唆し、「毅然とした対応を」と呼びかける。【C】では、【B】への反響の大きさを述べたうえで、「先生方の反論」「生徒たちの叫び」「家庭のしつけ」「現状への指摘」「元校長の体験」の各項目を設定し、投書を紹介している。投書へのコメントという形で展開される有賀記者の主張・基本姿勢は、教員の情熱の重要性を強調するものである。

3 つの記事を読んでの、ある生徒の感想を紹介しよう。

> 「3 年生のことだから 3 年生の先生が」みたいなのを聞いて、とてもびっくりした。学校の問題なのに、私には関係ないみたいな感じで、すごく腹が立った。その先生たちに、生徒のことをどう思っているのか聞いてみたい。そういう先生がいるから生徒はやめないし、もっともっとってなる。先生たちがまとまっていないのに生徒がまとまるわけがない。警察に頼って、おさえるって仕事を放棄して、給料泥棒かと思う。殴られたりするのは怖いが、それを他の人に押し付けてみているだけって、さすがに違う。きれいごとかもしれないが、先生が本気でぶつかれば、生徒も考え直すと思う。……私も有賀記者のいう通りだと思う。真剣に向き合っている先生がいる中で、他の先生が非協力的すぎるし、言葉だけできくなら苦労しない。エリートばかりの職業だからこそなのかと感じる。エリートにはできない子の苦しみはわからない。だからこそ、話を聞いてあげるべきだ。反対に、できる子の苦しみはわかるはずだから、寄り添ってあげてほしかった。勉強でのストレス、「自分たちは何々して解消していたよ」とか教えてあげてほしかった。

有賀記者の論調の影響もあろうが、教員に対して厳しい意見である。教員志望者である本生徒は、暴力の背景に勉強でのストレスを読み解いている。また、教師は「エリート」ゆえに「できない子」への共感や理解が浅いことを書いている。これらは、生徒自身の学校での体験・被教育体験に根差した実感を思わせる。

日を改めて、教員の手記「回想・校内暴力」[5)]を読み合わせ、感想記入と討議を行った。概略としては、次のようである。

著者である金子教諭は、1983 年、落ち着いた住宅街にある A 中学校に勤務していたが、5 月の連休明けから 2 年生数名が反抗的な態度を強める。やがて発生した対教師暴力は徐々にエスカレートし、他の生徒も同調し荒れはじめ、暴力が蔓延していく。対教師暴力・施設破壊は連日続き、保健室や事務室も荒らされる。金子教諭自身、金属バットで太ももを殴打される。彼は転勤を希望し、翌年、A 中学校を去った。

金子教諭の手記を読んだうえで、「なぜ子どもたちは荒れているのだろう」「金子先生はどのような行動をとるべきだったのだろう」「資料を読んで感じたり考えたりしたことを書こう」の 3 つの注目点も提示しつつ、感想記入を促した。

荒れの背景に、勉強がわからないストレスを予想する生徒が多くいた。また、教師が生徒の心情を理解しておらず、そのことへの教師不信が根底にあると考えた生徒も多くいた。ゆえに、金子教諭も生徒がなぜ暴れているのか、理解に努めてほしかった、という願いも複数名が書いていた。自身や身近な人物と関連付けつつ、感想を綴る生徒も複数いた。いくつか感想を紹介する。

> 暴力は怖いし、暴言も怖い。金子先生はしんどかったと思う。中学の頃、結構荒れていた子が数人いた。先生は大変そうだった。その子たちは先生の苦労なんて知らないで暴れていた。嫌いな先生も結構いたらしく、生徒と先生がケンカになっていたりした。でも、好きな先生もいた。保健の先生と、もう一人面白い先生。授業に出ていない時はどこにいるかわからなかったけど、ある日保健室に行ったら、その数人がいた。先生と真剣に話していた。初めてそういう場面をみたので驚いた。先生や授業が嫌いで教室にいない子も、自分ではやばいなとわかっていたことに驚いたし、今までその子たちに思っていた気持ちが一瞬で変わった。

彼女は中学生時代を土台に考えを綴っている。問題行動を続ける生徒が、信頼する教師と保健室で真剣に話している―変わらなければいけないと苦悩する―姿を目の当たりにして、この生徒は「その子たち」への思いが「一瞬で変わった」。この経験ゆえに、問題行動をとる生徒の本心や可能性を信じてほしいという願いを彼女はもつ。

この時代の先生たちは生徒に寄り添えていなかったと思う。生徒が悪いことをしても話を聞かず怒るだけの先生が多かったのかなと思ってしまう。だから荒れてしまった子は先生にかまってほしかったのだと思う。福井先生が中学校の先生時代、中学生がバイクを乗り回したり、窓を割ったりしていてすごかったと言っていたけど、お父さんの時も中学校はそんな感じであれていたといっていた。ちょうど 1980 年くらい、お父さんは中学生だったと思う。……

6 月の福井氏の講演が本事例の検討にも生きているのがわかる。彼女は父の中学時代の語りと本事例を重ね合わせながら考えている。その 2 つの面から、荒れている生徒は「先生にかまってほしかった」のではないか、と考えている印象を受ける。

荒れた理由は、先生たちへの不満を持っていたからだと思う。それと勉強についていけない人が荒れたと思う。昨日、谷山先生が「暗記が勉強となっていて、テストのクラス順位が出たりと競争するようになっていて、ついていけない子が荒れたと思う」と言っていたから、私もそうなのかなと思う。子どもたちだって頑張っているのに、無理だと決めつけて、子どもが悪いこととかしたら理由も聞かずに怒るのがあかんと思う。必要なのは、子どもたちの話を聞く。聞いていたら荒れた理由も聞けるし、金子先生自身も悪いところは直したり、子どもたちも悪いことがわかるから、もっとクラス仲が良くなったんじゃないかなと思った。もっと先生たちも子どもの気持ちになって考えるべきだった。

彼女は前日の放課後に、教員への聞き取り調査として、谷山教諭へのインタビューに参加していた。そこで聞いた証言と、本事例を重ね合わせながら考えている。ここでの三者の感想に共通するのは、「問題行動をとった生徒の話を聞いてほしい」という点である。それは暴力を是認することではない。なぜそういう行動をとったのか、その背景にある生徒の苦しみは何か。教師にできることは何か。そうした点を丁寧に聴く姿勢を持ってほしいという、共感性をもった願いである。

②教職員へのインタビュー調査

文献検討と同時並行で、有志生徒が教員 5 名へのインタビュー調査を行った。1970-80 年代に既に入職している大ベテランや、自身が 1970-80 年代に中高生だった教員にお話をうかがった。生徒が積極的に質問する姿に感心しつつ、筆者も同席した。インタビュー時間は毎回 90 分程度である。

1980 年代に千代田高校に入職していた教員は、「女子高でもあり、深刻な対教師暴力はなかった」と振り返る[6)]。一方、近隣の中学校では対教師暴力により「骨折した先生がいた」との証言もあった。

先に引用した生徒感想内に、谷山教諭（現校長）の経験がある。谷山教諭は自身の中学・高校時代を「テスト、テストに追われる日々」であり、順位が廊下に貼りだされるのは強いプレッシャーだったと振り返った。そして「勉強ができない子が荒れたのではないか」という見解も語った。大学入学後の社会科学研究会での学習経験や、千代田高校着任後に広島で学び変化する生徒の姿と接することで、自らの学習観の転換がはかられたと語った。

③TBS ドラマ「ブラックボード　第 2 夜『校内暴力[生きろ]』」視聴と討論

前年度に視聴したドラマの続編である。TBS の番組ホームページより、あらすじを転載する。

> 1980 年、正平の教え子の後藤明（佐藤浩市）は、教師となり大田区立都中学に戻ってきた。懐かしいはずの母校は校内暴力の嵐が吹き荒れていた。
>
> 爆音を轟かす暴走族のバイク、バットで叩き割られた窓ガラス、そしてあの教室の黒板には赤いスプレーで「死ネ」の落書き。
>
> 教師たちが学校一の問題児・古沢ゆかり（志田未来）を見捨てようとする中、後藤はどこまでも体を張り彼女の暴力を止める。そのやり方は「暴力教師」と非難を浴びるが、身を持って「命」の大切さを伝えるものでもあった。

主人公の明が辞職を迫られるシーンがある。そこで映像を一時停止し討論も間に挟みつつ、視聴した。その後感想記入の時間をとり、後日、共有・交流した。

自身の経験・既習知識と結びつけながら、古沢ら荒れる生徒の背景を考え、綴る生徒がみられた。例えば、次のような感想がある。

> ・……荒れる生徒は「自分に向き合ってくれない人たちに腹が立っていたような気がした。イライラするけど、何に腹がたっているか、どうしたらそのストレスが発散されるかとか、後藤先生はそういう気持ちを分かっていた気がした。生徒の荒れは、勉強でのほかの生徒との「偏差値」の差とか、家庭環境とかが原因だったと思った。「頭悪いから」とか、学校でもきちんとやっていないとかで、親からも見放され、教師からも疑われ、自分は誰からもみてもらえない、興味を示してもらえない、と苦しんでいたように見えた。……

・子どもが荒れたのは、テストの順位を発表させたりして、競争社会に変えたからだと思う。勉強が苦手な子だっているのに順位を出したら余計勉強のやる気が出なくなると思う。もう一つ、先生が生徒のことを信じてあげたり、向き合ったりしないからだと思う。悪いことをした生徒に、理由を決めつけ、生徒が理由を言っても信じない。だから先生たちに反抗したんだと思う。……小学生の頃、「この子も勉強頑張ってるねんから頑張り」と言われるのが嫌だった。自分とその子は別やし、頑張り方だって違う。その言葉を言われると「自分はその子より勉強ができひんねんや」って思ってしまう。荒れた子も、自分を責めたストレスから荒れたと思う。……

2名の生徒の感想を抜粋した。両者とも、「しんどい」生徒に対する共感性がある。それゆえに、「イライラ」の内容を深く読み解こうとしている。苦しい立場を知るからこそ、作中のメッセージに敏感に反応しているともいえよう。

学習に先だって、6 月に生徒が聞いた福井氏のエピソードに、福井氏ら教師に対し、「お前らに俺の人生の責任とれるんか」と決め台詞のように凄む生徒がおり、福井氏はそのセリフを「本気でオレに関わってみろ」というメッセージと読み解いた、というものがある。また、暴力少年に手を焼いた同僚教師が、「あいつ、暴力食って生きとるんか」と呆れながら語ったのを聞いて、福井氏は「それや。あいつから暴力をとりあげるだけではなく、代わりのものを与えないといかん」と、指導方針を立てていった話もあった。そうした既習の存在も、付記しておく。

④当時の「中高生意識調査」の検討

放課後、HR 委員、クラス文化祭委員を中心に、有志生徒で学習会を行った。そこで注目を集めた資料を後日、クラス文化祭通信でも紹介し、討議した。NHK が実施した「中学生・高校生の生活と意識調査(1982)」である。特に生徒が注目したのは、中高生の 3~4 割が学校の先生に殴られた経験を有し、中学生の 2 割、高校生の 3 割が「先生を殴りたい」と思っており、特に「先生に殴られたことのある生徒のうち 43%が先生を殴りたいと思ったことがある（先生に殴られたことのない生徒の場合、その割合は 18%)」という数値である。解説文には、「先生が生徒を殴ることは、生徒に非をさとらせるというより、一般的にはむしろ反抗心をかきたてるように作用している」とあり、生徒は納得していた。

(2)学級崩壊

①文献学習　朝日新聞特集記事を読み、感想を交流する

「学級崩壊」を積極的に報じたのは、朝日新聞という印象をもつ。1997 年 12 月 23 日付の記事にて、「『新しい荒れ』全国に」と報じている。同記事には、「22 日に発表された文部省調査で校内暴力の件数が過去最高を記録したが、1980 年代、突っ張りの生徒が集団で学校の管理に反抗したのと違い、ひとりで突然、「むかつき」を爆発させる子が増えている。その波は小学校にも及び、学級が崩壊して授業が成り立たず、悩んで休職に追い込まれる教師もいる」とある。取材で語られた、「めんどう」「たりぃ」「うっとうしい」という子どもの声、「非行ではなく、奇行」「宇宙人のよう」「むずがる」といった現場教員の声が見出しに踊る。識者の話として、村山士郎は「個々バラバラ」「欲望を発散」「衝動的に爆発」の３点をこの「新しい荒れ」の特徴として指摘している。

全国的に生じたこの現象はやがて、学級崩壊の語で語られるようになる。朝日新聞は 1998 年 12 月 6 日、全面見開きの特集記事を出す（30 面「学級崩壊」、31 面「体験　提案」）。この記事は読者からの投書とインタビューにより構成されている。いずれも生徒・児童、教師、保護者の声を掲載している。「学級崩壊」の記事では、それぞれの立場から直面した学級崩壊の状況が綴られる。また、「体験　提案」では、自身の体験に加え、学級崩壊の背景や対抗策に関する投書が紹介されている。記事の末尾には高橋正太郎記者が文章を寄せている。そこでは、取材を進めるうちに「実は私の学級も…」と、崩壊状態を打ち明ける教師の声が紹介され、学級崩壊の状況が隠されてきたことの重大性を指摘している。

この記事を読み、感想交流を行った。「学級崩壊」の記事に、「私は今から五年前、小学校五年生の時、自分のクラスを崩壊させました」という元児童（ケイコ）へのインタビュー記事がある。大筋は次のようである。授業中に雑談が多く、指導力に疑問のある担任教諭に対して、ケイコたち女子児童５名は、担任教諭を無視し反発することを決める。反抗的な態度をとり続けるうちに、男子児童も同調し、学級は崩壊する。その教諭は転勤を希望し、次年度に養護学校へと転出する。その人事異動を聞いたケイコら５人は「やったね、勝利」と笑いあう。今振り返ると、悪いことをしたとも思う。でも、５人でいたら、また暴言をぶつけそうだ。「1 人で会うとしたら、ごめんなさいと、ちょっと謝りたい」。

通常であれば、記事読了後に感想を記入し交流するという流れをとる場合が多いのだが、この時は時間の兼ね合いで、記事を読み、印象に残る場所に線を引き交流する活動にとどめていた。それでも、自主的に先ほどの記事に注目し、感想を綴った生徒がいるので紹介したい。

> この記事に出てくるケイコさんの話を見て、改めて「グループ」の影響力を感じた。グループといる時は謝ることができない。1人になると反省し、謝ることができる。グループにいるだけで、ここまで変わることに驚いた。もしかしたら、学級崩壊が起こる1つにはそれがあるのかもしれない。1人では行動ができなくても、グループになると、できる。そして、グループ意識が高いからこそ、グループで団結できる。学級崩壊というものにもっていってしまうこともあるんじゃないかと思った。グループでいるだけで、考え方も行動力も勇気も変わってくる。グループはただの形だけのものなのにそれらにとらわれてしまうことに驚いた。

「グループ」にとらわれ、同調圧力の中で悩んだり、集団心理を暴走させたりする経験は、多くの生徒が経験するものである。彼女は、グループ意識が学級崩壊の背後にあると感じ、綴ったのである。

②葛目己恵子氏の特別授業

9月15日、葛目己恵子氏をお招きし、「学級崩壊」をテーマに、2時間連続での特別授業を行った。最初の1時間は、1998年放送のNHKスペシャル『学級崩壊』を解説付きで視聴した。堺市立宮園小学校で生徒指導担当をしていた葛目氏の奮闘が、映像に収められている。教室を飛び出す児童を追いかけ、粘り強く話を聞き、励ます姿や、困難な状況にある学級を見捨てず「1年1組応援団」を立ち上げ、教員集団として、担任や児童を支えようとする様子が描かれる。多くの教員が教室に入って励ますだけではなく、担任教諭の自立を促しながら教師集団づくりが進展していく。

2時間目は葛目氏の実践経験を語ってもらった。葛目氏は、NHKのディレクターが、「普通の子どもが荒れることについて」と語ったときに、憤りを覚えたという。「子どもに、『普通』も『普通じゃない』もあらへん。一人一人に個性がある」「悪いことする子はおっても、悪い子はおらへん。悪いことする子には、必ず理由がある」。こうしたスタンスを軸に置きながら、問題行動は叱りつつ、児童の声を聞き、子どもに寄り添う。排除の論理ではなく、問題行動をとる児童も学級の仲間だとメッセージを送り続ける。例えば、ある児童に「あんた、キムタクみたいでかっこええな」と意識的に声掛けをする。その児童がトラブルを起こして教室を飛び出そうとしたときに、葛目氏は彼を抱きしめ、「6年2組にはキムタクがおらなあかん！」と声をかける。ドラマチックな場面である。分厚い愛情と人権感覚に満ちたかかわりの中で児童との信頼関係を構築し、児童を支えてきた長年にわたる実践は、生徒の心を強く打つものであった。

- ……子どもは何もなく暴れない。すべての行動には意味があると、改めて感じた。葛目先生が子どもに寄り添っている感じがとてもよかった。DVD の時の、児童をみている先生の背中は、お母さんみたいだと感じた。一人一人の子どもに目を向ける先生はなかなかいないので感動した。先生の温かさが児童に伝わったと思う時があった。
- ……宮園小学校は、子どもたちと向き合うために、先生たちが連携して、解決に向かおうとしていた。その先生たちの助け合いが少しずつ良い方向に動いていった理由の一つだと思う。助け合ったり、他より人がいると、心に余裕ができて、子どもたちともちゃんと向き合えていたと思う。葛目先生のお話を聞いて印象に残った言葉が2つある。1つは、「子どもに普通な子も普通じゃない子もいない」。普通とか普通じゃないとか、見る側の「普通」を押し付けているだけで、そんなの他人が決めることじゃないと思う。そもそも普通って何、となるし、自分も「これが自分の普通やし」って思う。2つ目は、「−100 悪くても、+99 の良いところをみつける」と言っていて、良いなと思った。悪いところばかり探すんじゃなくて、人の良い部分を見つけられた方がお互いに良い。それに人の良い部分を見つけられる人ってすごいし、そんな人になれたらと思った。
- 私は葛目先生みたいな、一番に子どもを思ってくれる先生と出会いたかったです。葛目先生は怒ったりはするけれど、最後は必ず褒めてくれる。あれが子どもの心をひらいていくのだと思います。「先生は、君がおらなやってかれへん」と言ったら力を弱めてくれた、と言っていました。それに「6年2組にはキムタクがおらなあかん」と言ってくれたのも、児童からすると、「先生は僕を必要としてくれているんだな」と嬉しくなり、頑張ろうって思えます。私が先生になるなら、葛目先生みたいな、子どもを1番に考えられる教師になりたいと思いました。きっと、子どもが求める教師像は葛目先生です。時に厳しく、時に優しく、時に楽しく、面白い先生が、私が求める教師像です。

3つめに引用した感想を綴った生徒は、この授業での出会いをきっかけとして、卒業作品制作にて葛目氏のライフヒストリーと教育実践の研究に取り組んでいく。

感想の中には、2010 年代に小学校生活を送った生徒の学級崩壊経験も綴られていた。

自分が小学生の頃とちょっと似ているなと思った。今日ビデオにあったみたいな、授業中走り回ったり、ボールとか投げたり、何人かで騒がしくしながらトイレに行ったりとか、よくあった。小6の頃が一番荒れていて、授業もほとんど潰れて、先生も大変そうにしていた。葛目先生は一人ひとりと向き合おうとしていて、とてもいい先生だと思った。荒れている子は何もなくて暴れているわけじゃないんやと思った。友達とかと話したり、先生にも見てほしいけど、素直になれなかったりとかして、言葉にできなくて、手をだしたりとかしてしまうんだと思った。

この生徒に限らず、後日の感想共有・交流時に、学級崩壊の経験を語った生徒は複数いた。学級崩壊は残念ながら、過去の出来事ではないのである。

(3)キャラ・イジリ・いじめ

重松清『青い鳥』を夏休みの読書課題として設定し、夏休み明けには同原作の映画も視聴し、感想交流を行った。物語のあらすじは、次のようなものである。

前学期、いじめられていた男子生徒・野口が自殺未遂を起こし、東ケ丘中学校は大きく揺れていた。野口の家庭はコンビニエンスストアを経営していた。「いじられキャラ」だった野口に対して、やがて生徒数名が家の商品を盗ってくるように指示する。野口は笑いながら「シャレにならないっすよ」「勘弁してくださいよ」と言いつつ、その指示に従っていた。そしてある日、彼は自殺未遂を起こした。野口は転校し、事件は大きく報じられ、学級担任は休職した。当該学級である2年1組の生徒は、書き直しを繰り返し指示されながら反省文を書いた。3学期に入り、2年1組の担任代行として村内が着任する。彼が最初に生徒に指示したのは、倉庫にしまわれていた野口の机といすを教室に戻すことだった。そして毎朝、その座席に向かって、「野口君おはよう」と声をかけた。「反省」の後に忘却しようとしていた生徒・保護者・教師たちは、大いに動揺する。その動揺の中で、生徒は少しずつ自身の行動を振り返っていく。

「キャラ」化が「イジリ」を助長し、その中で苦しむ中学生の描写は、生徒にとって自らの経験を連想させるものでもあった。感想交流の中で、自らの経験や思いを開示した、2名の綴りを紹介しよう。

村内先生はすてきだなと感じた。過去をぶり返されてつらいかもしれないけど、それに対する気持ちは消したくても消えない

正直、言いたくない、思い出したくないけど、話そう。小２の時の話。リーダー的存在の女の子がいた。逆らうといじめられるので、怖がって誰も何も言わなかった。自分も言えなかった。ある日、とても仲の良い友達がリーダーに反抗した。するとその場の空気が南極の寒さへと変わった。その日からいじめが始まった。毎日嫌な思いをして学校に行っていたけど、自分の中でなにかがはじけて、リーダーに勇気を出して反抗した。「もうやめにしやん？こんなことしても楽しないやん。毎日、こんなことやっていて、あきやん？」。あぁ、終わったな、って、心の中と言っていることは矛盾していた。案の定、その日から自分はいじめの的になってしまった。毎日、机には「死ね」「帰れ」「いきんな」「でしゃばんな」といったことが書かれていた。あえて自分は消さなかった。いつ飽きるのかと面白半分でいた。いじめはエスカレートしていった。母さんや父さんに迷惑をかけたくなかった。限界を超えた日があった。男子に暴力を振るわれた時だ。死ぬんちゃうか、って思った。でも自分はめげなかったから、飽きてきたらしくいじめは終わった。リーダーは自分へのいじめが終わった日から、今度はいじめのターゲットにされたらしい。いじめの怖さを改めて感じさせられた。

今は便利な世界だから、裏で何を言われているかわからない。LINE によるいじめも例外ではない。LINE はいじめに使うべきではない。この作品を通して改めて感じさせられた、思い出さされたいじめ。本当に恐ろしい。

彼女の記述からわかるように、学級での開示としてこの文章は書かれている。通信に掲載するにあたり、本人に確認したところ、掲載と音読の意志を明確に示した。交流時に読み上げるうちに、彼女は途中で涙を流し、それでも「ごめんな」と言いながら読み切った。読了後、その姿勢への拍手が起きた。

……野口君はいつも笑っていたらしいけど、それを勘違いして「こいつは嫌と思っていない」と思って悪ふざけがエスカレートしていくパターンて意外と多い。いじられキャラの子で、その子はいつも楽しそうに笑っているけど、本当はやめてほしいと思っている子はたくさんいると思う。なんで自分はこんな扱いされるのかなとかいっぱい考えて、原因は自分にあると思い、自分を責めて、自分を嫌いになっていく。私はこのような考え方をしてしまう癖がついている。……人のせいにするんじゃなくて自分が悪いと思うのが一番つらい。……「やめて」というのは簡単そうだけど、言うことでもっとひどいことをされるんじゃないかと考えてしまって、余計に怖くなる。それなら今の立場で我慢しようとしてしまう。……周りの目を気にせずに堂々としている人はかっこいいし、好きだ。私もそんな人間になりたい。

彼女は自身の思考パターンと重ね合わせながら、野口の心情を慮っている。仲間外れにされたりいじめのターゲットにされたりするのが怖くて、本当は嫌でも笑っている。そして理不尽な目に合う状況を自己責任と捉え、自己嫌悪感を強めていき、苦しみ続ける。彼女は自身と作品を往還させながら、最後には前を向く。クラスメートに向けて、「周りの目を気にせず堂々としている人」になりたい、という表明をしている。綴り、意見表明することが自立を励ますのだ。

2名の感想を紹介したが、他にも「キャラ」による息苦しさや、「イジリ」のエスカレートに関する記述が複数見られた。

(4)新しい学校づくり

ここまで、戦後の学校教育に関する課題のうち、校内暴力・学級崩壊・いじめの3つのテーマを追究してきた。生徒は校内暴力の背景に、詰込み・競争の教育が与えたストレスを見出した。そこで、競争原理を超えた新たな学校づくりとして、2つの学園を位置づけ、紹介した。この時間は一斉授業形式で実施した。ひとつは既に生徒たちが訪問したきのくに子どもの村学園である。ニイルの研究者である堀真一郎氏が、デューイの問題解決学習の理論も取り入れながらつくりあげた学園である。もうひとつは、筆者も勤務経験がある自由の森学園である。“「テスト学力」を超える学び”を掲げ、考える授業を重視し、自己評価表により生徒が自らの学びを振り返り作品化し、教師もコメントで生徒への評価を返す、という取り組みを続けている。これらの特徴は、「教育・人間探究の時間」との類似性もあるためか、生徒は明確なイメージと納得感をもちながら、資料に目を通し、説明を聞いていた。

3．意見表明「私にとって　学校とはこういう場所であってほしい」

HR 委員・クラス文化祭委員の合同会議にて、学習展示も含めた相談をする中で、「学校への思いや願いを各自が書いたらどうだろうか」という案が出た。LHR でも承諾を得て、意見表明「私にとって、学校とはこういう場所であってほしいい」の記入用紙を配布した。書きあげたものは筆者が預かり、適宜、「青い鳥通信」に掲載し、朝礼や終礼の時間も活用しながら、文化祭当日までに全員が意見表明を行った。また、文化祭当日は活動写真と一緒に各自の意見表明をスライドショーで流すという案も出され、そのパワーポイントづくりを自発的に引き受ける生徒もいた。数名、意見表明の内容を紹介しよう。

> 安心できる場所。学びたいことを学べる場所。知りたいと思ったことを、キレイごととか、嘘で隠さず、教えてもらえる場所。
> 自分は学校を楽しくするのは生徒の責任であって、すべてが学校の責任ではないと思っている。学校は勉強や、社会での生き方を学ぶ場所だから、そこでどれだけ楽しむことができるのかは自分次第。だからあまり学校側には、そこの面に関しては何もない。
> 自分は人と長時間いるのは苦手。正直、教室でみんなと同じことをして、大勢で１つの部屋で勉強をするのも苦手。だから、あんまり学校は得意じゃない。でも、行きたくないわけじゃない。だからもう少し居心地の良いように、自分の行動とかを少しずつ変えていけたらいいなと思っている。
> 学校を楽しくするのも、勉強を楽しむのも、自分の気持ちも、行動次第だから、今回、これを習って、自分の力でもっと楽しい高校生活にできたらいいなと思う。（A.I）

彼女はこれまで、教員に対して不信感を持つ場面が多かったという。子どもの権利条約に関する授業の際、彼女は「権利、といっても実際は子どもが守られていない」と、正当な保護を受けられなかった友人の例を語っていた（その意見表明を起点に、授業としては深まりをみせた）。またグループ内での人間関係にいらだちを表す場面もしばしばあった。彼女が願うのは、「キレイごと」ではなく、“本当”を教えてもらえる場所である。また、集団で行動する学校への違和感も綴りつつも、より自律的・自治的に高校生活を改善したいという意志を表明している。彼女はHR委員をつとめ、自治的活動に率先して取り組んだ生徒でもある。

> 私は、学校は毎日安心していられるところがいいなと思う。
> まず、先生がちゃんと１人１人と向き合ってくれるようなところがいい。その人によって対応を変えたりとか、わからないところをちゃんと最後まで教えてくれなかったりとか、そういう先生がいるところは嫌だと思う。
> 小学校の頃、私のクラスが今習っているような学級崩壊とか経験したことがあって、授業中でもいきなり喧嘩しだしたりとかめっちゃ怖くて、次またいつ喧嘩が始まるかわからないからそればっかりで全然授業に集中できなかった。
> だからいじめとか喧嘩とかのない学校が私の理想です。(Y.O)

「嫌だと思う」教員例は被教育経験にねざすものである。学級崩壊を経験した彼女はその恐怖を綴るとともに、安心できる教室空間を切に願う。こうした意見表明に接するたびに、学級の荒れが児童生徒の学習権を侵害している事実を思う。

> 私は「ブラックボード」の古沢さんと、「青い鳥」の野口君の気持ちがわかる。
> 前にも言ったけど、古沢さんのように比べられることがあった。比べられて「見返してやる」となる人がいるかもしれないけど、私はならなかった。多分、古沢さんも同じ。それからは「やってもできない」「自分なりにやっても認めてくれない」という気持ちになり、自分が嫌になった。
> 私は小・中学生の頃、嫌なことがあった。それは「いじめ」なのか「いじり」なのか、「嫌がらせ」なのかはわからない。でもこれは「した側」ではなく「された側」が決めることだと考えている。「した側」は冗談でやっていたとしても「された側」がいじめだと思っていれば、それはいじめ。
> そんな苦しい状況の時に、この子は味方でいてくれると思っていた子にまで裏切られた。野口君と一緒だと感じた。その日から誰も信じられなくなった。信頼していた先生にまで嘘をついた。
> 自殺したり、しようとしたりする子どもたちに、大人や世間は「これから先の人生があるのに」とか言うけど、周りの大人が気付いてあげないから自殺という選択肢を選ぶのに…。無責任な言葉で終わらせないでほしい。
> 私の理想は、1人ひとりと真剣に向き合い、子どもの得意、不得意で差別やひいきをせず、安心して信頼できるような学校。子どもは誰だって大人に認めてもらいたい。できなかったことができるようになったら褒め、ダメなことをすればきちんと叱るというメリハリも必要。それを積み重ねていくことで信頼が生まれ、学校が安心して過ごせる場所になっていくと思う。たとえ「いじめ」があったとしても信頼があれば相談することもできるし、大人が1人ひとりの立場に立って考え、解決の方向に進むはず。私も実際に解決して、さらにその先生に対する信頼が深まった。
> ……大人の目線と子どもの目線は違う。大人しか気づかないこと、逆に子どもにしか気づけないこともある。自分自身もそれに気づこうとすることが、私たちにできることだと思う。(S.K)

彼女もまた、自身の学校での経験と作品世界を往還しつつ、自己開示をともなう意見表明を行った。比較されることによる傷つき。やっても認めてくれない、という学習性無力感。「いじり」との連続性の中で、彼女自身が「いじめ」と感じたつらい出来事や、その状況で信頼する仲間に裏切られた傷つき。不信感の連鎖から嘘をついたことも、彼女自身を苦悩させていた。だからこそ、彼女が大人や教員に願うのは、子どもの変化に気づき、子ども「1人ひとり」と真剣に向き合い、公正さを保ち、子どもを肯定的に受け止めることである。最後に綴られている「大人の目線と子どもの目線」の違いや、「子どもにしか気づけないこと」への着目は、問題を主体的に引き受けようとする思いの表明ともいえる。

４．本実践の特徴

以上、学習と感想交流―自己開示と意見表明ともいえる―の場面を中心に取り組みを概観した。せっかくなので、文化祭当日の様子も少々、紹介したい。

教室展示の名称は、「学校―私のなかの青い鳥―」。93 枚の模造紙に加えて、モニターを使っての意見表明スライドを常時上映した。模造紙は壁面では収まらず、天井にワイヤーを通して吊るした。また、「青い鳥」にちなんで、天井に青いビニールを貼り、綿を雲のようにあしらい、青画用紙を切り抜いた鳥を無数にワイヤーから吊るした。食品バザーは「青い鳥」にちなんで、焼き鳥を販売した。仕入れ数、価格設定、宣伝戦略等も、LHR で話し合い、役割分担しながら実行した。学習・展示・模擬店いずれも、生徒たちにとって充実感のある取り組みになった。

本実践はいわば、生徒指導論の要素をもつものである。そしてこの領域は、学校にて傷ついた経験をもつ生徒にとって、切実性のあるものでもある。

本実践の特徴として、4 点を挙げたい。第 1 に、特別活動と総合的な探究の時間のクロスカリキュラムの有効性である。前章の実践もそうであるが、それぞれの時間の目的を意識しつつ、両者を組み合わせることで、活動時間の確保や活動の自由度が保障される。

第 2 に、自己開示と意見表明に基礎づけられた活動である。「順風満帆」とは言えない小中学生時代を過ごしてきた生徒たちにとって、本実践は自己内対話〜自己開示を呼び起こすものであった。そのような情動をともなう学びは、自身の過去の苦悩や葛藤に意味づけをしつつ、自らをエンパワーするものであったようにも感じられる。そして同時に、意見表明というかたちで、自身の被教育体験に根差した教育要求を生み出している。そうした意見表明の呼び水として、一連の学習は効果をもたらした、とも考えられる。

第 3 に学びと育ちの連続性にある。生徒たちは、各々が自らの言葉で自身の物語を語った。高校生の自己開示や意見表明には、受け止めてくれる仲間の存在が不可欠である。同一学級での 2 年目。この学級の生徒たちは、決して「仲が良い」

わけではない。青年期の嵐の中でさまざまな不安から生徒間の感情のもつれも多々ある。しかし、話を聴きあう関係は、授業や自治的なLHR運営を通じて、強固なものになっている。テーマ設定も含めて、本実践は授業(教科・総合学習・特別活動を中心とした自治的諸活動)の場における信頼関係を構築した、高校2年生段階の実践という性格を有する。

第4に、生徒の意見表明を、筆者を含む現場教師がいかに受け止めるかが問われている。高校生は児童・生徒のプロである。小学校〜高校の 12 年間で数えると、本実践での生徒たちの語りはその11年目、小学校卒業から5年目、中学校卒業から2年目、となる。生徒たちはこれまでの「学校」での記憶は鮮明である。そして、言語化できていなかったとしても、教師・大人・学校に対して、伝えたい思いを持っている。その思いが、前述のように「聴きあう」関係性の中で表現されたものこそが、本実践における生徒の声である。このようにして紡ぎ出された生徒たちの声に、教職者は耳を傾ける必要があるだろう。

1) TBS「ブラックボード〜時代と戦った教師たち〜」第2夜「校内暴力[生きろ]」2012年4月6日放送。https://www.tbs.co.jp/blackboard/story/

2) 福井雅英『子ども理解のカンファレンス―育ちを支える現場の臨床教育学』かもがわ出版、2009年

3) NHK「NHKスペシャル　学校・荒れる心にどう向き合うか　第1回　広がる学級崩壊」1998年6月19日放送

4) 重松清『青い鳥』新潮文庫、2007年

5) 柿沼昌芳・永野恒雄編著『戦後教育史の検証2　校内暴力』批評社、1997年

6) 筆者は「女子高だから」だけではなく、第2部第6章にて叙述した学校文化の効果もあると評価したい。千代田高校の教職員は、生徒相互の社会関係資本を強化・再構築し、本音を語り合える学校を創造した。向社会的・傾聴的であり、総合学習の要素をもつ学校文化の効果が、暴力を抑制した面があるのではないかと、筆者は考える。

第４章　高校生平和ゼミナールの実践史

１．危機の時代における実践史研究

本章では、高校生平和ゼミナール（以下、平和ゼミ）に焦点をあてる。平和ゼミは 1970 年代に広島で成立した、学校の枠を越えた高校生の自主活動・平和学習である。全国高校生平和集会、平和文化祭典、一日平和学校等の活動を創造し、その学習モデルに刺激を受け、各地で平和ゼミが結成された。「高校生は世界史をつくる」「学び・調べ・表現する」のスローガンが掲げられ、調査・学習交流・意見表明・モニュメント制作等、平和をテーマに多彩な活動が展開された。

いま、平和ゼミに注目したいと考える理由の第 1 に、現在の人類史的状況がある。気候危機や食糧危機が警告され、核リスクも高まる。持続可能性のためにも、若者が実社会に目を向け、意見を表明し、よりよい社会を展望する学びの在り方が問われている。新たな資質・能力として OECD「ラーニング・コンパス 2030」では「変革をもたらすコンピテンシー（Transformative competencies）」が示されている [1)]。平和ゼミの活動には、こうした局面におけるヒントがある。

第 2 に、社会や政治と接続する学習における、教育的視点の抽出にある。高校生には意見を表明し社会に関わる権利がある。同時に、支援者はあくまでも教育的視座を第一にもちつつ、高校生の自主活動を支える必要がある。そのための視点やバランス感覚は実践の中に宿っている。実社会に向き合いつつ経年的に蓄積されてきた自主活動として、平和ゼミの実践史研究は今こそ求められる。

平和ゼミには約 50 年の歴史がある。後半の約 20 年は、筆者自身も生徒および支援者としてかかわってきた。その一部に関しては次章にて叙述する。

本章では、平和ゼミの成立過程からその後の約 30 年間に注目し、時期区分を設定しつつ、おおよその展開を概観する。そのうえで、いくつかの活動に注目し、平和ゼミの学びの構造を検討する。

２．高校生平和ゼミナールの歴史的展開

平和ゼミの歴史的整理としては、広島平和ゼミの支援者である澤野重男の論考がある。澤野は平和ゼミの誕生から 1997 年までを「準備期(1974-76)」「誕生期

(1977-85)」「発展期(1986-現在(1997))」に 3 区分している [2)]。本章ではその前史も含め、「前史(1969-73)」・「準備期(74-76)」・「成立期(77-82)」・「発展期(83-85)」・「成熟期(86-96)」の 5 区分で整理し、叙述を試みる(図表 1)。

図表１：本書で用いる平和ゼミの時期区分

区分（年）	特徴
前史 (1969-73)	広島商業高校原爆問題研究部が母校被爆調査を実施。「原爆問題」に向き合いながら、他校生徒と合同の学びや交流を部員が希求。
準備期 (1974-76)	原水協主催原水禁世界大会に高校生分散会設置(74)。翌年以降、学校の枠をこえて生徒・教師が集い、集会を準備。8.6 高校生集会の成立と定着。
成立期 (1977-82)	広島における通年の自主活動の平和学習サイクルが成立（広島平和ゼミ成立）。81 年以降、被爆地以外でも平和ゼミ結成。 ノエルベーカーの手紙運動、核兵器廃絶のための高校生平和アピール等、意見表明をともなう学びの実現。
発展期 (1983-85)	平和ゼミの拡大。関東近県集会等の実施。地域調査に基づく戦争被害・軍縮課題の追究が精力的に展開される。
成熟期 (1986-96)	森田俊男の協力（森田塾）による支援者ネットワークの拡充と実践の理論化。戦争加害・国際交流等、新たな学習課題への取り組み。沖縄・全国高校生集会の開催等。

(1)平和ゼミの前史 [1969-1973]

平和ゼミの源流として、1969 年設立のサークル、広島商業高校日本史研究会がある。同会は翌 70 年に原爆実態調査会(生徒 7 名)の名称で母校被爆実態調査を行う。これが広島における高校自主活動領域での平和学習の先駆である。学校にある原爆慰霊碑に基づく調査を顧問教師・松崎徹が提案し、部員は同意した。慰霊碑には 138 の刻銘がある。部員は同窓生名簿をみて葉書を送り、被爆死学生遺族への聞き取り調査に粘り強く取り組んだ。自身の親族に被爆者がいることも生徒を調査に駆り立てた背景にあるのではないかと、松崎は振り返る。部員たちは聞き取り活動を通じて、被爆の実相を今まで学んでいなかったと実感する [3)]。

この実感は同時期の動きからも傍証可能である。復興を遂げた町からは、被爆を実感させる景観はほぼ消えていた。あまりにも苛烈な体験ゆえに被爆者は積極的にその経験を語らず、原爆を知らない子どもたちが育っていた。被爆によるケロイドが残る女性教師が児童から「お化け先生」と嘲笑されるに至り、1969年、「被爆教師の会」（石田明会長）が結成される[4]。また68年に広教組教研集会にて特設分科会平和が設定され、「平和教育」が実践研究の課題として意識される[5]。

原爆教育を中心とした平和教育の黎明期に、広島商業高校の有志生徒も原爆学習に取り組み始めたのである。

71年、同会は教科書の太平洋戦争死者数及び原爆記述を調査し、原爆研究会名で論文を『歴史地理教育』に投稿する(72年1月号に掲載)[6]。72年には同会は被爆者問題に着目し、被爆2世問題も調査した。調査は被爆が高校生の問題でもあるという認識を生徒に与えた。この活動を通じて原爆問題研究部（以下、広商原研部）と改称し校内展示も行った[7]。被爆者問題調査にあたり、被爆者団体や原水爆禁止運動団体との接点が生じ、同年以降、広商原研部は原水爆禁止世界大会（原水禁大会）にも参加するようになる。

このように、1970-72年にかけて、広島商業高校生徒と顧問教師・松崎徹により、原爆学習領域での調査性をもった自主活動が生み出されたのである。

1973年になると、原水禁大会に参加した広商原研部員から、他校生徒とも原爆問題を学び交流したい、と要求が出されるようになる。松崎の助言を受け、広商原研は原水爆禁止日本協議会(原水協)に、高校生の学習と交流の場を設けるように要求し、翌年には原水禁大会内に高校生分散会が設置された。同時期、松崎は広島県の高校部落問題研究会を支援する教師たちに、原爆問題という「地域の問題」について、学校の枠を越えて調査・学習する活動ができないかと相談する。松崎はこの時に澤野らと出会ったと述懐している。

(2)準備期[1974-1976]

1974年になると、澤野重男が顧問を務める安田女子高校部落問題研究部が社会科学研究部に改称し（以下、安田社研部。他校の社会科学研究部も同様に社研部と略)、高校所在地区である白島の被爆実態調査を展開した[8]。

同年8月、原水協主催の原水禁大会に高校生分散会が設置された。原水禁大会各県代表団には、家族と一緒に参加した高校生もいる。そうした生徒の受け皿としても高校生分散会は期待された。しかし原水協が準備した分散会は教育的配慮に大きな課題を残した。討議テーマは「原水禁運動の分裂をどう克服するか」であり、生徒は困惑した。広島県外から参加した高校生の発言内容も、原水禁大会成功のためのカンパ集めに関するものがほとんどであった[9)]。この経験から、翌年以降は生徒と教師により高校生分散会の運営が行われるようになる[10)]。

75年5月、教師や地域の団体の援助を得ながら、原水禁大会8.6高校生集会の現地実行委員会が生徒主体で結成された[11)]。参加者が広く楽しめるように歌等のレクリエーション(レク活動)が導入された。こうして準備された8.6高校生集会は、各学校・地域の平和学習の成果を持ち寄り報告しあう形式で行われた。大阪府立清水谷高校2年G組文化祭レポート「高校生は平和のために何ができるか」が報告され、以降、高校生ならではの学習課題の在り方が探究されていく[12)]。このように75年の8.6高校生集会は後の平和ゼミにつながる活動形式・方向性を基礎づけるものであった。

翌76年の8.6高校生集会から、この集会が原水禁大会の分科会としての位置づけを持つようになる。また、8.6高校生集会当日の報告のための学習を現地実行委員会として、学校の枠を越えて実施するようになる。高校生が集会開催のために学習し準備するスタイルは、「自らも学習しつつ組織する」[13)]と評される。松崎が構想し澤野・大亀信行（広島電機大学付属高校社研部顧問）が呼応した、学校の枠を越えて地域の問題を高校生が主体的に学習する活動の成立時期が、1975-76年頃であったといえる。

(3)成立期[1977-1982]

①広島における平和ゼミの成立

1977年度は名称も含めて、広島平和ゼミが成立した年度である。この年度の画期性の第1に、学習の成果を土台に意見表明する活動が展開された。原水禁大会期間中、安田社研部員が外国人インタビューに取り組む中で、ノーベル平和賞受賞者である平和活動家・ノエルベーカーに出会う。彼は高校生にできることとして、週に1回、核軍縮をはたらきかける手紙を総理大臣に書きなさいと提案した。「ノエルベーカーの手紙運動」の始点である。こうしてはじまったこの運動は新聞やテレビ・ラジオで繰り返し取り上げられ、広島以外の高校生も参加するようになる。1978年5月末の国連軍縮特別総会までの間に、250通もの手紙が首相へ送り届けられた。この頃から「高校生は世界史をつくる」の語が確認できる[14)]。

第2に年間を通じた活動サイクルの獲得である。8.6高校生集会終了後、現地実行委員会参加生徒から「平和の問題に取り組むならば年間を通して活動すべきだ」との提起がなされ、広島県高校生平和文化祭典と一日平和学校が構想される。

11月、第1回平和文化祭典が開催された。各高校の自主活動団体や平和学習のクラス展示を行った学級に呼びかけ、活動成果を持ち寄り、展示・発表した。12のレポート・展示が出され（資料1)、広島県内19校から120人が参加した。また、高校生の活動を援助し支えてきた11の被爆者団体や民主団体が後援団体として参加し、「被爆者の体験と活動」をテーマにした2つの講演や、劇団による峠三吉の詩「八月六日」の朗読等も行われた[15)]。

資料1：第1回広島県高校生平和文化祭典　レポート・展示一覧

団体名	レポートテーマ
広商原研部	ヒロシマからのリポート - 原爆と部落
安田社研部	高校生が被爆体験を受け継ぐとはどういうことか
大柿高校社研部	スモン病
広高校	高校生平和の集い
廿日市高校書道部	書による平和の表現活動
広島工業高校部落研	トンニャット・ベトナムの上映に取り組んで
山陽高校部落研・1年A組	空港問題のとりくみ
広島観音高校部落研・放送部	放送劇「ぼく生きたかった」の制作
広電社研部	海田周辺の基地調査報告
呉豊栄高校	学年でとりくんだ平和教育
鈴峯女子高校	平和クラブの活動

翌年2月、第1回一日平和学校が開催された。「平和のための学力」を身につける目的を掲げ、教科学習の形式で平和学習を行う企画である。「校長」は広島大学の横山英がつとめ、各授業は高校教員が担当した。

教師たちは3か月にわたり授業案を検討しあい、準備した。当日は21校76名の生徒と14校21名の教師のほか、OB大学生・市民・マスコミ関係者など108名が集まったと記録されている[16)]。プログラムが資料2である[17)]。

一日平和学校の実行委員会として平和ゼミナールの名称が用いられる。ここに広島平和ゼミの誕生を確認することができる。

資料２：第１回広島県一日平和学校プログラム

■期日　1978.2.11(土)「建国記念の日」 8:50-17:00
■場所　広島市福島町西隣保館
■主催　平和ゼミナール実行委員会
■参加　県内高校生、教師（自由）
　　ただし、生徒の場合、グループ編成と予習を含む授業形態をとるため
　　登録制（50名）とする。
■時程・内容
[開会行事]　(9:00-9:15)　校長・来賓・実行委員挨拶
[記念講演]　(9:15-10:00)「一旦緩急アレバ……」 横山英(広島大学)
[1限:国語]　(10:15-11:00)「峠三吉の詩」 山岡照(海田高校)
[2限:英語]　(11:10-11:55)「ストックホルム・アピール」三浦文夫(山陽高校)
[3限:理科]　(12:35-13:20)「原子爆弾の光は何色だったか」
　　大亀信行(電大付属高校)
[4限:社会①](13:30-14:15)「日本の民衆は第2次世界大戦で勝ったのか、
　　負けたのか」 澤野重男(安田女子高校)
[5限:社会②](14:25-15:10)「民衆は平和をかちとる力を持っているか」
　　松崎徹(広島商業高校)
[6限:総合学習](15:20-16:05)「高校生の課題－核の国際情勢と私たちの生存」
　　森下弘(廿日市高校)
[レクリエーション](16:10-16:30)
[総括HR]　(16:30-17:00)　閉会行事　卒業証書授与　閉会挨拶など

同年度、広島平和ゼミの象徴的な活動がもう一つ、始まっている。広電社研部員と大亀は、元安川で原爆瓦を発掘する。また、理科教師である大亀はアセチレンバーナーを用いて原爆瓦を再現する実験学習を開発する。爆心地周辺は生存者の不在から証言の真空地帯と評される。物言わぬ証人としての原爆瓦を掘り起こし、その表面を触り、生徒は原爆被害を実感する。またバーナーにより表面が泡だつ様子の観察は、原爆熱線被害を想起する、追体験をともなう学びでもある。これら原爆瓦学習は、体験的原爆学習として注目を集めた[18)]。

77年度の活動にて「頭と心と体で学ぶ」、「学び・調べ・表現する」平和ゼミのスタイルの確立が認められる。

②各地を結ぶ高校生の自主的平和学習ネットワークとしての平和ゼミの成立

広島で定着した平和ゼミが他県への広がりをみせるのが1981年である。

同年、長崎で初めて全国高校生平和集会が開催された。広商原研部と交流を続

けていた長崎総合科学大学附属高校証言ゼミナールの生徒が中心となり、長崎県現地実行委員会が結成された。8 月 8-9 日の長崎集会は成功を収め、以降、広島と隔年で全国高校生平和集会を開催するようになる。

集会終了後、現地実行委員会は長崎平和ゼミを結成し、原爆瓦発掘と平和公園内での展示を中心に活動を展開した[19]。

同年 9 月に埼玉平和ゼミが誕生した。被爆地以外での初の平和ゼミである。9 月 23 日に第 1 回集会を開催し、その後は埼玉県内の自衛隊基地調査や、県内に在住する被爆者への訪問等を中心に活動を行った。翌年 3 月には埼玉県一日平和学校を開催する。埼玉平和ゼミの結成は、被爆地以外での平和ゼミの先行事例となり、後の平和ゼミの広がりに影響を与えていく。

埼玉平和ゼミ結成の中心メンバーである E 氏は、1979 年 8.6 高校生集会時の思い出を筆者に語った[20]。

> 集会後に、安田女子高校の生徒が中心となって、高校生だけでフィールドワークをやっていた。公園の周辺のいろんな碑を説明してくれたり、原爆瓦を見せてくれた。とても驚きだった。勉強っていうのは、先生から教わるものだとずっと思いこんでいたのが、そうじゃなくて、同じ高校生同士が、自分たちで勉強している。こういう勉強もあるんだと思った。中でも印象に残っているのは、朝鮮人の碑。裏を観ると伏字があったりして、その歴史を高校生が話してくれた。戦争の歴史、差別の歴史。しかも、今も差別はある。現在につながる歴史の問題について、高校生が教えてくれたことが、とても驚きだった。

広島平和ゼミの活動に受けた衝撃が、地元での平和ゼミ結成の誘因になっているとうかがえる。

6 月には、広島平和ゼミ・長崎平和ゼミ・埼玉平和ゼミ・呉高校生平和の集いの連名で、「核廃絶のための高校生平和アピール」[21]（資料 3）が発表される。このアピールは、第 2 回国連軍縮特別総会にむけて発表されたものであり、高校生として核廃絶の必要性を訴えるとともに、全国の高校生に「学び、学び、学び続けましょう」と、平和学習を促すものであった。

アピールに呼応する形で、大阪平和ゼミ、東京三多摩平和ゼミ、千葉平和ゼミが新たに結成された[22]。

資料３：「核兵器の廃絶を求める高校生アピール」

若者は未来に生きます。しかし核戦争の危機が迫り、人類が生存か死滅かの分かれ道にあるとき、私たち若者は、未来に生きるためにこそ現在を生き抜かねばならぬことに、気付くのです。

私たちは、いま、学び、訴えます。

私たちは核兵器の使用に反対します。世界で最初に原爆の被害をうけた「ヒロシマ」「ナガサキ」の惨禍を忘れてはなりません。核時代に生きる日本の高校生は平和を切望します。戦争は人間の生命を奪います。核戦争は人類の破滅を意味します。平和への道のみが、人間の尊厳を守り、人類の運命をまっとうさせるものです。

世界各国の指導者と責任者にお願いします

核兵器の使用と使用の威嚇は絶対悪です。核兵器の廃絶はすべてに優先します。ただちに核兵器の開発競争・軍拡競争と戦争政策を中止し、平和のために行動してください。国連事務総長は、これらの努力を、たゆまず、力をこめて組織してください。

日本の総理大臣にお願いします。唯一の被爆国の代表として、被爆の恐ろしさ、被爆者の苦しみを広く世界に知らせてください。

憲法と「非核三原則」を守り、軍備の拡張をやめ、核兵器のない世界を目指す行動の先頭に立ってください。いまなお苦しみ続ける国の内外の被曝者の援護を強化してください。私たちは日本が国連で「核兵器の不使用と核戦争の防止」決議に反対したことを残念に思います。日本政府はこの態度を改めてください。

高校生の仲間たちに訴えます。

私たち高校生を取り巻く状況は、世界と日本の厳しい現実を反映して、暗く困難です。日本の高校生は悩み苦しんでいます。仲間たちのあるものは非行に走り、あるものは受験競争に駆り立てられています。しかし多くの高校生たちは素晴らしい青春を生きようとしています。平和と真理を求め、真理と正義を愛する人間になりたいとねがっています。このねがいを力にかえましょう。

高校生の仲間たちに訴えます。

人類の未来は若者の手で開かねばなりません。平和のために私たちにも何かができる。そのできることの一つ一つを積み重ねていきましょう。核兵器の廃絶と平和を求めて行動する世界中の人たちとともに、より確かに、平和に向かって一歩ずつ前進しましょう。

高校生は世界史をつくる。若者の豊かな未来を切り開くために、学び、学び、学び続けましょう。

1982 年 6 月 5 日

長崎高校生平和ゼミナール会長・恵島健、代表世話人・広瀬方人
埼玉高校生平和ゼミナール実行委員長・斉藤武、代表世話人・小岩井増夫
呉高校生平和の集い実行委員長・正田多恵子、代表世話人・大田英雄
広島高校生平和ゼミナール実行委員長・河野浩樹、校長・横山英

行動提起
(1)ヒロシマの日(8月6日)とナガサキの日(8月9日)を平和学習の日にしよう。
(2)8月6日午前8時15分と8月9日午前11時2分を、黙祷・ダイインなど、各自ができる範囲のやり方で、平和への決意をあらわそう。
(3)ヒロシマ・ナガサキを訪ねて、被爆の実相を自分の目で学習しよう。
(4)戦争体験・被爆体験の聞き取り、聞き書きをしよう。
(5)各地の戦争遺物・戦争遺跡の発掘・保存運動をおこそう。
(6)核兵器のしくみとその威力、戦争が起こるしくみとその惨禍、そして核兵器や戦争をなくす方法などについて理解する学力をあらゆる教科の学習を通して獲得しよう。
(7)とりわけ日本と世界の近・現代史を学習しよう。
(8)平和を願う若者の心を表現する詩・作文・音楽・演劇・絵画などをつくろう。

広島・長崎・埼玉平和ゼミは、国連軍縮特別総会にむけて、平和への思いや核廃絶の必要性を英文で手紙に書き、国連へ送る取り組みも実施した。9月の埼玉平和ゼミ一日平和学校にて、「平和のための50字メッセージ」運動が提起された。各学校で取り組める活動を探究し、他にも折り鶴運動や平和討論会の取り組みを提起・実践した。これらは「核廃絶を求める高校生アピール」の行動提起(8)に呼応するものでもあった。

③「高校生は世界史をつくる」

81年、元安川改修工事により川底に残存する原爆瓦が埋められることに危機感を覚えた広島平和ゼミは、原爆瓦の発掘・保存と、改修工事の中止要請を行った。原爆瓦発掘・保存の重要性を訴え広島市と話し合う中で、元安川沿いの土地の提供と、原爆瓦のモニュメント建設が決定される。82年8月に原爆犠牲ヒロシマの碑として除幕式が行われた。原爆犠牲ヒロシマの碑は、高校生による意見表明が広島市の政策に影響を与えた事例である。平和学習の成果をもとに意見表明を行うことにより、 高校生でも社会参加が可能であると立証した。この81-82年は、「高校生は世界史をつくる」のスローガンが説得力をもった年であった。

(4)発展期[1983-1985]

1983年は引き続き各地で平和ゼミが結成されるとともに、それぞれの平和ゼミの独自性が発揮されるようになる。

83 年に、幡多高校生ゼミナール(幡多ゼミ)が誕生する。 幡多ゼミは、幡多高校生交流キャンプと幡多高校生平和のつどいの、2 つの自主活動を統合する形で成立した[23]。幡多ゼミの特徴は徹底した地域の掘りおこし活動にある。地域史の追究を通じて、震洋特攻基地の掘りおこしや、ビキニ被災漁船実態調査などで成果を挙げていくのである。

5 月には、埼玉平和ゼミを中心として、関東近県の平和のための高校生交流集会（関東近県集会）が開催される。この集会は全国高校生平和集会以外でみれば初めての、高校生による大規模な平和集会である。関東近県集会成功のために、埼玉平和ゼミは東日本各地の近現代史跡・戦跡フィールドワークを兼ねて各地の自主活動や平和学習を展開する高校生集団との交流を重ねた。これらは東日本各地での新たな平和ゼミ設立の契機となった[24]。

大阪平和ゼミも、関東近県集会をモデルとして近畿地区高校生平和集会を開催する。同年には、長野平和ゼミが結成される。84 年には、埼玉平和ゼミをモデルとして、群馬平和ゼミが結成される。84 年の段階において全国 26 都道府県に 48 のゼミナールがつくられているという報告がある[25]。

(5)成熟期[1986-1996]

1986 年、森田俊男(国民教育研究所長・全国平和教育シンポジウム代表委員等を歴任)を塾長として、平和教育研究・森田塾（森田塾）が結成された。森田塾は平和ゼミの世話人の学習と交流の場として機能した。各地の平和ゼミ世話人が実践を報告し検討しあうことで、その理論化が試みられた。森田により国際情勢も視野に入れた学習課題の提示も行われるようになる。87 年には『高校生の平和ハンドブック』[26]が刊行され、平和ゼミの学習が「学び・調べ・表現する」活動と表現されるようになる。このように、森田塾を中心とした自主活動分野における平和学習のネットワークの構築は活発な出版活動にも結び付き、平和ゼミの発信力が増大した。

地域の調査の金字塔的な実践に、幡多ゼミを中心とした高知平和ゼミによる、幡多郡のビキニ被災船実態調査がある。その成果は 88 年、幡多ゼミによるビキニ被災船調査のドキュメンタリー映画「ビキニの海は忘れない-核実験被災船を追う高校生たち」として発表された[27]。

地域調査と切り結びながら、新たな学習課題の追究も進められた。代表的なものに、朝鮮人強制連行・強制労働の調査と、その成果に基づく国際交流がある。88年から幡多ゼミは、都賀ダム建設における朝鮮人強制連行・強制労働の事実を追究し、朝鮮人労働者の遺骨の収集と朝鮮式の供養を行った。学習の成果を劇化し、兵庫県の朝鮮高等学校の生徒との交流も実施している[28)]。89年、倉敷中央高校社研部は亀島山地下工場の朝鮮人強制連行・強制労働の実態調査を行う。同工場で命を落とした朝鮮人の遺骨が日本にあることを知り、遺骨返還に取り組み、韓国在住の遺族と交流する[29)]。

平和ゼミは原爆学習にはじまり、核廃絶や軍縮の問題を中心に向き合ってきた。それらの蓄積に加え、この時期の実践をみると、地域史に根ざしつつ戦争加害の問題や国際交流も含め、実践の拡充が明確である。

1993年、森田塾は平和・国際教育研究会と改称する。同年8月、日韓高校生平和の旅が行われ、幡多ゼミ・広島平和ゼミ・埼玉平和ゼミの、生徒・世話人・OBを中心に、45名の参加者で韓国フィールドワークが実施された[30)]。朝鮮人強制連行・強制労働被害者や、「従軍慰安婦」の証言を聞き、韓国の大学生・高校生とも交流している。同研究会主催の韓国平和の旅は、95、98年にも行われた。

1994年に日本が子どもの権利条約を批准したことをうけ、子どもの権利や海外の教育動向を意識した教育課題が提起されるようになる。この時期から意見表明権と社会参加の権利に着目した平和ゼミの位置づけが森田を中心に行われ、世話人間で共有された[31)]。

95年には東京三多摩平和ゼミが中心となり、東京高校生平和のつどいが開催される。子どもの権利条約に根ざした平和教育課題や、一日平和学校、平和文化祭典といった平和学習の行事を統合した性格のイベントであった[32)]。

96年には、初めて沖縄での全国高校生平和集会が開催された。この沖縄・全国高校生平和集会は、95年に沖縄で発生した、米兵3名による少女暴行事件(1995年9月)をうけて、普天間高校1年9組が平和ゼミ全国連絡センター（小岩井が担当）に手紙を送ったことがきっかけである。「今、沖縄は大きな問題と闘っています。沖縄の人すべてが闘っています。きっと沖縄の人だけががんばっても乗りこえられません。みなさんの助けが必要です」「全国の同じ高校生のみなさんにも知ってもらいたい。一緒に立ち上がってほしい」と訴えるこの手紙[33)]に応えるべく、小岩井らは沖縄・全国高校生平和集会を企画していく。

沖縄では西里ひろ子(普天間高校)・大西照雄(宜野湾高校)らの高校教員のサポートを受けながら、沖縄の高校生による現地実行委員会も立ち上げられ[34)]、米軍基地や沖縄戦の学習に取り組んでいく。

こうして準備された沖縄・全国高校生平和集会は 1996 年 8 月 8 - 10 日にかけて開催された。この集会は原水禁世界大会と同時開催という形をとらずに行ったにもかかわらず、630 名の高校生が参加する集会となった。1 日目は開会集会後、バス 10 台を用いての沖縄戦南部戦跡踏査が実施された。ここでは現地高校生が南部戦跡の説明を行った[35)]。夕方以降は宿舎での交流も実施された。

2 日目の午前は基地踏査である。3 コースに分かれて、前日と同様にバスを用いた現地見学と、現地高校生による解説が行われた。午後は宜野湾高校にて集会が開催された。全体会では沖縄からの報告が行われ、その後全国各地からの報告が続いた。分科会は、「①高校生と基地、自衛隊の問題」、「②高校生と安保、核の問題、沖縄戦と本土決戦の学習」、「③沖縄戦の体験の聞き取り」、「④反戦地主の証言」が設定されている。閉会集会では、レク活動等の文化交流が行われた。

3 日目は午前中のみの開催である。沖縄の芸能を学ぶつどい(沖縄の高校生の太鼓、琉球舞踏の披露等)の後、閉会集会という流れである。閉会集会では、知事メッセージ、学習のまとめとしての講演、感想交流が行われ、沖縄・全国高校生平和集会アピールも提案・採択された。

沖縄・全国高校生平和集会の開催は、平和ゼミの歴史的展開をふまえれば、非常に大きな意味をもつ。原水爆禁止世界大会から完全に独立した形で企画し、成功した全国高校生平和集会であり、それを成功させるだけの地力を平和ゼミという自主活動がもったことを意味している。また、沖縄・全国高校生平和集会は、従来の平和ゼミの活動の蓄積を反映させつつも、沖縄戦や米軍基地問題など、新たな平和学習課題にもとりくんだものであった。このようにしてとりくまれた同集会の成功は平和ゼミ活動の到達点を示すものと評価できる。

翌 1997 年も、沖縄での全国高校生平和集会は開催されている。

3．平和ゼミにおける学習モデル

(1)生徒にとって平和ゼミがもつ意味

以上、平和ゼミの成立・展開過程を概観してきた。母校の被爆調査に始まる原爆学習は、やがて広島の被爆は現在の「地域の問題」でもあるという認識を生徒と顧問教師に与えた。学校の枠を越えて地域の問題を語り合う場への渇望が、原水禁大会高校生分散会の設置、そして8.6高校生集会の開催への道を拓いた。高校生ならではの平和学習課題の追究と、年間を通した平和学習の場の希求が、広島平和ゼミを生み出したのである。

広島平和ゼミの活動は各地の高校生にも刺激を与え、広島以外でも平和ゼミが結成されていく。そうして結成された各地の平和ゼミでは、地域における学習課題を追究していくが、その主流は原爆学習や地域の空襲の学習、軍縮を見通す学習であったと言えよう。

やがて森田俊男の協力のもと、支援者のネットワークが強固になり発信力が教化され、理論化と新たな学習課題の提起も行われていく。1980年代後半以降、地域史の中の戦争加害の調査・学習や、国際交流も精力的に行われ、1995年の沖縄少女暴行事件後には、沖縄・全国高校生平和集会を開催する。

さて、こうした自主活動領域における、学校の枠をこえた平和学習は、生徒にとってどのような意味をもっていたのだろうか。参加生徒が綴った感想や、平和ゼミ卒業生への聞き取りを通して、大きく4つの要素を見出すことができる。

第1は、「探究的・体験的平和学習の場としての平和ゼミ」である。平和ゼミではフィールドワークや聞き取り調査等、体験的に戦争と平和の問題を学ぶ。このスタイルが生徒にとって魅力のひとつになっている。埼玉平和ゼミ結成の中心を担ったEの述懐を紹介した。彼は、「こういう学びもあるんだ」と感動している。

第2は「学校・地域の枠を越えた仲間との交流の場としての平和ゼミ」である。学校の枠を越えて交流が展開されるため、多様性をもった高校生集団としての触れ合いがある。各地の平和ゼミの報告集に記載される感想文でも交流場面が触れられている。相互に刺激を受けあいながら、活動意欲を高める様子が感じられる。例えば、次のような感想がある[36)]。

> なによりもうれしかったことは、『8.6』に参加した全国の高校生とひとつになれたということです。これから先、原水爆禁止を勉強していく上で何か苦しいことにぶつかっても、私には全国に大勢の仲間がいるんだ。そして、みんな来年の『8.6』に向けて頑張っているんだということを、しっかり心の奥に秘めて、頑張りたいと思います。

交流の一要素であるレク活動にも若干触れておこう。広島県一日平和学校のプログラムにもみられるように、平和ゼミではしばしば、歌などのレク活動が取り入れられている。その始まりについて松崎は次のように記している[37]。

> 70年代の中頃から、生徒の状況が変わり始めた。人権や平和にとりくもうとする生徒が少なくクラスの中で孤立するような状況がでてきはじめた。参加する生徒の要求も政治や社会に対する直接的なものではなくなり、仲間とのつながりや人間的なふれあいを求める傾向が強くなってきた。このような変化は、一面的な政治主義では生徒達の心を動かすことはできぬことを示している。平和ゼミはこの生徒の要求を大切にし、レクレーション活動と高校生の文化活動に力を入れ始め、活動に参加したひとりひとりの生徒が参加してためになったという部分、充実していたという部分、友人ができたという部分(自分を受け止めてもらえた)に加え、楽しかった、面白かった、充実していたという部分に気を配り始めた。

開かれた活動としての平和ゼミのシンボルがレク活動だった、といえよう。

第3は「意見表明により社会参加可能性を追求する場としての平和ゼミ」である。ノエルベーカーの手紙運動が展開された1977年ごろから、「高校生は世界史をつくる」のスローガンが用いられるようになる。82年の原爆犠牲ヒロシマの碑建設では、「私たちのこの運動が実を結んだのか、原爆瓦のモニュメントづくりが進行しています。私たち高校生でも、平和を願う心や遺物を大切にしたいという気持ちがあればなんでもできるんだ、と改めて思いました」[38]という文章がある。前出のE氏は「本当に高校生が世界史をつくることができると思った」と語っている。学びを基軸とした変革主体性の獲得と伸長を感じ取ることができる。

第4は「安心した居場所としての平和ゼミ」である。平和ゼミは学校とは違い、安心して学びあい、交流しあえる空間であるということを記す高校生がみられる。東京平和ゼミの山口敬雄は次のように記している[39]。

> 高校の最終学年である三年次に平和集会の実行委員会に参加した僕は、それまでの一・二年次を[空白の時期]と表現したいくらい無味無臭の生活を送っていました。二年生の後半には、自分のふがいなさに嫌気がさして、学校を辞めようとも思いました。将来の夢も、未来への展望も、何もかもが見えずに、ただひとりで陰気にウジウジ悩み続けていました。しかし、そんな自分でも、心の奥底では、仲間を信じたい、未来を信じたい、そして自分を信じたいと思っていたように思います。僕は、

三多摩高校生平和ゼミナールと高校生平和のつどいに参加するようになって、自分を輝かせられる場所はここだと感じはじめ、受験産業とその「信者」のような人たちの期待とは違う、自分なりの道を築くことができました。他の実行委員も何らかのかたちで、自分の居場所、自分の真の姿をこの実行委員会に参加したことで見つけることができたのではないかと思います。しかも、自分ひとりだけではなく、多くの仲間とともに見つけられたように思います。「ひとりでは社会に働きかけできないが、大勢で力を合わせれば……」。これが実行委員と平和のつどい参加者の実感だったのではないでしょうか。

この記述は、幡多ゼミ支援者である山下正寿の「平和学習を体験することで、本心からの思いを安心して発言でき、みんながその思いを共有し尊重しあえる集団にゼミが高まっていった点である。そして彼ら自身が語っているように、こうした仲間との結びつきが、現在の学校生活のなかで決定的に欠落している部分である」[40]の記述とも符合する。高校生活に違和感やもどかしさをもつ生徒にとって、平和ゼミは大切な居場所でもあったのである。

(2)平和ゼミの活動モデル

生徒が平和ゼミに見い出した意味4つの特徴のうち、平和ゼミの具体的な活動を構成するものとして次の3要素を改めて抽出する。

・探究的・体験的平和学習の場としての平和ゼミ
・学校・地域の枠を越えた仲間との交流の場としての平和ゼミ
・意見表明により社会参加可能性を追求する場としての平和ゼミ

これらの3要素は相互補完的に影響しあうものでもある。3要素間に働く関連性を論じるにあたり便宜上、「調査性をもった探究的な平和学習」と「学校・地域の枠を越えた高校生の交流」の相互関連性をA、「学校・地域の枠をこえた高校生の交流」と「意見表明による社会参加の可能性の追究」の相互関連性をB、「調査性をもった探究的な平和学習」と「学校・地域の枠を越えた高校生の交流」の相互関連性をCとする。それぞれの関係性を図示したものが、図表2である。

A・B・Cいずれの関係も成立期には確認できるものであり、その後の活動においても継続してみられるものである。

図表２：平和ゼミの構造

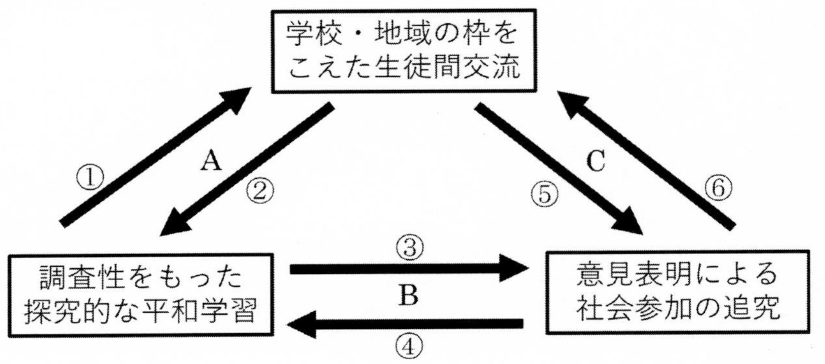

母校被爆実態調査や原爆問題調査に取り組む広商原研部員は、他校生徒と学びあい交流しあう空間を渇望し、それが後の 8.6 高校生集会を生み出していく。平和ゼミ成立後は、各学校の自主活動団体（原研部・社研部等）や各県平和ゼミの調査・探究活動を発表する形で、生徒間交流が行われる（①)。一方で、平和ゼミそのものが学校や地域の枠を越えて集い、共に学ぶものである。その初発として、8.6 高校生集会実行委員会は、集団として原爆碑学習等の調査活動を行いながら集会を準備した（②)。

調査性をもった探究的な平和学習を通じて生徒は、原爆や戦争等の問題が過去のものではなく、自身も関わる同時代の諸課題であると認識する。その認識を土台に、意見表明やそれに伴う社会参加を目指す活動が行われてきた。③は初期でいえば広商原研が歴史地理教育に発表したレポートが挙げられる。平和ゼミとしての活動でも、ノエルベーカーの手紙運動や高校生の「核兵器の廃絶を求める高校生の平和アピール」等、非常に多くの蓄積がある。平和ゼミそのものが学校・地域の枠をこえた生徒間交流を伴う自主活動でもある（⑤)

意見表明は学習の完了・終了を示すものではない。前述の「核兵器の廃絶を求める高校生のアピール」の「学び、学び、学び続けましょう」というメッセージや行動提起を受けて、平和学習はさらに深化し（④)、また各地の平和ゼミが新たに結成された（⑥)。このように、3 要素はそれぞれを補強しあうように影響しあいながら存在していると考えられる。

4．平和ゼミの実践史研究の今日的意義

平和ゼミの学習コンテンツは原爆問題（被爆実態調査、被爆者問題・被爆二世問題の探究、反核平和学習）に始まり、発展期・成熟期においては、各地域に根差しつつ戦争被害・加害の学習や、基地問題、国際交流の取り組み等、拡充をみせている。いずれも、それらの事象を過去の知識としてだけではなく、現在を生きる自身にとっても結びつく「自分事」として生徒は把握し、「学び、調べ、行動」しているのである。そして、これらの活動は、学習内容が行政・学校によってきめられているものではなく、平和ゼミにつどう生徒たちが支援者の協力も得ながら、討議と実践を繰り返しつつ、つくりあげてきたものである。

上記のような学びの成立の背景には、支援者（教師）のさまざまな配慮や見識が存在すると考えられる。その一つに、問題解決学習の視点があろう。

核廃絶に向けた学習課題を例にとってみても、高校生の活動によりその地球的課題が解決する、という簡単なものではない。しかし、具体的な活動場面や問題的状況を生徒が設定し（教師がそれを支援し）、その問題的状況に生徒が向き合いながら試行錯誤し（それを教師は励ましつつ支援し）、生徒が解決的状況をつくりだす。原爆を知らない若者の状況に高校生が気付き、学習と被爆体験の継承の必要性を実感しているからこそ、元安川の川底工事に生徒は危機感を抱く。「原爆犠牲ヒロシマの碑」それ自体が核廃絶に直結する（した）、という性質のものではない。しかし、核廃絶につらなる目標として、被爆体験の継承や遺物保存という具体的な「問題的状況」を生徒および世話人（教師）は見出し、市民とも連帯しながら学びと意見表明を重ね、モニュメントをつくりあげる。核廃絶という究極的目標からみれば微力ではあったとしても、それは地球的課題に連なる第一歩を生徒が歩んだ事実であり、そうした経験－学びと行動を伴った小さな変革の実感の獲得－は、民主主義の担い手を育てるものでもある。

本章冒頭に記したように、人類史的にみても危機的な現在を生きる高校生には、探究心や変革主体性が必要である。高校生の学びを支える支援者・教師にとっても、この自覚が求められる。平和ゼミは、高校生という発達段階を踏まえつつ、学習に立脚しながら変革主体性を育む実践事例であると評価可能であり、それゆえに今こそ検討が求められる教育実践なのである。

1) 白井俊、諏訪哲郎、森朋子「特別企画 OECD ラーニング・コンパス 2030 について－文部科学省　白井教育生徒改革室長に聞く」日本環境教育学会『環境教育　VOL.31-3』2021 年。変革をもたらすコンピテンシー（Transformative competencies）は「新たな価値の創造」「対立やジレンマへの対処」「責任ある行動」の 3 つからなると解説がある（3 頁）。

2) 澤野重男「高校生平和ゼミナール運動の成果と課題【歴史的考察】」森田俊男、小島昌夫、浦野東洋一編『高校生の自主活動と学校文化』旬報社、1998 年、193 - 202 頁

3) この段落を含め、広島商業高校日本史研究会・原爆実態調査会・原爆問題研究会、の取り組みについて引用や注がない場合は、筆者による松崎徹への聞き取り（2011 年 8 月 30 日、広島市）による。詳しくは、和井田祐司「高校生平和ゼミナールの成立・展開過程に関する教育実践史的研究」（上越教育大学、2012 年）第 1 章第 3 節、及び巻末資料参照。

4) 被爆教師の会の結成に関しては、石田明『被爆教師』一ツ橋書房、1976 年、274-280 頁

5) 広島平和教育研究所編『平和教育実践事典』労働旬報社、1981 年、28 頁

6) 原爆研究会「私たちはヒロシマを教えられていない　私たちは太平洋戦争の死者数を教えられていない」歴史教育者協議会編『歴史地理教育』192 号（1972 年 1 月号）、歴史教育者協議会、1972 年、41-48 頁

7) 広商原研部では、全校生徒へのアンケートを実施し、生徒の 3 分の 1 が被爆 2 世であることを明らかにし、学習の成果を文化祭にて発表した。その概要は、広島・長崎平和読本編集委員会『明日に生きる』広島県高等学校教職員組合、長崎県高等学校被爆教職員の会、1986 年、206 頁、212 頁にても紹介されている。

8) 広島県高校生平和ゼミナール実行委員会『広島の高校生の平和活動－高校生は世界史をつくる』広島県高校生平和ゼミナール実行委員会、1978 年、10 頁

9) 松崎徹「高校生は未来に向かって－広島における高校生の自主的平和活動十五年の歩み」、佐貫浩編著『生き方を創造する平和教育』一光社、1985 年、167-168 頁

10) 広商原研部員が松崎と相談し、原水協に次の要求を提出している。「(1)もっと教育的で、ヒロシマが学べるようにすること。(2)高校生自身の自主的な平和活動を掘りおこし、励ますようにすること。(3)集会が高校生自身の手で運営され、全国の高校生が交流できるようにすること。」（松崎前掲書、168 頁）。

11) 澤野前掲書、40 頁

12) 同書 41-43 頁。清水谷高校 2 年 G 組の報告の他、「呉地区高校生平和の集い」を実現した呉市内の高校生徒会の報告や、「広商平和の集い」の実施を含む広商原研部の実践報告等

があった。澤野は、「全国から集まった約 300 名の高校生は、こうした報告の中に、高校生ができる平和学習活動の創造的な方向を見い出していく。集会の準備や進行は、広島の高校生たちでつくる現地実行委員会の手で自主的にすすめられた」と振り返る。

13) 同書 43 頁。「現地実行委員会には県内十数校の高校生たちが参加し、自分たちの学園や地域での平和・原爆問題に対するとりくみを実行委員会活動の中に反映させながら、会としての独自の学習・調査活動を展開した」。同書 43-44 頁にかけて確認できる活動として、岩国基地調査、広島市内基町の陸軍第五師団地調査、似島調査等がある。

14) ノエルベーカーの手紙運動の概要は、同書 56-61 参照。また、「高校生は世界史をつくる」に関しては、1978 年 6 月 3 日読売新聞「"いまヒロシマが”（第 2 部)」の見出に確認できる（『全国平和教育指導事例集 - 高校の平和教育“続「ひろしま」から学ぶ”」広島県高等学校教職員組合、1980 年、114 - 115 頁に所収されている同記事を参照した)。

15) 澤野前掲書 48-49 頁。

16) 同書 50 頁

17) 広島県高等学校平和教育推進教材編集委員会『全国平和教育指導事例集 - 高校の平和教育”続「ひろしま」から学ぶ”」広島県高等学校教職員組合、1980 年、131-132 参照。

18) 原爆瓦学習と原爆犠牲ヒロシマの碑作成に焦点をあてた書籍に、山口勇子『原爆瓦-世界史をつくる十代たち』(平和文化発行・汐文社発売、1982 年)がある。「戦後のぼくらはもちろん原爆も戦争も知らない。しかし川底から原爆瓦を掘り出して触ったとき、さらに、いまガスバーナーの炎に普通の瓦の表面がみるまに変化していくのをみたとき、これが僕の原爆だ、とからだじゅうで感じました」(16 頁）等の生徒の感想がある。17 頁には森田俊男の「……炎は原爆がそうであったように数秒でとめられるのだが、一瞬、いまの炎がほんの一秒でもわたしたちの肉体にふれたら、それは肉体をつらぬいて……。高校生が、そして見学者であるわたしたちが、この瞬時、あの八・六、八・九のヒロシマ・ナガサキを『体験』したーそんな緊迫感が流れた」という語りが紹介されている。

19) 広瀬方人「高校生平和ゼミナールの誕生－長崎における高校平和教育のあゆみから」ヒロシマ・ナガサキ証言の会『ヒロシマ・ナガサキの証言』82 年 2 月号、ヒロシマ・ナガサキの証言の会、1982 年

20) 筆者による E への聞き取り(2011 年 3 月 22 日、埼玉県さいたま市)に拠る。埼玉平和ゼミの設立過程に関しては、E への聞き取りと、小岩井増夫への聞き取り(2010 年 5 月 5 日、埼玉県北足立郡伊奈町)の内容をもとに叙述している。E が 8.6 高校生集会に参加した経緯

について、小岩井は次のような背景を語った。親や近所の大人に誘われて原水禁大会に参加した高校生が埼玉代表団にもいたが、世界大会の分科会に参加しても、政治的討議が続き高校生の学びにはならない（特に小岩井がそれを痛感した 1977 年は原水禁・原水協の統一世界大会であり、イデオロギー対立が鮮明だった）。そこで 1978 年以降、参加した高校生を引き受け、8.6 高校生集会へ引率するようになる。E も、広島で初めて小岩井に出会ったと述懐する。81 年、高校生平和集会長崎集会の閉会式で、E は埼玉平和ゼミの設立意向を宣言するが、小岩井には寝耳に水であった。しかし小岩井は E らの学習要求を受け止め、その後、埼玉平和ゼミ、そして全国の平和ゼミの活動支援に奔走し続けるのである。

21）アピール文面は、澤野前掲書 76-78 頁より転載

22）東京三多摩平和ゼミは、桐朋高校平和問題研究会（顧問・沖村民雄）が呼びかけ、法政第一高校の生徒が合流し準備した、「戦争と平和を考えるつどい」(12 月 26 日開催)において、その結成を宣言している。その後は「実行委員会で学習をしながら、年に数回、『一日平和学校』を開催し、学習と討論を行っ」た（沖村民雄『学ぶこと、語ること、生きる希望と平和な未来―核兵器と戦争のない 21 世紀をめざす高校生たち』平和文化、2010 年、10－11 頁）。大阪平和ゼミには、その前史としての自主活動「大阪高校生集会」が存在する。高校生アピール(6 月 5 日)の約 2 週間後に第 13 回大阪高校生集会が開かれ、そこでは「反核」の企画に取り組んだ生徒たちがいた。彼らが中心となり、同年 8 月 6 日に 60 名の実行委員会により、大阪平和ゼミの結成が宣言された(加藤憲雄監修、大阪高校生平和ゼミナール顧問団編『高校生は平和のために何ができるか』平和文化、1994 年、13 - 16 頁)。

23）上岡橋平「幡多高校生ゼミナール（幡多ゼミ）の活動」日教組第 34 次・日高教第 31 次教育研究全国集会報告書（平和と民族の教育分科会）、1984 年、4 頁

24）小岩井増夫への聞き取り（2010 年 5 月 5 日）より。小岩井は関東近県集会に向けた埼玉平和ゼミの大まかなサイクルとして、冬に訪問して交流し、5 月の関東近県集会に誘う、と語っている。

25）埼玉高校生平和ゼミナール『僕らでつくろう平和への道 第 2 回関東近県の平和のための高校生交流集会報告集』1984 年、39 頁。なお、加藤憲雄は 82 - 92 年の期間を「全国各地で平和ゼミナールが結成され、かつ結成しては消えていった時期です」と評している（加藤前掲書、158 頁）。

26）森田俊男・小岩井増夫・澤野重男著『高校生の平和ハンドブック』平和文化、1986 年

27）映画「ビキニの海は忘れない」制作実行委員会、森康行監督、高知県高校生ゼミナール

他出演、ナレーション吉永小百合『ビキニの海は忘れない』、映画「ビキニの海は忘れない」制作実行委員会、1990年。活動全般の記録は、幡多高校生ゼミナール・ビキニ被災船調査団編『ビキニの海は忘れない－核実験被災船を追う高校生たち』平和文化、1988年

28）幡多ゼミナール顧問団編『渡り川－四万十川流域から創造する高校生の国際交流』平和文化、1994年

29）花房英利『はじまりはアリランから－民族問題を考える高校生たち』平和文化、1992年

30）幡多ゼミナール顧問団前掲書、104頁

31）小岩井のノートに、1995年平和ゼミ世話人会議のメモがある。そこには、「子どもの権利条約と高校生の社会参加」として、森田による提起が行われている。「高校生を信頼する→子どもの権利条約が成立して……まだ教室にははられていないのが多いが、子ども観は違ってきている。これをささえてきたのは平和ゼミだ」とある。和井田前掲論文、137頁

32）東京高校生平和のつどいでは、戦争体験の継承を重視し、証言を聴く時間を多くとっている。その記録は、東京の高校生平和のつどい実行委員会編・東京都歴史教育者協議会協力『高校生が心に刻んだ戦争と平和の証言』平和文化、2012年として出版されている。

33）沖縄・全国高校生平和集会沖縄県実行委員会『96 沖縄・全国高校生平和集会報告集』1997年、3頁。なお、以降の同集会の活動概要に関して、特に注がない場合は、同報告書を参照し叙述している。

34）筆者による西里ひろ子への聞き取り（2011年3月24日、沖縄県宜野湾市）より

35）この活動や翌日の基地調査時における現地高校生による解説は小岩井が提案し、企画されたものであった(2010年5月5日、小岩井増夫への聞き取り）。提案の背景には、広島平和ゼミによる原爆フィールドワーク等の実践蓄積があったと考えられる。

36）「進徳高校1年　M.H「『8.6』二日間を終えて」原水爆禁止世界大会関連行事・第6回「8.6高校生集会」現地実行委員会編『高校生のヒロシマ・アピール-原水爆禁止1979年世界大会関連行事第6回8.6高校生集会総括集』1979年、47頁

37）松崎前掲書、213-214頁

38）澤野前掲書、72頁

39）山口敬雄「学ぼう戦争の真実を 語ろう私たちの未来を『95ピース・トーク・イン東京』」高校生平和ゼミナール全国連絡センター編『高校生の平和ハンドブックⅢ』平和文化、1996年、33-34頁。

40）奈良広編『海光るとき』民衆社、1990年、113頁

第５章　大阪暁光高校平和ゼミナール部の活動展開

前章では、平和ゼミナール（平和ゼミ）の成立・展開過程を大まかに叙述した。ところで、平和ゼミは筆者自身が直接的に関わってきた対象でもある。高校生時は埼玉平和ゼミで学び、活動した。そして現在は、平和ゼミの支援者として、平和ゼミや平和・国際教育研究会に関わらせてもらっている。本章では、筆者が顧問をつとめる、大阪暁光高校平和ゼミナール部（以下暁光平和ゼミ部）の展開を叙述する。

１．生徒から支援者へ

前章で紹介した平和ゼミの成立・展開過程は、筆者が修士課程にて追究したものでもある。文献に加え、直に支援者にお話をうかがった経験は、筆者にとって大きな財産になっている。広島平和ゼミの立ち上げの中心メンバーでもある松崎徹は「直に触れ合う学び」への渇望が教師にも生徒にもあった、と語っていた。また、小岩井は「支援者は教員でないと難しい」と語りつつ、「学習」の視点に立った援助の重要性を指摘していた。例えば、沖縄・全国高校生集会にて、火炎放射器を「ひえんほうしゃき」と読んだ生徒の例を挙げながら、「それでもいいんだよ。学習するうちに自分で修正するから」と語っていた。平和ゼミを支援した高校教員たちには、生徒との対話を楽しみ、また生徒が事物や仲間と対話し主権者として育っていく環境を整備しつつ、一連の活動をつくりあげていた。教化の論理ではなく学習の論理を重視する視点が確固として存在しているのを発見した[1)]。教職入職前に、こうした発見や感動を得たのは、つくづく恵まれていたと思う。

筆者は 2012 年、自由の森学園に非常勤講師として入職し、生徒の自主活動にふれる機会も得た。そして 2015 年、千代田学園大阪暁光高校に着任した。筆者が大阪暁光高校での勤務を希望したのも、平和ゼミが関係している。森田俊男・小島昌夫・浦野東洋一編『高校生の自主活動と学校参加』に千代田高校時代の谷山全の実践報告[2)]があり、千代田高校平和ゼミの活動も記されていた。大阪には千代田学園がある、と筆者が認識した瞬間である。

着任後、筆者は平和ゼミ部の顧問を任された。同校には、高校生の自主活動を支援してきたベテラン教諭が多く在籍しており、初年度にペアを組んだ島田和秀教諭（現大阪千代田短期大学副学長）にもお世話になった。そうしたベテラン教師たちは多忙であり、2016 年度からは筆者が暁光平和ゼミ部の運営の中心を担うようになった。かくして筆者は生徒から支援者になったのである。

２．千代田高校平和ゼミの実践史

まずは千代田高校平和ゼミナール（千代田平和ゼミ）の展開を概観しておこう。

千代田平和ゼミの活動開始は 1992 年。背景には、第 1 に各教科や特別活動での平和教育の蓄積、第 2 に生徒会活動を中心とした生徒の自主活動を重視する学校文化がある。これら学校文化は今も継承され、各種自主活動の土台となっている(第 2 部第 6 章を参照)。加えて第 3 に、高校生の自主活動そのものへの社会的な機運の高まりがあった。谷山は当時の様子を次のように記す[3)]。

> 千代田高校でも最近、ボランティア活動や平和ゼミナール活動、薬害エイズ問題、うたごえ祭典など、学校の枠組みをこえたさまざまなとりくみに参加する生徒が増えてきています。1996 年の全国高校生平和集会には、広島に 6 名、沖縄に 15 名参加し、1997 年は沖縄集会に 12 名が参加しました。

94 年に日本は子どもの権利条約を批准する。95 年の阪神淡路大震災では各地からボランティア参加者が集まり、「ボランティア元年」と称される。同年は戦後 50 周年の節目の年でもあった。谷山が触れている薬害エイズ問題に関しては、同年 3 月に高校生・川田龍平氏（現参議院議員）が実名を公表し、東京 HIV 訴訟原告団に加わり注目された。このように、高校生の意見表明や市民の社会参加の機運が高まっている状況があった。

ただし千代田高校の生徒たちが当初から平和学習に積極的だったわけではない。

> 生徒の参加が積極的になっているといっても、もちろんこれらのとりくみに生徒たちが初めから自主的に参加することはまれです。やはり最初は教師が声をかけ、生徒とともに参加することからはじまります。私も熱心な方で、あまり乗り気でない生徒には「カッコええ男の子が来るかもしれへんで」とか、「車で迎えに行ったるから行こうや」…など、あの手この手を使いながら連れ出しています。(同書)

生徒参加の契機は教師主導になりがちだったが、やがて生徒の意識は大きく変わる。同書内の生徒の作文である。

2 年の夏休み、沖縄の平和集会に参加した。最初は遊び半分の気持ちだった。でも基地をめぐり戦跡をめぐり、全国から集まってきた高校生が必死になって基地問題を考えている姿を見て、「何で今まで私はこのことを知ろうとしなかったんだろう」と自分のことが恥ずかしくなった。沖縄に行って私のなかにいろんな疑問が生まれ、そして、今の私にはまだまだ答を出せないものがいっぱいあるということが分かった。私はこの夏、高校生活の大きな宿題をもらったように思う。

最初は教員に誘われ、「遊び半分」で参加しつつも、活動を通じて問題を把握し、主体性を獲得していく。この原理は現在の暁光平和ゼミでも同様である。

こうして平和学習・自主活動に積極的に取り組む生徒が現れた千代田高校であるが、谷山ら活動を支えた教師たちによれば、大阪平和ゼミの月例会参加が主な活動だったという。大阪平和ゼミでは、大阪空襲、朝鮮人強制連行、原爆等、毎年テーマを決めての学習を重ね、5 月 3 日には一日平和学校を開き、夏の全国高校生平和集会参加と報告会開催を行う活動サイクルが確立していた [3)]。

千代田平和ゼミは 1995-97 年に部活となるが、部員の卒業で活動継続が困難になり、中断する。再び部活となったのは校名を変更した 2013 年である。そこには、参加生徒の自己肯定感を高め、日常的に生徒と対話を重ねながら活動を創造したいという教師の願いがあった。とはいえまだ通年を通した活動ではなかった。

3．大阪暁光高校平和ゼミナール部の近年の諸活動−2017 年～2020 年を中心に

2016-19 年にかけて暁光平和ゼミは発展を遂げた。部員は 20 名程が在籍し、通年での活動ができるようになった。背景に次の 3 点が考えられる。

第 1 に学習内容の多様化である。原爆学習以外にも対象を広げ、自前でフィールドワーク等を企画し、事前・事後学習や報告会を重ねることで、独自性のある活動を組みやすくなった。第 2 に居場所機能への着目である。生徒は「戦争と平和について学ぶ」だけでなく、「学びを介して本音を語り合える」点に魅力を感じる。企画を考え、交流するといった「語り合う」時間が、教室以外の心地よい居場所につながる。それを部員や教師集団が認識するからこそ、関心がありそうな

生徒に入部を誘うことができる。また、部員で相談・実行する自治的運営や、そのうえでの成功体験が生徒の自己肯定感を育む。 第 3 に教育課程との関連である。同校では文化祭等でフィールドワークを実施する学級が多く、2017 年に発足した教育探究コースでは日常的にフィールドワークや体験・探究的学習がある(第2 部参照)。こうした学び方に親しんだ生徒が入部し、活動するようになった。

(1)ヒロシマ・ナガサキでの学び

被爆地での現地学習と全国高校生平和集会への参加が中心的活動である。事前学習では、文献や映像を用いた学習に加え、前年度に作成した報告集も用いて、昨年度の学習を先輩が語る。

高校生平和集会での活動報告は、各部員が文案を持ち寄り、全員で検討しながら作成する。現地学習では、被爆遺構巡りなど実物に触れる学びを重視する。8 月の広島・長崎はとにかく暑い。水分・塩分をこまめにとり、適宜休憩しつつ市内を歩きメモを取る。現地を歩き、各所に残る被爆遺構の前で語り合いつつ、1945 年 8 月の被爆とそこから復興を遂げた人々の強さを想像するのである。

ここでは、2018 年(広島)と 2019 年(長崎)の生徒の活動を紹介する。

①2018 年度　広島現地学習旅行

主な活動行程は表 1 の通りである。

表１：2018 年度大阪暁光平和ゼミ広島現地学習旅行の主な行程

8/4	・新大阪駅集合。新幹線で広島へ ・平和記念公園フィールドワーク（原爆ドーム、原爆犠牲ヒロシマの碑、原爆供養塔、韓国人原爆犠牲者慰霊碑、平和祈念資料館　等） ・平和記念公園周辺原爆遺構見学　（爆心地、本川小学校平和資料館、袋町小学校平和資料館　等） ・感想交流会および全国高校生平和集会での報告準備
8/5	・全国高校生平和集会（開会集会、分科会、閉会集会） ・福島町フィールドワーク ・感想交流会
8/6	・平和祈念式典見学 ・世界の子どもの平和像前集会（広島平和ゼミ・幡多ゼミとの交流会） ・広島城公園フィールドワーク（被爆樹・地下壕跡・大本営跡） ・新幹線で帰阪

1日目（8月6日）、広島につき、荷物をコインロッカーに預けてすぐに、現地学習開始である。平和記念公園内の石碑をめぐりながら、筆者が解説をする。平和ゼミの先輩がつくりあげた原爆犠牲ヒロシマの碑では、実際に原爆瓦にも触れる。平和祈念「公園」というが、かつてこの場所には町が広がっていた。人々の暮らしが原爆により一瞬で奪われたその場所に、土を盛り、「公園」として整備したことも説明しながら歩く。原爆の子の像に関連して、佐々木禎子さんのエピソードはモンゴルで広く知られていることも説明する。爆心地である島病院や、投下目標である相生橋にも足を運ぶ。

（左：原爆犠牲ヒロシマの碑。筆者撮影。右：原爆瓦を説明する筆者。井坂直哉氏撮影）

被爆校舎を用いている本川小学校平和資料館には、被爆後の火災の煤が壁に残る。その煤を掻いて書かれた落書きを見て、生徒は憤ると同時に、平和教育の在り方についても考えた。感想交流時に、ある生徒は「自発的に見学に来る人は、あんなことはしない。修学旅行等でむりやり連れてこられた生徒が書いたのだとしたら、関心をもつような事前学習をしなかった学校の問題があると思う」と語った。彼女自身、中学校の修学旅行で広島にきたときは、無理やり見学させられているという思いが強かったという。平和ゼミで学び、事前学習の有無による影響を実感したからこその問題提起であった。

2 日目は全国高校生平和集会参加が活動の中心となる。全国各地から集まった高校生の活動報告に触れ、分科会で交流する時間は、刺激を受けて学習意欲を高める部員たちの姿が見られる。

同集会では被爆者のお話もある。大阪に暮らす生徒にとって、被爆体験談を直接聞くのは初めての経験である。2018 年は、江種祐司氏のお話を聞く機会に恵まれた。江種氏は元小学校教諭（被爆教師の会会長）であり、自作の地図も用いて、被爆直後の様子を具体的に語られた。

８月６日（３日目）。平和祈念公園にて８時15分を迎える。生徒が違和感を抱いたのは、この日の平和祈念公園の様相である。シュプレヒコールが各所で叫ばれ、政治的な主張の場となっている状況を前に、「死者を悼む場・時間なのでは」という疑問を生徒たちは次々に口にしていた。

学習・交流の成果は報告集にまとめ、校内で報告会を開催する。多くの教職員が高校生の自主活動を支援してくれる。そうした先生方へのお礼の意味もある。2018年報告集から、生徒の感想を紹介する（抜粋）。

- ツアーを通して３つのことを確信した。１つ目は、本当に全国のいたるところに自分たちと同じ活動をしている仲間がたくさんいる。そして自分たちはまだまだ甘いという現実を知らされた。特に幡多ゼミナールの活動報告は、自分たちはおろか、他県の活動報告を圧倒していた。２つ目は、核兵器は改めて絶対に保有国に使わせてはいけない。江種さんが話してくださった内容は、今まで聞いてきた被爆者のお話の中でも、特に具体的で想像しやすかった。おぞましい光景を二度と生んではならないと感じた。３つ目は、日本はすごく矛盾している。平和集会の分科会で聞いた沖縄基地問題にしろ、核の傘や核兵器禁止条約にしろ、「日本は一体どちらの味方なのだろう」と感じた。(コウキ)
- 広島の原爆ドームは戦争教材の中でも最もポピュラーと言って良いかもしれない。故に教科書の記述に目を通して理解しているつもりの学生も多いと思う。自分も多分その一人だ。そんな自分にとって今回のツアーはすごく有意義だった。というのも、熱線で凸凹になった瓦や江種さんの話等、教科書だけでは知りえない、見たり聞いたり触ったりして初めて知ることのできるものだから。あとは全国高校生平和集会での分科会も印象深い。高校生が原爆について熱弁しているのをみると、なんというか感動した。(ユウキ)

全国各地から生徒が集い、刺激を受けあう全国高校生平和集会は、両者に強い印象を残しているのがわかる。コウキはもともと、核抑止力を肯定的に捉える生徒である。しかし被爆の実相にふれ、また分科会での議論を通じて、「核兵器は使わせてはならない」という確信を得ている。ヒロシマや沖縄を体験した個人との対話が、コウキの認識を具体的なものに鍛え上げている。ユウキは被爆遺構を巡り、原爆瓦にふれ、被爆体験を直に聴くことで、自身が原爆について無知であったことを知った。核廃絶の課題を語り合う同世代の姿への感動も綴られている。

②2019 年度　長崎現地学習旅行

先ほど感想を紹介した、ユウキ、コウキを含むメンバー（そのほとんどは、第5 節で触れる企画絵画展実行委員と重なる）が 3 年生になった 2019 年の長崎現地学習旅行。参加した 10 名の部員は気合が入っていた。出発の一週間前には、堺平和のための戦争展にて 1 時間強の活動報告を行い、市民のみなさんに激励されてもいた。

2019 年度長崎現地学習旅行の主な行程は表 2 の通りである。

表 2 ：2019 年度大阪暁光平和ゼミ長崎現地学習旅行　主な行程

8/6	・大阪南港よりフェリーで移動 ・全国高校生平和集会での活動報告作成①
8/7	・門司港からバスと電車で長崎へ移動 ・原爆遺構見学①（浦上天主堂、山王神社片足鳥居、山王神社被爆楠） ・長崎平和祈念資料館　・岡まさはる記念平和資料館 ・宿舎にて感想交流＆全国高校生平和集会での活動報告作成②
8/8	・ふりそでの少女像碑前祭 ・全国高校生平和集会（開会集会・分科会・閉会集会） ・活水高校内被爆遺構見学＆近隣墓地調査 ・宿舎にて感想交流
8/9	・平和記念公園フィールドワーク　・永井隆記念館見学 ・原爆遺構見学②（浦上天主堂、爆心地） ・軍艦島クルーズ（高島石炭資料館） ・長崎駅前より夜行バスに乗車
8/9	・夜行バスにて早朝、帰阪

フェリーとバスと電車を乗り継いで長崎市入りをしたのち、快晴の長崎市内をバスと徒歩で移動しながら、大いに学んだ。3 年生の生徒は、学び方を修得している。率先してメモを取り、疑問があれば仲間と共有し、適宜質問し、主体的に学ぶ。その姿をみて、下級生も学び方を学んでいくのである。

岡まさはる記念平和資料館では、原爆被害のみならず日本の戦争加害を考えた。前年に引き続き朝鮮人被爆者の問題にも向き合った。今回の行程には、軍艦島クルーズもある。炭鉱における朝鮮人強制労働の状況も質問しつつ、学習した。

（左：岡まさはる記念平和資料館にて。右：平和祈念資料館にて。筆者撮影）

3 年生の部員にとって、最後の高校生平和集会である。活動報告の文案作成では往路のフェリーで終わらず、上記のフィールドワークを行った日の深夜まで討議が続いた。「この活動の報告も入れたい」と意見を出し合い、表現一つひとつに妥協なく向き合う生徒の姿には、ただただ感心させられた。

2 日目は、全国高校生平和集会がメインの活動である。同集会に先立ち、関連行事として、ふりそでの少女像前での碑前祭がある。その後、全国高校生平和集会会場である活水高校へと移動した。

集会全体会にて生徒たちは、被爆体験の語り継ぎ部の方のお話に耳を傾け、活動報告では一年間の蓄積を大いに語った。分科会でも積極的・主体的に討議し、充実感に満ちた学びと交流の一日を過ごした。

（左：振袖の少女像前碑前祭。右：全国高校生平和集会分科会での討議風景。筆者撮影）

現地学習最終日は、平和記念公園内と浦上天主堂（部員の希望により再訪）、永井隆平和祈念館（如己堂）を見学し、11 時 2 分は爆心地にて黙祷した。バス停に向かう途中「74 年前のこの時間を想像すると怖い」とユウキは語った。

午後は軍艦島クルーズの予定だったが、基準値超えのアスベストが検出されたとして上陸が規制され、代わりに高島へと上陸した。高島石炭資料館を見学しつつ、2 日前に岡まさはる記念平和資料館で聞いた話を生徒たちは反芻していた。

(2)中国－大久野島－河内長野を結ぶ毒ガス学習

前述のメンバーが 1 年生だった 2017 年は、台風により長崎現地学習が中止になった。代わりに、12 月に大久野島(広島県竹原市)を訪問した。戦時中に極秘で毒ガスを製造していた同島は現在、うさぎの島として観光地化している。

学習の背景には身近な地域の毒ガス被害がある。敗戦直後、校舎から徒歩 10 分にある寺ヶ池で毒ガス被害が出ていたのだ。『河内長野市史』には、堺市の金岡連隊輜重隊が毒ガス原液入りドラム缶を寺が池に投棄し、死者が出たと記されている[4)]。そこで筆者は部員と相談し、毒ガス学習に取り組み始めたのである。

大久野島で学び、うさぎにも親しんだ生徒たちは、2 年生になってからも、毒ガス学習を継続した。日本軍が中国に投棄した毒ガスの被害も知った。

毒ガス被害者支援を続ける中川元氏(耳原クリニック医師)をお招きして学習会も開催した。中川医師によると寺ヶ池に投棄された毒ガスも大久野島で製造されたという。生徒の中で河内長野と大久野島、そして中国がつながった。

(3)足元から平和を考える―地域の戦争学習

毒ガス学習を経て、地域の近現代史を探究すると意外な発見があることに生徒たちは気づいた。

2018 年以降、春の新歓フィールドワークを実施している。2019 年は、高校がある千代田地域(南海高野線千代田駅周辺)に注目し、事前学習と現地踏査を行った。生徒は学校に関する話題に共感力・想像力を発揮する。校舎から徒歩 15 分の位置にある大阪南医療センターは、大阪陸軍幼年学校の跡地に建つ。『河内長野市史』の大阪陸軍幼年学校の項目[5)]を読み合わせる。運動会のプログラムがあまりにも軍国主義的である等、多くの発見がある。谷山がかつて文化祭テーマ学習で実施した聞き取り調査資料から、大阪陸軍幼年学校建設時の土地接収の様子も知った。現在病院となっている敷地内の案内板と、陸軍幼年学校時代の構内図を照らし合わせると、そのつくりが多くの部分で重なり合うことに気づく。

敷地周辺には、半分埋まった皇紀 2600 年碑もある。その後は千代田駅の反対側（学校側）に戻り、前述の寺ヶ池を散策する。翌 2019 年度は、先輩が後輩に解説しつつ同行程のフィールドワークを実施した。

大阪市内のフィールドワークも継続して実施してきた。大阪城周辺の戦争遺跡やピースおおさかの見学、在日コリアン学習と鶴橋コリアンタウンの散策等である。コリアンタウンでの聞き取りでは、ブライダルショップを経営するオモニが、子どもの頃の差別経験を語ってくれた。その証言に衝撃を受けたトモキは、卒業作品にて「嫌韓・嫌日」問題を追究していくことになる(第 2 部第 5 章参照)。

(4)2020 年度　若狭湾原発フィールドワーク

コロナ禍にみまわれた 2020 年度。夏の広島現地学習旅行が中止になる等、制約を抱えながらの活動が続いた。年が明けて 2021 年。3.11 から 10 年という節目を迎え、原発問題をテーマに全国高校生オンライン集会の開催が決まった。そこで暁光平和ゼミとして若狭湾原発フィールドワークを実施した。

本校の教育を支えてくれている福井雅英氏に相談すると、明通寺(小浜市)の中嶌哲演和尚の存在を教えてくれた。中嶌和尚は行程の相談にも乗って下さり、美浜町で 40 年間、原発問題と向き合ってきた松下照幸氏をご紹介いただいた。

3 月 13 日(日)7 時 10 分。生徒 3 名が新今宮駅に集合し、「青春 18 きっぷ」で出発。引率は筆者と 2 年目の布藤和生教諭(暁光平和ゼミ OB)である。9 時に滋賀県高島市内で下車し、筆者の自家用車にて美浜町へ向かった。

10 時過ぎ頃、美浜原子力 PR センターにて松下氏と合流し、PR センター内を案内・説明してもらった。松下氏は大手メーカーの技術者として働いてきた。そのため、原発は「五重の壁」で守られるというが、最初の壁(核燃料棒)の破損の時点で、技術的に放射性物質の封じ込めが困難になることを教えてくれた。また、2004 年発生の美浜原発蒸気漏れ事故は、たまたま休憩時間中に発生しており、あと少し時間がずれていたらより多くの死者が出ていたことや、原子炉建屋建設が予定された日程ありきで進められ、「分厚い原発の壁にコンクリートを打つ作業を終えて、枠板を外したとき、大きなすき間があり、慌てて木っ端や砂利等を押し込み、壁の両側にモルタルを塗って外側から分からないようにした」という作業員の証言も教えてくれた。

PR センターから移動し、断層や地殻変動が実感できる海岸沿いの場所で、原発周辺の地形についても説明いただいた。隆起した山や巨大な岩が海まで迫り、「平地」がほとんどない場所に建つ敦賀半島の原発群。その地に立つと、巨大地震による原発事故のリスクをリアルに想像できた。「汚染水を置いておくタンクさえ建てる場所がないでしょう。事故後に汚染水が発生しても海に流すしかなくなり、その対岸には中国・韓国・北朝鮮・ロシアがあります。深刻な国際問題・賠償問題になり、日本は終わりです」。松下氏の言葉に、一同、息をのんだ。

美浜町の山間部、新庄地区にある、「森と暮らすどんぐり倶楽部」にて昼食をとり、松下氏へのインタビュー・質疑応答の時間をいただいた。時に命の危機さえ感じながらも、原発の危険性を訴え続けてきた松下氏は、時に目に涙を浮かべながら生徒に語り掛けた。

「美浜町には、『原発がある不安』と、『原発がなくなる不安』がある。だから僕は原発に頼らない地域の事例をつくりたい」、「原発立地地域での活動には限界があります。関電の電気を使う大都市の人たちが、『原発の電気は要らない』と意思表示をしてほしいのです」

電気の巨大消費地・大阪府に暮らす生徒にとって、原発問題は過酷事故発生時のリスクを考えるものであった。しかし、消費者の意思表示という文脈で見れば、原発政策の鍵を握っているのは自分たちである、と生徒は気づいた。

(解説をする松下照幸氏。筆者撮影)

その後、小浜市明通寺を訪ね、寺院を拝観後、中嶌哲演和尚にお話をうかがった。中嶌和尚は立地地元・被害地元・消費地元の関係や、発生し続ける「死の灰」の状況、小浜原発をつくらせなかった市民運動について語った。多くの資料を用意して生徒たちを迎えてくれた（右写真・筆者撮影）。

中嶌和尚はいくつかの問いかけをした。「なぜ若狭は原発、京阪神は火力発電所なのですか」「若狭ではこんなに電力は要らないのに、なぜこの場所に多くの原発があるのですか」。「何かあっても『五重の壁で覆われている』というけれど、その壁の〝なかみ〟はどのようなものなのですか」。

問いかけと説明により、生徒たちは、「京阪神の電気需要を補うために、若狭の原発がある」「若狭湾の原発３基を稼働させた場合、１年間で広島原爆 2000 発分とも試算される『死の灰』が若狭で生み出される」と知った。原発設置反対小浜市民の会『はとぽっぽ通信』を数部いただき、活動の奥行きと科学的態度に生徒も筆者も感動を覚えた。同通信には、「大都市の人たちの電気の無駄遣いを何とかしてくれ」という小浜市民の声も紹介されており、一同の胸に刺さった。

上記のフィールドワークをもとに、3.21 高校生オンライン集会に向けてビデオレター形式で報告を作成した。「3 つの地元」(=原発が建つ「立地地元」・事故で甚大な被害を受ける「被害地元」・原発で作られた電気を使う「消費地元」)を念頭に報告を作成した。なお、本校は関西電力と契約している。松下氏も中嶌氏も、「カギは『消費地元』が握っている」と語る。今後どう学びを深め、意見表明につなげるのか。生徒および筆者に課せられた宿題である。

４.「平和ゼミ」をこれからも

大阪暁光高校平和ゼミの活動を紹介してきた。こうした活動の継続には多くの苦労がある。暁光平和ゼミも、コロナ禍の影響を強く受けた。2020 年度からはオンラインイベントが増えたが、現地学習の代替とはならない。活動の制約は入部の勧誘機会の減少にも結び付き、部員も減少するなど苦心が続く。

そうでなくてもフィールドワーク等は休日に行うため、準備も含めて顧問教師の負担は多い。生徒が企画し主体的に取り組むためにも、顧問はできるだけ裏方に徹する。その分、決定や実行に時間がかかる。多忙化する学校現場においてこうしたサポートは決して簡単ではない。

しかし、自主活動を通じた生徒の成長に寄り添う瞬間は、そうした苦労に勝る喜びがある。学びを通して生き方を見つめ、さらに意欲的・自律的な学びを重ねて成長していく生徒の姿に、教師が勇気づけられるのである。

第 1 回全国高校生平和集会開催から約 50 年。実社会と結びついた学びと、語り合う仲間の存在が、生徒一人ひとりを大きく成長させてきた歴史がある。かつての生徒として、そして現在は教師として、「平和ゼミ」を見つめるという稀有な体験をさせてもらった筆者は、そのことをリアルに感じている。

これからも 「平和ゼミ」が続いてほしいと心から願う。そのために微力ながらも、高校生の平和学習を支え続けていくつもりである。

1) 松崎、小岩井の語りは、いずれも筆者による聞き取り調査(2011 年 8 月 31 日・広島県広島市、2010 年 5 月 5 日・北足立郡伊奈町) より。

2) 谷山全「学習権を要求して -『参加の学習』へ」森田俊男・『高校生の自主活動と学校参加』旬報社、1998 年

3) 大阪平和ゼミの活動については、大阪高校生平和ゼミナール顧問団『高校生は平和のために何ができるか』平和文化、1994 年に詳しい。

4) 河内長野市史編集委員会『河内長野市史 (3) 本文編 近現代』河内長野市、2004 年、804-805 頁

5) 同書、734-736 頁

第 6 章　被爆画学生に思いを寄せて - 絵画を通じた平和学習

戦没画学生慰霊美術館無言館は、長野県上田市、塩田平を見下ろす丘にある。2019 年、無言館館主で作家の窪島誠一郎氏が、筆者の学級にて特別授業を担当してくれることになった。毎月 1 回の特別授業に加えて、夏休みには生徒自らが、同館よりお借りした被爆画学生の作品を展示し、絵画展を開催する機会も得た。本章では、それら取り組みの様子を紹介する。

1．窪島誠一郎「ことばの教室」のはじまり

「無言館の窪島誠一郎が来る。月に一度、和井田君の学級で授業をできないか」。2019 年の早春、理事長にこう切り出された筆者は、貴重な機会であるのは間違いないとわかりつつも、一度は固辞した。授業と講演は異なる。一度の講演ならともかく、継続して実施する授業となると、さまざまな準備や働きかけが必要になる。それらのコーディネートを請け負うのは、筆者には荷が重いと感じたのだ。

数週間後、再び理事長に呼ばれ、「無言館の窪島誠一郎が来る。月に一度、和井田君の学級で授業をできないか」と、同じように問われた。髙橋理事長は、現在の若者は心の奥底からの本当の表現・本当のことばを使う機会を奪われがちであることや、だからこそ無言館の作品や窪島氏と出会い、ことばを紡ぎだす経験が重要であること、そしてその学びは教育探究コースが重視する人間理解の学びにも重なりあうことを語られた。強い思いを受け止め、筆者は了承し、毎月一度の窪島氏の授業が筆者の担任する学級で始まることになった。授業時間は「教育・人間探究の時間」を用いる。授業名は「窪島誠一郎 ことばの教室」である。

初顔合わせを兼ねた打合せにて、窪島氏は、「予定調和は嫌いだ」と語った。教師が授業案を作成する際に、予定調和的な展開が潜り込むときがある。窪島氏はそうした教員文化の問い直しを求めたのである。最後に感想を書かせようとすると、「感想文は要らない、感動文が大事だ」、「感動しないなら無理に書かなくて良い。そもそも本当に感動した時に、人は『無言』なのだ」と語る。これも、なるほどと唸らされながらも、これまで過ごしてきた教員文化との葛藤も感じる。窪島氏のことばを受け止め思考を重ねることが、筆者自身が教師観を問い直す貴重

な機会となった。

一方で、窪島氏は当初、「授業」の場に苦戦していた。生徒は、チラシを片手に講演会場に足を運ぶファンとは異なる。大人にとって魅力的な話でも、講演調になると、集中力が途切れる生徒がどうしても出てくる。教材（＝窪島氏自身、戦没画学生と彼らの作品、等）と生徒の、そして教材を介した生徒同士の対話的な活動の機会を意図的に組む必要がある。つまり、展開や発問の探究が問われる。

やがて、予定調和的展開には慎重でありつつも、生徒の言語活動を保障する授業展開を 2 人で相談し、ティームティーチング形式で授業を実践するようになっていった。窪島誠一郎という一流の文化人と対話し相互理解を深めつつ、協力しながら授業をつくるこの経験は、筆者にとってなんと贅沢な教師修行だろうか。

2021 年まで計 4 年間にわたり、窪島氏は教育探究コースでの授業を担当された。最初の 2 年間は学級担任として、後半 2 年間はコース主任として、筆者はこの時間にかかわった。生徒にとって貴重な学びの機会になったのは言うまでもないが、実は最も多くの学びを得たのは、筆者自身であったと自認している。

（窪島氏の授業風景　無言館所蔵の絵画を題材に、生徒と対話する）

2．私たちと窪島誠一郎の手づくり絵画展

(1)企画発足の経緯

2019 年（窪島氏による特別授業の初年度）、窪島氏が体調を崩されての休講があった。7 月 24 日の授業日。窪島氏は休講を気にされて、「代替手段にはなりませんが」と前置きしつつ、次のような提案をされた。

「無言館に、2 名の被爆画学生の作品があります。その作品を展示し、自分たちの手で美術展をつくってみませんか。きっと忘れられない学びになります。取り組んでみませんか」

そして２人の画学生－伊藤守正、手島守之輔－の作品を紹介した。伊藤は長崎で、手島は広島で被爆死した画学生である。

筆者は当初、躊躇した。絵画展づくりに取り組むとすれば、可能な期間は夏休み。高校３年生でもあり、生徒たちは進路に向けた取り組みがある。そこで学級にも呼びかけつつ、暁光平和ゼミ部の生徒とも相談し、実行委員会形式で活動することにした。メンバーは暁光平和ゼミ部が中心で、学級の生徒も数名加わった。自主活動に関心のある他コースの生徒も１名が呼びかけに応じて参加した。

無言館に展示・所蔵する作品は戦没画学生の遺族に対して「大切にします」と約束し、信頼関係の上で窪島氏が譲り受けたものである。そうである以上、長期間の展示は避け、生徒と教師が確実に管理できる期間内での絵画展を目指した。夏休み期間中とはいえ多くの方に足を運んでもらいたい。そこで高校のオープンスクールの日と合わせて設定した。8 月 23－24 日。場所は高校の図書館である。

夏休みの前半、暁光平和ゼミ部は、堺市平和のための戦争展での活動報告があり、8 月 6-10 日には長崎現地学習旅行がある(前章参照)。それらがひと段落するまでは、生徒は準備や事前学習に追われる。筆者自身もそれらの指導・引率、進路指導に加えて、各種研究会に追われる日程になる。そのため、被爆画学生絵画展の本格的準備はお盆休み明けになる。短期集中で、学習と絵画展をつくりあげることになった。

(2)伊藤守正と手島守之輔の略歴

生徒たちが向き合う被爆画学生をもう少し詳しく、紹介する[1)]。

伊藤守正(右写真)。1923 年８月５日、東京・赤羽に生まれる。1940 年、東京美術学校（現東京藝術大学）工学科図案部に入学。1943 年、学徒出陣で応召。甲府第 63 部隊を経て、幹部候補生として宮崎西部第 138 部隊、長崎県野母半島飛行機監視哨隊に所属する。1945 年 8 月 10

日、原爆投下翌日に長崎市内にて入市被爆。翌年9月25日、戦病死。伊藤守正は旅が好きな青年だった。旅先の光景を絵に描くのを好んだという。出征前日、一枚の風景画を描いた。得意の茶色をふんだんに使った、「樹のある風景」である。原爆投下の翌日、長崎市に入った守正の身体を放射線が蝕んだ。翌年、守正は「結核」の診断で戦病死した。23歳1か月の生涯であった。

手島守之輔(右写真)。1914年3月28日、広島県竹原市東野町出身。1934年4月、東京美術学校（現東京藝術大学）油画科入学(1939年3月卒業)。その後実家に戻り、忠海中学校の美術教師となる。1945年8月1日、臨時招集により広島第二部隊に所属する。8月6日、広島で被爆。同16日、大町陸軍病院にて戦病死。守之輔は生まれ故郷の竹原を愛した。夏休みには必ず実家に帰り、故郷の風景を描いた。「赤紙」が届いた5日後、原爆が投下される。翌日、父はわが子を探し広島市中を夕方までさまよい、ついに大町の陸軍病院のベッドに焼けただれた裸身を横たえていた守之輔と対面した。無数のガラス片が体に突き刺さり、呼吸も困難な状態であった。守之輔はその9日後、生涯を閉じた。31歳4か月の生涯であった。

平ゼミ部の3年生は、1年時に忠海の地を訪れている。翌年には、広島を訪れて現地学習に取り組んだ。そしてこの年は長崎市にて学ぶ。

守正、守之輔との縁を生徒たちは感じていた。

(3)絵画展の準備

伊藤守正と手島守之輔の作品、合計16点が高校に届いた。展示用パネルも4枚お借りした。パネルの組み立て方等は、無言館の工藤正明氏が電話で相談に乗ってくれた。いよいよ作業開始である。図書館の机を運び出し、パネルを組み立てる。会場設営には、2名の司書教諭も献身的に協力してくれた。

まずは絵画を箱から取り出し、机の上に並べる。伊藤守正、手島守之輔がどのような生涯を送ったのかを復習しつつ、作品を鑑賞した。その後、各自が感じたことを付箋紙に書いて作品の近くに張り出し、感想交流を行った。そのうえで、各自が「わたしの一枚」を選び、その作品の印象を文章でも表現した。

（作品を鑑賞し、感じたことを交流しあう。島田和秀氏撮影。）

（レイアウト案を作成し、作品配列を考える。その後、作品を掲示する。筆者撮影）

企画展の名称も討議しながら考えた。窪島氏は授業にて、「絵は、時間を描くんだよ」「嫌いなものを絵には描けないんだ。好きなもの、大切なものを描くんだ。大切な時間を描くんだ」と語っていた。この語りを想起した生徒から「2 人は大切な人、思い入れのある風景を描いた。守正と守之輔の『青春』が描かれている」と声があがった。「『窪島誠一郎』の名前は入れたいけど、私たちがつくる絵画展でもある」。討議の末に、企画展の名称は「わたしたちと窪島誠一郎の手づくり絵画展－2 人の被爆画学生の“青春”を観る」となった。会場のレイアウト（作品配列・順路）も生徒が案を出し合い構想した。「まずは作品の世界に入り込み、その後に作者のプロフィールがある方がいい。2 人がどのように生き、どのように亡くなったかを知り、もう一度作品を観てもらおう」と生徒たちは考えた。

パンフレットは、絵画展開催に至る経過・「わたしの一枚」・「伊藤守正・手島守之輔の作品から生じた私たちの想い」等の文章を加味して完成した。

(4)絵画展当日の様子

2 日間の開催で、160 人以上の観覧者が訪れた。実行委員会のメンバーはシフトを組み、受付や案内等を担当した。堺市平和のための戦争展での活動報告時に、この絵画展の予告をしていたこともあり、同イベントの関係者・参加者も高校まで足を運んでくれた。

観覧者の多くが生徒に声をかけてくれた。取り組みの感想や企画展準備の苦労を尋ねたり、展示とパンフレットの感想を語りかけたり。生徒も嬉しそうに対話していた。高校生がつくりあげた本企画展の特徴が来場者にも伝わったのだ。

2 日目の午後には、窪島氏による講演・対話の場も設定した。大盛況で、立ち見の方もいた。実行委員のメンバーにとっても、充実した企画展になった。

（左:窪島氏と談笑する生徒たち　右:パンフレットの表紙を飾った守正と守之輔の自画像）

3．生徒たちの学びを読む -「私の一枚」と、被爆画学生への手紙

本企画展は生徒たちにとって、まさに得難い貴重な学びの機会となった。生徒は作品と対峙し、自己内対話・他者との対話を重ねながら、自身の表現世界をつくりあげた。他者と協働しながら、絵画展の全体像を具体的に描き、実現した。これら諸活動が情操面や協働性、創造性を刺激するのは間違いない。

また、生徒は絵画作品を通して、伊藤守正と手島守之輔に思いを寄せた。そのプロセスの初発は、「かわいそうな被爆画学生」という思いから入ったであろうが、途中に作品世界そのものに入り込み、彼らの“青春”を感じ取る過程を通じて、生徒は、若き芸術家としての彼らを評価したのである。彼らへの愛着を形成するとともに、彼らの生を奪った原爆や戦争の惨たらしさを痛感したのである。統計上の数字としての原爆被害ではなく、伊藤守正、手島守之輔という個人との対話を経て獲得する意識や認識がある。遺された絵は、彼らが愛したひと・もの・ことや、その時々の情動を今に伝える。無言館に集められた作品が人々の胸を打つ理由はここにある。

パンフレットに掲載している、「私の一枚」および「伊藤守正・手島守之輔の作品から生じた私の想い」（以下、「私の想い」と略記）より、抜粋しつつ紹介する。

3年　エリナ
伊藤守正「川のある風景」　（油彩・板）

この絵をみたとき、心が奪われたような、癒しの感覚でいっぱいになった。

正直、この絵のどの部分がいいとか、細かくはわからなかった。

なぜか落ち着き、私は虜にされた。もし今この場所が存在するのであれば、毎日通いたいくらいである。

窪島さんが言ってくださった「絵は時間を描く」という言葉が分かった気がした。普通の風景が私に「平和な時間だった」と伝えている。そんな気がした。

エリナはこの作品と向き合う中で、窪島氏の「絵は時間を描く」の語りを納得し実感した。制作年は定かでないが、守正の生涯をみれば、戦時下に描いた作品であるのは間違いなかろう。それでも、エリナが作品から受けるメッセージは、「平和な時間だった」というものである。実際、無言館に展示されている戦没画学生の作品は、平和を感じさせるものばかりである。

暁光平和ゼミ部の部長であるエリナは、「私の想い」にて、次のように記した。

3年　エリナ　「感謝と決意」

やっと窪島さんと私たちの絵画展ができます。手島さんと伊藤さんの家族の方たちの協力があってこそできる絵画展です。ありがとうございます。窪島さん、無言館のスタッフの方も、ありがとうございます。いろんなご縁のおかげで、こうやってひとつのことができる。私の人生の中で一番大きいことではないだろうかと思います。

平和ゼミナール部の部長として、最後の大きなイベントだと思っています。だからこそ、たくさんのつながりのおかげで絵画展ができて本当にうれしいです。これからの平和ゼミナール部の活動にもつなげていけるように頑張りたいし、絶対に成功させたいです。

今回の企画展がたくさんの方々の協力の上で成り立っていることを強調している。生徒が出会った 16 点の作品は、遺族が大切に守り続けてきたものである。そのままでは劣化・剥落し、散逸してしまうであろう画学生の作品を収集し、保存する無言館プロジェクトを立ち上げ実践を続けてきた、窪島氏をはじめとする方々の努力があってこそ、生徒は伊藤守正や手島守之輔に出会った。個人として、部長として、そうした「つながり」への感謝をエリナは綴りたかったのである。

3年 レン
手島守之輔「蔵のある風景」（油彩・板 1941）

この絵から感じた印象は、色の対比がはっきりとしていて綺麗ということだ。他の作品は茶色ベースの作品や色がぼんやりとしている作品が多い。その中でくっきりと描かれている作品はこれだけだった。一方、木造部分にムラがあることでリアルに表現されているように見える。
のどかな風景は戦争とは全く無縁に思えた。
この絵を描いた時、手島は忠海中学校で図画教師をしている。
戦争で命を落とすとは思っていなかったに違いない。

戦時下であっても描かれる風景は平和である。この作品を描いた 4 年後、守之輔は被爆死する。絵画の世界に心を置けば置くほど、その事実が重くのしかかる。

3年　レン「絵に込められた作者の想いをさぐる」
ここにある絵には、作者の想いや気持ちが込められている。それらは絵の雰囲気や色遣いから読み取ることができる。
何気ない田舎の風景を描いた絵からは、戦争との無縁さが伝わってくる。
一方で、伊藤守正が入営前日に描いた「樹のある風景」の絵の雰囲気は、明るいとはいえないどんよりとした感じだ。戦争への恐怖があるようにも見える。もし本当にそういう思いでこの絵を描いたならば、当時全員が戦争に対して肯定的だったというのはうそになる。そもそも全員が同じ考えになるはずがないのだから、それは当然のことだ。
若い歳で命を失い、夢も失ってしまった伊藤守正と手島守之輔には、成し遂げたかった目標があったはずである。そう考えると心が痛い。没後 70 年以上の時を経て、この展示会で飾られた自分の絵を天国からみてどう思っているのだろうか。
おそらく、嬉しいと思ってくれているだろうと、僕は信じる。

戦時下において、国民の意識に「戦争」が占める割合は大きかったであろう。しかし、だからといって誰しもが戦争を肯定し、戦地へ赴くのを渇望していた、というわけではない。画学生が誰に見せるためでなく描き遺した作品群がその事実を示している。レンは「私の想い」にて、伊藤守正「樹のある風景」に言及している。入営前日に描いたその作品は、くすんだ青色で空が塗られている。ここに、レンは守正の心境を見出し、戦地へ赴くことへの忌避感情を感じ取っている。

守正と守之輔は、芸術家である。原爆により生を奪われた両者にとって、今回の企画展がもつ意味についてもレンは考え、彼なりの表現で綴っている。

レンが言及した「樹のある風景」を「私の一枚」に選んだのがアヤカである。

3年 アヤカ
伊藤守正「樹のある風景」－入営前日に－
(油彩・キャンバスボード 1943)

私がこの絵を選んだ理由は、他のどの絵よりも自分のために描いているような気がしたからだ。

伊藤守正の「樹林」という作品も同じように樹を描いているが、「良い作品」というイメージが強い。

反対に、この絵は入営前日というのもあってか、「良い作品」をつくろうというよりも、自分の想いや感情をぶつけたように見える。

この絵は、伊藤守正が得意とした茶色が多く使われている。そして茶色はそのままの色を多く使っているように見える。

これも「最後だ」と思ったからなのかもしれないと感じた。

ひとつ、不思議に感じたことがある。空の色が下に塗られているのは青なのに、上から濁った色が重ねられている。私は不安を感じていたからなのか、死を覚悟して青色の空を描きたくなかったのかな、と考えた。でも、なぜ一度きれいな青色で描いたのか、不思議だと思った。

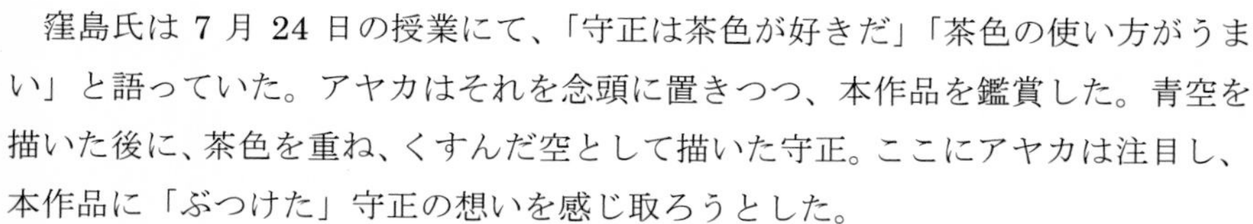

窪島氏は７月 24 日の授業にて、「守正は茶色が好きだ」「茶色の使い方がうまい」と語っていた。アヤカはそれを念頭に置きつつ、本作品を鑑賞した。青空を描いた後に、茶色を重ね、くすんだ空として描いた守正。ここにアヤカは注目し、本作品に「ぶつけた」守正の想いを感じ取ろうとした。

アヤカは「私の想い」にて、守正に手紙への手紙を綴った。

3年　アヤカ　「『樹のある風景』に、守正のプライドをみた」

今回、絵画展をつくってみて、すごく楽しかったです。短い時間の中で、みんなで協力して造るのは大変でしたが、何よりも楽しかったです。やって良かったと思っています。

伊藤守正さんへ

私はあなたの描いた「樹のある風景」を“私の一枚”に選びました。

3 年間、平和ゼミナール部として、戦争について学んできました。私の学んできた戦時中の人は戦死をすることがお国のためで、それが素晴らしいことだと思っているひとたちがほとんどでした。

あなたの入営前日の絵を見て、問いたいことがあります。

戦争へ行くのは不安でしたか？

私は絵を見て不安を感じました。

なぜ一度、綺麗な青色で空を描いたのですか？

なぜ上から濁った色を塗ったのですか？

死ぬ前に青色の空を描きたくなかったからですか？

あなたの得意な茶色をたくさん使ったのは何故ですか？

そのままの茶色を多く使ったのは何故ですか？

やっぱり、最後の作品だと覚悟して描いたからですか？

問いたいことがたくさんあります。

会うことはできないけれど、生きた時代は違うけれど、あなたの描いた絵で私たちは絵画展を開くことができます。あなたの想いを想像することができます。心から感謝します。

私はあなたの描いた、1 番あなたの想いを感じる「樹のある風景」が好きです。あなたの画学生としてのプライドは素晴らしいと思っています。

あなたの遺した絵で、素敵な手作り絵画展を開きます。

アヤカは、守正に次々と問いかける。矢継ぎ早に綴られる問いに対して、おそらく、アヤカ自身の解釈は存在するのだろう。しかし、アヤカはその解釈をもとに気の利いた評論をしたいのではない。守正を知り、今は亡き守正の心と対話したいのである。「樹のある風景」に用いられた、青空の上に塗った茶色や、「そのままの茶色」はそれほどにまで、「伊藤守正」という人物を物語るものなのである。

窪島氏は来校し、パンフレットに目を通したのち、笑みを浮かべてアヤカに語り掛けた。「守正に、恋したね」。アヤカも笑顔を返していた。

アヤカだけでなく、ユリアも「私の想い」にて、守正に手紙を書いた。

3年　ユリア　「伊藤守正」を伝えたい

今回、二人の絵画展を開くための準備に、実行委員として参加出来たことをとても嬉しく思います。

私たちが創る美術展は、絵画以外ほとんど手作りです。

どのように配置するのか、順路はどうするのか、など本当にはじめの段階からつくっていきました。

設置が完成した展示ブースは、先生たちから凄いと言われるくらいまでになりました。自分たちが一から始めたことを人に誉められるのはとても嬉しいものだと、改めて感じました。

一般公開が楽しみです。

伊藤守正さんへ

貴方は、絵にどんな思いを込めて描いていったのですか。

戦争へ行くことへの思いですか。

妹・陽子さんへの思いですか。

ご両親への思いですか。

貴方が去った今、それを知る日が訪れることは永遠にないと私は思います。想像することしか私には出来ません。想像で良い、想像で絵を見よう、とよく言われますが私は貴方自身の思いを知りたかった。知って、少しでも理解したかった。そう思えるほど、「伊藤守正」の絵はよかったです。

貴方のように、戦争によってとても若く亡くなった人を、歴史を学んでいる中で、よく目にします。私は、戦争が嫌いです。争い、というワード自体苦手で、戦争では理不尽な死が多すぎたと感じるからです。

私はこれ以上戦争が起こらないことを切に願っています。

絵画展を頑張って成功させます。貴方の絵が来てくださる人たちの心に響き、そして、どこかで「伊藤守正」を思い出してくれたら良いなと私は願います。

企画展をつくりあげた達成感・充実感がはっきりと書かれている。

ユリアは伊藤守正の絵に心揺さぶられ、それゆえに守正をもっと知りたかった、と思いを綴っている。画家・伊藤守正に心酔した彼女は、かねてより感じてきた戦争の理不尽さをさらに強く認識し、「これ以上戦争が起こらないことを切に願」う。会ったこともない、亡き伊藤守正のためにも、彼女は絵画展の成功を誓い、守正の遺した作品が多くの人々の胸を打つことを願っている。

こうした強い思いは、絵画作品がもつ特性や、彼女のこれまでの学びの履歴、そして本企画展を「自分たちが一から始めた」ことによる愛着の形成と強化が相まって、心に湧きだし、言語化されたものであろう。

「わたしたちと窪島誠一郎の手づくり絵画展」。その実践過程と、生徒の表現をみてきた。生徒の表現をみると、「戦争はいけない」「平和が大切」という紋切り型の表現を脱却し、自らの思いを彼ら彼女らなりの言葉で綴っていることがわかる。「平和」の語を安易に用いず、戦争・社会・人間・いのちをみつめる。その感性やことばの感覚を青年たちにはこれからも大切にしてほしいと願う。

本実践は絵画作品のもつ平和教育の特性も示している。その際、窪島氏が生徒に、そして筆者に教えてくれた絵画の特性ー絵は時間を描く。その人にとって大切なひと・もの・ことを描く。嫌いなものは描けないーへの着眼が重要であろう。平和教育（学習）はしばしば、戦争場面を学ぶが、それは各人にとっての平和な時間が侵され、破壊されることを意味している。固有名詞をもつ一人ひとりにとっての平和な時間、大切な時間があったのだ、という事実に立脚して、そしてその作品を残した個人に思いを重ねながら、生徒たちは学んだ。また、ユリアの感想に象徴されるように、自律的・自治的プロセスが本実践の学習効果を飛躍的に高めていることも確認できる。これらの生徒の学びから浮かび上がる視点は、平和教育論・平和教育研究においても、検討に値するものである。

生徒の可能性を信じ大胆な提案をされた窪島氏の慧眼と、それに見事に応えた生徒の力量に、筆者は大いに学んだ。印象深い取り組みであった。

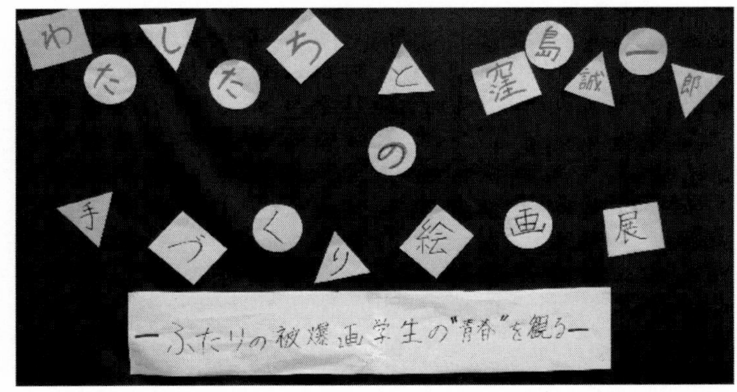

1）窪島誠一郎『戦没画学生いのちの繪一〇〇選』コスモ教育出版、2019 年、「21.伊藤守正」「62.手島守之輔」、戦没画学生慰霊美術館無言館編『決定版 戦没画学生人名録』皓星社、2025 年、53 頁（伊藤守正）、246-248 頁（手島守之輔）、を参照した。

終わりに

教師生活が10年を越え、気が付けばたくさんの経験を積ませてもらっている。今回、これまでの実践にまつわるエピソードやたくさんの方々との出会い、教材研究時の苦労などを思い出しながら本書の叙述を進めるのは、楽しいひと時であった。

本書に所収した諸実践は、教師の授業づくりを応援し、チャレンジを奨励してくれる職場に、そして何よりもまっすぐに学習対象に向き合う生徒たちに恵まれて、展開したものばかりである。高校教員にとっての教育実践は、常に同僚との協力のもとに成り立つ。本書における筆者の実践は、「大阪暁光高校の教育実践」でもある。本書の執筆は筆者にとって、職場で学んだ先輩教師や、ともに協力して生徒に向き合った仲間たち、学園の自律性・独自性を守りぬいてきた学園執行部への感謝や敬意を新たにするものでもあった。

また、第2部にて紹介した諸実践は、河内長野市教育委員会や地域の方々のご協力のうえで成立しているものが多い。全国的にも珍しい「教育コース」を好意的に受け入れ、学びを支えてくれた地域のみなさまにも、厚く感謝申し上げたい。

同時に、本書に所収した諸実践や、その土台にある問題意識は、学校外の仲間たち・先輩方の影響も受けながら形成されたものでもある。

教職入職年(2012年)から毎年参加している「教研」に、全国私学夏季教育研究集会（全私研）の社会科教育分科会がある。この分科会は、自由に教材や発問を検討しあう研究会という印象が強い。現自由の森学園校長の菅間正道さんが運営責任者をつとめ、各地から集う教師たちが、自由闊達な議論を展開していた。総じて、生徒の思考や対話を重視し、生徒の記述を大切にもちよる教師が多く、大いに刺激をもらった。2021年以降、筆者が運営責任者を担当している。運営委員をお願いしている同世代の猩々紘怜さん(自由の森学園)、北條薫さん(和光学園)のお2人は、教育・授業実践を話題に時を忘れて語りあう、大切な仲間である。

関西に居を移してからは、授業のネタ研で出会った先生方にも大いに刺激を受け、お世話になってきた。「教育・人間探究の時間」を具体化するにあたり、授業のネタ研主催者である、「社会科授業づくりの名人」こと、河原和之先生に相談した。関西の実践家たちが集う授業のネタ研で報告の機会をいただき、そこから関西の現場教員の知り合いが増えた。子どもが生き生きと楽しみながら学べる授業づくりを追究する教師たちの輪に入れてもらい、授業づくりへの意欲を新たにした。現在、高大連携の具体化にともに取り組んでいる、奥田修一郎先生（高野山大学）と出会ったのも、ネタ研の場であった（当時、奥田先生は中学校教諭である）。大森一輝先生（地域学習）、石原純先生（生命倫理）、諏訪清二先生（防災教育）等、ネタ研で知り合い、高校での出前授業をお願いした先生方が何人もいる。授業づくりのヒントを得るのに加えて、直接的にも、教育探究コースの教育活動を支えていただいた。

大阪歴史教育者協議会の諸先輩方にもお世話になっている。教材開発への真摯な姿勢には、接するたびに背筋が伸びる思いである。委員長の井ノ口貴史さんには、2回にわたり大阪暁光高校社会科でも講演いただいた。

自由の森学園時代に影響を受けた大先輩に、蒔田豊明さんがいる。「人間の歴史の授業を創る会」の代表的実践家でもある蒔田さんは、「蒔田グッズ」と呼ばれる教材・教具をたくさんシェアしてくれた。教材の持つ力を実感できたのは、蒔田さんとの出会いによるところが大きい。また、生徒のノートを回収しては、日常的にコメントを書いていた姿が印象に残る。「生徒へのコメントは、ラブレターだから」と、笑顔でペンを走らせる蒔田さんに、子どもの学びに寄り添い励ます、良心的教師としての姿を教えてもらったように思う。

ここにあげたような方々にみられる、生徒の「学び」や表現を大切にする原則と、千代田学園に根付く教育理念を総合したときに、生徒の可能性に依拠しながら「学び」を育む教育実践の方向性が筆者の中で芽生え、伸長したのである。

本書は実践報告が主であるが、筆者にとって「実践報告を書く」ことの根幹には、修士課程の恩師・梅野正信先生の言葉－「自分の実践を自分で位置づけられる教師になりなさい」－がある。研究的視点をもつ現場教師たれ、というメッセージと受け止め、微力ながらも歩んできたつもりである。

第1部～第3部を書きあげたうえで、それぞれ、今後の課題意識も綴りたい。

教科における実践については、より生徒の自律性に依拠した授業づくりへの発展に、課題意識を抱いている。教材研究を重ね、限られた授業時間の中で思考・判断・表現し、（オープンエンドを含む）まとめに至る。そうした、まとまった形での授業づくりを続けてきたが、言い換えればそれは教師が設計した授業案の中での活動から雄飛できていないともいえる。生徒の生活実感や実存性に迫る点で、総合社会科としての魅力は創りだしてきたとしても、生徒自身が問題的状況を実感し、調査・研究するような、探究活動としての教科実践には至っていない。

このことは筆者自身の実践上の課題意識であると同時に、社会系教科における「総合」と「探究」の整理・把握にも関連する論点でもあると考えられる。

高校総合学習の実践として、本書では主に大阪暁光高校教育探究コースの取り組みをとりあげた。新たなコースのデザイン・カリキュラムの設計や初期の実践に関わる等、非常に貴重な経験をさせてもらい、その一端を本書にも紹介することができた。

生みの苦しみを終え、教育探究コースは2024年には8年目を迎える。筆者自身、担任という立場を離れ、コース運営に力点を置くようになる中での戸惑いも多くある。これは一定の実践を経て、コースとしては計画と実行の分離段階に入ったということでもある。

以前、老舗店を取材する番組を見ていると、店主たちは異口同音に「変わらないためにも変わり続けないといけない」と語っていたのが印象に残っている。本書に所収した諸実践は、「初期」教育探究コースのひとまずの到達ではあろうが、同時に「中期」の実践展開については、これまでの実践の縮小再生産に陥らぬよう、創造的である必要がある。

自治的諸活動(特別活動)に関しても、筆者自身が学級担任としての実践者ではなくなり、戸惑いを覚えるこの数年である。逆説的に言えば、担任を外れたことにより、同僚のホームルーム・行事運営が見える、という点もある。本校に限らず、若手教員の多くがそれらの運営に苦労しているのを知り、力になりたいと思う。そのためにも、特別活動を「自治的諸活動」と把握する視点を整理し、筆者が間接的に関わる学級の教育力の向上に寄与したい。関連して、先達の議論や実践を改めて参照し、今日的意味を付与しながら考察していく重要性を感じている。

自主活動として、高校生平和ゼミナールをとりあげた。本書では、生徒の学びに注目して叙述したが、平和ゼミを支えてきた世話人（教師たち）からみた実践原理も含めて、記録し、整理する仕事があるように思う。同時に、平和ゼミを支えた教育論者である森田俊男の再評価にも関心をもっている。本書を執筆するにあたり（同時に、高野山大学の山田正行先生・奥田修一郎先生との共同研究の機会を得て）、森田俊男の著作を再読し、その膨大なる仕事の整理と評価の重要性を感じている。

本書にてとりあげたいと考えつつも紙幅の関係上割愛した平和ゼミの実践記録（一例として、宮下与兵衛編『高校生が追う戦争の真相 - 地域の戦争を掘りおこす信州の高校生平和ゼミナール』教育史料出版会、1991 年）は多数ある。また、「世界の子どもの平和像」建設や、イラク戦争反対の高校生大集会等、今回触れることができなかった平和ゼミの取り組みが存在する。より詳細な実践検討を通じて、また隣接する高校生の自主活動の研究とも結びつつ、平和ゼミの実践史の全体像を記録・検討する仕事は、今後の課題としたい。

なお、高校生平和ゼミナール全国連絡センターでは、高校生平和ゼミナール 50 周年記念誌の出版を予定している。そこでは、平和ゼミ 50 年の歩みの整理に加えて、各世代の平和ゼミ卒業生による振り返りも載録予定であり、平和ゼミの実践史研究における貴重な資料となるはずである。ぜひ、多くの方に手に取っていただければと願う。

本書執筆を強く薦めてくれたのは、父・和井田清司である。教科・総合・自主活動の 3 部構成等の助言や励ましを受け、執筆を進めることができた。また、本書に所収した実践は、教材研究に没頭する筆者のわがままを許してくれた妻、和井田結佳子の協力がなければなしえなかったものでもある。

お世話になった皆様に、改めて深くお礼を申し上げたい。

本書を構成する内容には、各種教育雑誌に掲載された旧稿をもとに、加筆・修正を行ったものが複数ある。それら論考の初出は以下のものである。執筆機会を与えてくださった方々に、改めて感謝を申し上げたい。

- 「中世ってどんな時代？ - 一遍の救済活動を考える」授業ブックレット編集委員会『ともに学ぶ人間の歴史授業ブックレット No.2』学び舎、2019 年
- 「近世への転換と歴史的環境（日本史探究） 学習内容と地域遺産を結び付ける授業づくり」、明治図書『社会科教育』772 号(2023 年 8 月号)、明治図書出版、2023 年
- 「もしも「赤紙」が届いたら……銃後の戦争責任を考える」授業ブックレット編集委員会『ともに学ぶ人間の歴史授業ブックレット　No.10』学び舎、2021 年

・「『悪』と向き合う-アイヒマン裁判考」大阪歴史教育者協議会『大阪の歴史教育』55 号、大阪歴史教育者協議会、2022 年
・「ウクライナ侵攻に向き合う」歴史教育者協議会『歴史地理教育』944 号(2022 年 9 月号)、歴史教育者協議会、2022 年
・「ジェノサイドを越えて - ルワンダを中心に」歴史教育者協議会『歴史地理教育』967 号(2023 年 3 月増刊号)、歴史教育者協議会、2023 年
・「看護師と学ぶ　医療と自己決定権-私学独自の授業展開を探求して」全国私学教職員組合連合『生き生き私学発信』32 号、2017 年
・「過労死と職場環境-意見交流と小論文作成で深める労働学習の事例報告-」全国民主主義教育研究会『民主主義教育 21』15 号、同時代社、2021 年
・「小論文作成で思考を深める「安全保障論」の授業開発」大阪歴史教育者協議会『大阪の歴史教育』53 号、大阪歴史教育者協議会、2020 年
・「地域研究と内発的発展論の教材化-大阪暁光高校における地域学習と現代社会単元開発の一事例」和井田清司・大野一夫・小林汎・田中祐児編著『中等社会科の研究　「地理総合」「歴史総合」「公共」の可能性と課題』三恵社、2018 年
・「地域に学び地域と歩む　『地域探究』の実践原理-大阪暁光高校『教育・人間探究の時間』を題材に-」大阪歴史教育者協議会『大阪の歴史教育』56 号、大阪歴史教育者協議会、2023 年
・「大阪暁光高校の教育改革と教育探究コースのカリキュラムデザイン」高野山大学教育学科紀要編集委員会『綜芸』第 2 号、高野山大学教育学科、2023 年
・「二十四の瞳で学ぶ学校・文化史－学ぶ文化祭の事例報告」大阪歴史教育者協議会『大阪の歴史教育』52 号、大阪歴史教育者協議会、2019 年
・「『頭と体と心で学ぶ』平和学習をこれからも - 大阪暁光高等学校平和ゼミナールの活動」部落問題研究所『人権と部落問題』950 号（2021 年 8 月号)、部落問題研究所、2021 年

末筆ながら、出版事情の厳しい中、三恵社の木全俊輔氏には、本書の意義をご理解いただき、多大なるご協力をいただいた。ここに厚くお礼を申し上げたい。

2024 年 2 月 15 日　和井田祐司

著者紹介

和井田　祐司（わいだ　ゆうじ）

1986年　埼玉県春日部市生まれ
大阪暁光高等学校教諭

[略歴]
2009年　立命館大学経営学部経営学科卒業
2012年　上越教育大学大学院修了（学校教育専攻　教育学修士）
　　　　教員免許取得プログラム3年課程を履修。
　　　　小学校教諭専修免許状、中学校教諭専修免許状（社会）
　　　　高等学校教諭専修免許状（地理歴史）（公民）　を取得

[職歴]
2012年　自由の森学園中学校・高等学校非常勤講師(2015年3月まで)
2013年　彩の国子ども・若者支援ネットワーク非常勤職員(2015年3月まで)
　　　　埼玉県の委託を受け、生活保護世帯の高校生の学習支援を担当。
　　　　2013年度は、学習専門員として、学習教室に来室した高校生を支援。
　　　　2014年度は、教育支援員として、高校生教室の運営及びアウトリーチ活動に従事。
2015年　大阪暁光高等学校教諭(現在に至る)
2022年　高野山大学教育学科特任講師(1年間の任期付)
　　　　高野山大学と大阪暁光高校の連携推進のために、特任講師を兼任。
　　　　教育学科高大連携ワーキンググループおよび「地域体験特論」を担当。
2023年　高野山大学教育学科非常勤講師（「地域体験特論」を担当）
（以上、本書執筆時点）

[専門分野]
社会科教育、高校総合学習、平和教育、教育実践研究

学びを育む高校教育実践　教科・総合・自主活動

2024年 3月 5日　　初 版 発 行

著　者　　和井田 祐司

定価 2,800円(本体2,545円+税10%)

発行所　　株 式 会 社　　三 恵 社
〒462-0056 愛知県名古屋市北区中丸町2-24-1
TEL 052 (915) 5211
FAX 052 (915) 5019
URL http://www.sankeisha.com